COLLECTION MICHEL LÉVY
— 1 franc le volume —
1 franc 25 centimes dans les gares de chemins de fer et à l'Étranger

EUGÈNE SUE
— ŒUVRES COMPLÈTES —

LE DIABLE MÉDECIN

ADÈLE VERNEUIL
— LA LORETTE —

PARIS
MICHEL LÉVY FRÈRES, LIBRAIRES-ÉDITEURS
RUE VIVIENNE, 2 BIS
—
1862

COLLECTION MICHEL LÉVY

ADÈLE VERNEUIL

OUVRAGES
D'EUGÈNE SUE

Parus dans la collection MICHEL LÉVY.

ADÈLE VERNEUIL..	1 vol.
LA BONNE AVENTURE...	2 —
CLÉMENCE HERVÉ...	1 —
LES FILS DE FAMILLE..	3 —
GILBERT ET GILBERTE..	3 —
LA GRANDE DAME...	1 —
LES SECRETS DE L'OREILLER.................................	3 —
LES SEPT PÉCHES CAPITAUX..................................	6 —
L'ORGUEIL..	2 —
L'ENVIE. — LA COLÈRE.....................................	2 —
LA LUXURE. — LA PARESSE.................................	1 —
L'AVARICE. — LA GOURMANDISE.............................	1 —

Imprimerie de L. TOINON et Cie, à Saint-Germain-en-Laye.

LE DIABLE MÉDECIN

ADÈLE VERNEUIL

— LA LORETTE —
I

PAR

EUGÈNE SUE

PARIS

MICHEL LÉVY FRÈRES, LIBRAIRES-ÉDITEURS

RUE VIVIENNE, 2 BIS

—

1862

Tous droits réservés

INTRODUCTION

ADÈLE VERNEUIL

INTRODUCTION.

Un rare génie a évoqué le DIABLE BOITEUX; nous ne saurions avoir l'outrecuidante prétention de suivre, même de très loin, l'inimitable Lesage dans la voie du merveilleux ; néanmoins nous évoquons aussi le DIABLE.

Notre diable n'a cependant rien de fantastique; nous l'avons connu, nous l'avons aimé, honoré, car, malgré ses bizarreries, il était grand homme de bien.

Une *réalité*, modifiée selon l'exigence de notre fable et appropriée aux besoins de notre récit, a toujours été le germe de nos œuvres littéraires.

Le DIABLE MÉDECIN existait à Paris, il y a quelques années. Il est mort aujourd'hui. Des convenances, faciles à apprécier, m'interdisent même le voile transparent de l'initiale. Mais, j'en suis certain, les traits les plus caractéristiques de la figure que je vais tenter d'esquisser ne seront pas sortis de la mémoire des personnes que je rencontrais, il y a dix ou douze ans, dans un monde dont j'ai conservé le meilleur souvenir.

Le docteur X., médecin justement célèbre, homme d'un rare savoir et profondément observateur; doué d'une imagination vive, originale; spirituel et charmant causeur, professait et surtout affectait une grande admiration pour certaines sciences occultes alors fort en vogue en Allemagne, son pays natal. Il parlait de ces mystères avec une bonne foi, une verve, une poésie capables d'impressionner les gens les plus froids ou les plus sceptiques. Je n'oublierai jamais le feu pétillant de ses petits yeux noirs, son sourire singulier, tantôt doux et fin, tantôt sardonique et amer. L'expressive mobilité de sa physionomie faisait oublier sa laideur, il était laid et déjà vieux.

Les femmes surtout prenaient un plaisir extrême à écouter les histoires merveilleuses du docteur X... à l'endroit de la puissance de fascination qu'il prétendait posséder et des ressources presque effrayantes de son art, doublées par la connaissance de ces fameuses sciences occultes dont il était l'un des adeptes. Il pouvait non seulement (assurait-il) guérir les maladies incurables, mais encore frapper les gens les plus sains d'affections inconnues à la science, — « afin, — ajou-
» tait-il en riant de son rire singulier, — afin de désoler ses
» confrères et surtout de s'attacher par le lien invincible
» de la reconnaissance les gens qu'il guérissait presque
» miraculeusement. »

Ces folies et tant d'autres, débitées avec un esprit étourdissant, appuyées de preuves sinon irrécusables, du moins spécieuses, étaient avidement écoutées. Combien de fois n'ai-je pas vu de jeunes et charmantes femmes rester jusqu'à deux ou trois heures du matin autour de la *table à thé*, ne se lassant pas d'écouter le docteur X..., puis enfin quitter le salon en se disant :

» — Avouez-le, ma chère : ne croirait-on pas que le docteur X... EST LE DIABLE en personne ?

» — Certes, MÉPHISTOPHÉLÈS est ressuscité ! »

Le surnom du DOCTEUR MÉPHISTOPHÉLÈS ou du DIABLE MÉDECIN resta généralement au docteur X... Ajoutons qu'il était spécialement le médecin des femmes. Il opérait des cures vraiment extraordinaires.

Le merveilleux a pour l'infirmité humaine un si incroyable attrait ! (Ne voyons-nous pas, en cette année 1854, des gens, semblant jouir de leur raison, soutenir avec un sérieux imperturbable l'existence de tables tournantes, d'esprits frappeurs, etc., etc. !) Le merveilleux, disons-nous, a un si incroyable attrait. L'on se rend si complaisamment dupe de soi-même que, sans croire aucunement que le docteur X.. fût le diable en personne, beaucoup de gens disaient naïvement :

« — Il y a quelque chose. »

Il planait enfin sur cet homme singulier je ne sais quoi d'étrange, de mystérieux.

« — J'ai dans le docteur X... une confiance involontaire,
» irrésistible, me disait un jour madame L. de R., femme
» d'un excellent esprit. Il me serait impossible, lors même
» que je le voudrais, d'avoir un autre médecin que lui
» Son regard, son accent, me dominent. »

Ce proverbe vulgaire : — « Il ne faut pas jouer avec le feu, » — sera toujours juste : la confiance au merveilleux,

qu'on l'impose, qu'on la provoque ou qu'on la subisse, a ses dangers. Voyez de nos jours l'habile, le très habile parti que certains hommes tirent des tables tournantes, des esprits frappeurs et autres absurdités analogues. Ces hommes ne vous disent-ils pas avec une apparence de raison :—« Les esprits frappeurs sont excommuniés, donc il y
» a des esprits, donc on doit les exorciser, donc ce moyen
» âge tant calomnié, tant bafoué au sujet de ses exorcis-
» mes, était dans le vrai! »

Or, de l'exorcisme au bûcher, la pente est fatale.

L'on ne proposa pas, à l'époque dont je parle, d'exorciser ou de brûler le docteur X...; mais plusieurs de ses confrères, envieux de ses cures parfois prodigieuses, dépités de le voir accueilli avec empressement dans une société d'élite où il passait toutes ses soirées; des hommes du monde, jaloux de ses succès de conversation; enfin de mauvais plaisants, exagérant le renom satanique du docteur Méphistophélès, répandirent peu à peu sur lui des bruits bizarres ou odieux, résumés dans l'entretien suivant, supposé entre l'un des partisans et l'un des détracteurs du docteur X... :

« — Décidément, ce docteur X... est le diable en per-
» sonne.

» — Cette affirmation me semble hasardée; je risque-
» rais tout au plus de dire : C'est le docteur du diable.

» — Parce qu'il est surtout le médecin des femmes?

» — Le mot est piquant. Cependant...

» — Je le répète, ce personnage est d'une malice, d'une
» méchanceté infernales.

» — L'on cite de lui des traits d'une générosité rare.

» — Hypocrisie !

» — Et ses guérisons vraiment extraordinaires ?

» — Comment les obtient-il ?

» — Vous soupçonnez peut-être que Satan lui vient en
» aide ?

» — Ma foi, je le croirais.

» — Ainsi, vous feriez un auto-da-fé de ce bon docteur
» X...?

» — Ce bon docteur ? un pareil homme !

» — Qu'avez-vous à lui reprocher ?

» — Voyons, soyez sincère : sur cent personnes qui vous
» parleront du docteur X..., quatre-vingt-dix-neuf ne vous
» diront-elles pas : — C'est le diable, que ce docteur X...?

» — Il est vrai, mais cette locution ne prouve point
» que...

» — Ne dit-on pas encore : Il n'y a que ce diable de
» docteur Méphistophélès pour savoir telle ou telle chose ?
» Il sait tout; il a tout vu, et il laisse entendre qu'il sait
» beaucoup plus qu'il ne paraît savoir !

» — Quoi de plus simple ? Les médecins, par état, possè-
» dent tant de secrets, surtout lorsque, ainsi que ce bon
» docteur...

» — Ce bon docteur !

» — Laissez-moi achever. Surtout, dis-je, lorsque, ainsi
» que ce bon docteur, on parcourt l'échelle sociale, depuis
» la mansarde jusqu'à l'hôtel, depuis la prison jusqu'au
» théâtre, depuis l'hôpital jusqu'au boudoir, depuis la
» maison des fous jusqu'à la guinguette, et surtout lors-
» que l'on s'est plus particulièrement livré à l'étude de ces
» maladies plus morales que physiques dont tant de fem-

» mes sont atteintes. Il n'est donc pas surprenant que le
» docteur X... possède tant de secrets.

» — Les femmes sont si bavardes !

» — Encore une épigramme ! Mais de ces secrets, ce bon
» docteur a-t-il jamais abusé ?

» — Toujours ce bon docteur ! Il n'y a qu'à examiner sa
» figure satanique... elle trahit ce personnage !

» — Son regard est observateur, son sourire parfois iro-
» nique ; mais...

» — Dites infernal, monsieur, infernal ! Méphistophélès
» seul avait le don de ce sourire effrayant.

» — Qu'avez-vous personnellement à lui reprocher à ce
» pauvre docteur ?

» — Pauvre docteur ! Alors, dites donc aussi : Pauvre
» tigre ! pauvre vipère !

» — Enfin, citez des faits.

» — Vous voulez des faits ?

» — Oui, de grâce.

» — Il en est d'énormes, d'horribles !

» — Lesquels ?

» — Lesquels !

» — Oui.

» » — Eh bien ! monsieur, on parle de femmes soumises
» à des fascinations diaboliques ; on parle d'hommes at-
» teints d'indispositions légères, devenues soudain, non-
» seulement incurables, mais inconnues à la science ; on
» parle de familles jetées dans la consternation par des
» événemens incompréhensibles ; mais je m'arrête, mes
» cheveux se hérissent d'épouvante ! Vous vouliez des
» faits, en voilà d'assez surabondamment monstrueux,
« j'imagine !

» — Pardon... un exemple... Ainsi, vous parlez de fem-
» mes soumises à des fascinations diaboliques ?

» —C'est abominable !

» — Pouvez-vous citer le nom d'une seule des femmes
» dont il est question, spécifier la fascination dont elle a
» été victime ?

» — Monsieur, vous sentez bien que si l'on pouvait ci-
» ter le nom de la femme et l'espèce de fascination, il y a
» longtemps que cet infernal docteur aurait porté la peine
» de ses machinations sataniques. Mais, grâce à son as-
» tuce, les faits ne sont pas suffisamment établis pour que
» l'on puisse le déférer à la justice.

» — Ainsi, vous, homme de bon sens, vous croyez le
» docteur X... en commerce réglé avec le diable?

» — Allons donc ! ce serait stupide !

» — Alors, pourquoi et comment attribuer à ce malheu-
» reux docteur un pouvoir diabolique?

» — Que sais-je !

» — Mais encore ?

» — Il est impossible d'expliquer cela, et pourtant *il
» faut bien qu'il y ait quelque chose.*

» — Oh ! certes, il y a des rumeurs de salon, des ca-
» quetages où le ridicule le dispute à l'odieux. Le docteur
» X..., et il a grand tort, donne librement cours à son
» imagination bizarre et fantasque. L'on prend ou l'on
» feint de prendre ses imaginations au sérieux, de sorte
» que, la calomnie et la crédulité aidant, on a fait de lui
» une espèce de ténébreux épouvantail.

» — Je maintiens que c'est un homme infernal au mo-
» ral et au physique, sans lui attribuer pour cela aucun

» pouvoir surnaturel. Voilà mon opinion sur le docteur
» X..., et je n'en changerai point. »

. . . .

On le conçoit, l'absurdité même de ces bruits vagues et mystérieux les rendait fort dangereux, en cela qu'ils devenaient irréfutables. L'on ne peut lutter contre des fantômes.

Le docteur X..., pour mettre un terme à ces rumeurs, entreprit un assez long voyage, et le DIABLE MÉDECIN quitta Paris.

Telle est en germe la *réalité*, qui, si notre vœu n'est pas déçu, vivifiera le personnage servant de lien aux divers épisodes que nous nous proposons de publier ici.

Avons-nous besoin d'ajouter que le docteur X... n'est, en quoi que ce soit, solidaire des faits et gestes de notre *Diable médecin?* car on le verra parfois prendre des résolutions redoutables dont la conscience de l'homme demeure seule juge, mais en dehors même de l'originalité du caractère dont nous nous sommes souvenus, et dont nous ne pourrons jamais rendre l'humoristique et spirituelle excentricité, il nous a semblé que la nature même des relations du médecin (surtout du médecin de femmes), sans cesse en rapport avec toutes les classes sociales, et forcément initié à tant de secrets de famille, à tant de douleurs ignorées, pouvait mettre en relief, en lumière, à un certain point de vue, les types les plus tranchés de la *femme contemporaine*,; et, nous l'espérons, ces récits ne seront pas sans moralité.

Savoie. — Annecy-le-Vieux, 10 juin 1854.

EUGÈNE SUE.

ADÈLE VERNEUIL

ou

LA FEMME SÉPARÉE DE CORPS ET DE BIENS.

PREMIÈRE PARTIE.

Madame ADÈLE VERNEUIL, âgée d'environ trente ans et mariée à monsieur Verneuil, directeur général d'une importante administration, n'est pas régulièrement jolie, mais sa personne offre un ensemble rempli de distinction; sa taille, au-dessus de la moyenne, est charmante; les compagnes d'Adèle, au temps de sa première jeunesse, la surnommaient : la *Sylphide*. Elle a conservé cette apparence élégante, délicate, presque frêle; ses cheveux châtain clair; son teint pur, transparent et d'une pâleur rosée; ses yeux, d'un bleu limpide; l'expression mélancolique et douce de ses traits, leur grâce sérieuse; enfin ce je ne sais quoi qui révèle une organisation impressionnable et nerveuse, donnent à cette aimable jeune femme un attrait inexprimable, seulement sensible à ce petit nombre de gens d'élite qui cherchent un certain idéal, très au-dessus, selon eux, de la beauté plastique.

Hâtons-nous d'ajouter que la simplicité, le bon goût, l'absence de toute prétention, la modestie poussée jusqu'à l'ignorance de sa propre valeur, éloignent d'Adèle Verneuil jusqu'à l'ombre de la pensée de *poser* en créature idéale et conséquemment presque toujours *incomprise*. Non, Adèle Verneuil est avant tout naturelle et sincère; sa timidité, une légère nuance de tristesse pour ainsi dire native et sans aucune amertume, lui font préférer la solitude paisible du foyer domestique à l'animation bruyante du monde où pouvait l'introduire le rang de son mari; les soins de sa maison, l'éducation de sa fille (son fils restait au collége), la lecture, quelque peu de musique, délassement qu'elle goûtait avec une sorte de recueillement et alors qu'elle se trouvait seule, tel était l'emploi des journées d'Adèle Verneuil. Elle accomplissait dignement ses devoirs d'épouse, se passionnait pour ses devoirs de mère et idolâtrait ses enfans. Ajoutons enfin que son caractère loyal était de ceux-là que l'iniquité, la bassesse et le mensonge doivent d'autant plus surprendre et blesser, que, dans leur noble candeur, ils poussent jusqu'à l'aveuglement l'incrédulité au mal.

Il est des lâchetés, des noirceurs, que les esprits généreux et élevés n'admettent, ne croient qu'alors que l'évidence soudain les éclaire et les foudroie; croyant au bien par nature, par instinct, par besoin, par similitude, ils arrivent subitement à la découverte du mal sans passer par la transition de la méfiance et du soupçon, incapables de cette dissimulation patiente, attentive qui, épiant d'un regard discret et rusé le progrès d'une mauvaise action, attend son complet développement pour jeter le masque et éclater.

On l'a dit depuis longtemps, et rien de plus vrai que ce vulgaire adage :

« Pour soupçonner le mal, il faut être capable de le commettre. »

Telle est Adèle Verneuil.

Onze heures du matin viennent de sonner. Les traits de la jeune femme expriment en ce moment une angoisse profonde; sa fille Emma, âgée de douze ans, est étendue sur le canapé du salon qui précède la chambre à coucher. Cette enfant, d'une intelligence précoce, d'une ravissante figure où se lit une sensibilité nerveuse égale à celle de sa mère, est en proie à une vive agitation ; l'ardeur de la fièvre empourprant ses joues donne à son regard un éclat inaccoutumé ; elle vient de brusquement repousser loin d'elle une courte-pointe dont elle est à demi enveloppée. Madame Verneuil, assise sur une chaise basse, à côté de sa fille, tient l'une de ses petites mains entre les siennes, la couve d'un regard empreint de sollicitude, et lui dit d'une voix inquiète :

— Emma, combien tes mains sont brûlantes ! De grâce, ne rejette pas ce couvre-pied. — Puis le rajustant sur sa fille, — Tu pourrais avoir froid.

— Au contraire, maman, j'ai trop chaud.

— Cette fièvre est si violente ! Pauvre ange ! je t'en supplie, reste couverte !

— Oui, maman, puisque tu le désires.

— Chère, chère enfant, — reprend Adèle en embrassant tendrement sa fille, — toujours soumise et douce ! Mais, encore une fois, quelle peut être la cause de ton indisposition subite ? Hier je t'ai couchée bien portante et gaie. Tu as donc passé une mauvaise nuit ?

A cette question, déjà réitérée par sa mère, Emma se trouble, rougit, baisse les yeux et répond d'un ton mal assuré :

— Non, maman, je n'ai pas passé une mauvaise nuit.

— C'est inconcevable. Ainsi, tu as bien dormi ?

— Oui, je te l'assure.

— C'est donc seulement ce matin, à ton réveil, que tu t'es trouvée souffrante ?

— Je ne sais pas, — répond l'enfant, de qui l'embarras redouble, — je ne me rappelle pas...

— Tu ne sais pas ? Et cependant, mon ange, lorsque je suis ce matin entrée dans ta chambre, selon mon habitude, je t'ai trouvée couchée, fondant en larmes.

— Je souffrais.

— Mais cette souffrance d'où provenait-elle ? Qui la causait ? Depuis quelle heure la ressentais-tu ?

— Mon Dieu ! maman, — murmure Emma avec une impatience fébrile et douloureuse, — comme tu me tourmentes !

— Ah ! Emma ! Emma ! — reprend Adèle. Mais à peine a-t-elle prononcé ces mots d'affectueux reproche, que l'enfant, les yeux noyés de larmes, s'écrie :

— Pardon, maman, pardon, embrasse-moi !

— Pauvre petite ! — répond madame Verneuil en couvrant de baisers le front d'Emma. — Je sais combien le malaise doit te rendre impatiente, puis, tu es si nerveuse ! Tes lèvres sont desséchées : veux-tu boire encore ?

— Oh ! oui, j'ai grand'soif.

— Que ne le disais-tu ?

Adèle, s'approchant d'un guéridon où sont déposées une tasse et une carafe, s'aperçoit que cette carafe est vide.

Elle agite vivement une sonnette et revient près de sa fille.

— Chère enfant, ta soif ardente prouve l'ardeur de ta fièvre. Peut-être aurais-je dû te mettre au lit.

— Non, je t'en prie, j'aime mieux être ici, près de toi.

— Grâce à Dieu, notre vieil ami le docteur Max ne peut tarder à arriver, — dit madame Verneuil, ajoutant à part soi : En vain je cherche à deviner la cause de l'indisposition subite de cette enfant, et surtout d'où vient sa répugnance à m'avouer le sujet de ses larmes de ce matin... elle toujours si sincère ! — Puis Adèle, se levant et allant de nouveau vivement agiter la sonnette, — Où est donc Charlotte ? Voilà deux fois que je la sonne ! — Et revenant auprès d'Emma, — Espérons que le docteur Max sera plus pénétrant que moi. Le ciel veuille que cette indisposition n'ait pas de suites sérieuses!

II

Charlotte, femme de chambre de madame Verneuil, entre à ce moment. Cette servante, âgée de vingt-cinq ans, grande et forte, est remarquable par un opulent embonpoint; ses cheveux et ses sourcils sont d'un noir de jais; un duvet brun estompe ses lèvres rouges et charnues, la blancheur de ses dents est éclatante, son teint resplendit d'une excessive fraîcheur; son œil vif et noir, son nez légèrement retroussé, son menton à fossette, rendent sa physionomie, d'ailleurs vulgaire, très agaçante. Charlotte, vêtue avec coquetterie, porte au cou une chaîne d'or et une montre; un petit bonnet garni de rubans frais et placé fort en arrière découvre les bandeaux épais et légèrement crépus de son épaisse chevelure; un tablier blanc s'ajuste à sa taille assez fine, malgré l'ampleur de son corsage ; sa robe de soie, un peu courte, découvre un joli pied parfaitement chaussé de bottines d'un vert foncé; enfin, Charlotte, pour ménager la délicatesse de son épiderme, en se livrant à ses devoirs domestiques, est gantée de gants coupés à la hauteur des premières phalanges.

A l'aspect de cette servante entrant brusquement et d'un air revêche, l'enfant malade se retourne soudain vers le dossier du canapé avec une expression de douloureux ressentiment. Ce mouvement échappe à madame Verneuil. Elle dit à sa femme de chambre avec douceur :

— J'ai été obligée de sonner deux fois. Pourtant, Charlotte, vous le savez, ma fille est souffrante.

— Tiens, — réplique aigrement Charlotte, — est-ce que je peux être partout à la fois, moi?

— Remplissez cette carafe de limonade et...

— Comment, madame! il n'y a pas une demi-heure que je viens d'en apporter, de la limonade !

— Puisque vous témoignez tant de mauvaise grâce à m'obéir, allez chercher du sucre et des citrons, —reprend madame Verneuil, dont la douceur et la patience sont inaltérables, — je préparerai moi-même ce breuvage.

— Oh! oui, maman ! prépare la limonade toi-même, j'aime mieux cela!—dit Emma, le visage toujours tourné du côté du canapé, afin de ne pas voir la servante, dont la présence lui semble pénible.

— Soit, mon enfant,—dit Adèle, surprise du mouvement et des paroles de sa fille, et elle ajoute : —Charlotte, allez vite me chercher ces citrons.

— Vous êtes joliment gâtée, mademoiselle Emma !—reprend aigrement la servante;—vous avez de fiers caprices!

— Cette enfant est souffrante, vous le voyez, Charlotte, — dit madame Verneuil avec bonté; — son innocente fantaisie de malade ne doit en rien vous blesser.

— Allons, c'est bien, madame, c'est bien, j'ai tort!

— Vous êtes une mauvaise tête. Allez vite chercher ce que je vous ai demandé.

—Hé mon Dieu! on y va! —réplique la femme de chambre en sortant brusquement.

— Le caractère de cette fille devient maussade à l'excès, mais, au fond, c'est une bonne créature, — dit madame Verneuil en haussant les épaules; et se rapprochant d'Emma, qui, après le départ de la femme de chambre, s'est retournée du côté de sa mère,—Prends un peu patience, cher ange, j'aurai bientôt préparé cette limonade. Mais pourquoi donc n'as-tu pas voulu que Charlotte s'occupât de ce soin?

— Oh! maman, si tu savais! Pauvre maman! —s'écrie Emma; et jetant ses bras au cou de sa mère, elle fond en larmes, paraît être sous l'obsession de souvenirs effrayans, s'interrompt et cache sa figure dans le sein de madame Verneuil. Celle-ci, de plus en plus inquiète, va demander à sa fille la cause de ses pleurs et de sa vive émotion, lorsque Charlotte vient annoncer le docteur Max.

III

Le docteur Max est âgé d'environ soixante ans; son grand front chauve, luisant comme l'ivoire, surplombe l'orbite de l'œil, à demi couvert par d'épais sourcils noirs, et à travers l'ombre qu'ils projettent, son regard étincelle; visage osseux au teint olivâtre, nez recourbé en bec d'aigle, menton proéminent, sourire tantôt d'une cordiale bonhomie, tantôt d'une cruauté sardonique. Tels sont les traits caractéristiques de la physionomie du docteur. Il jouit d'une célébrité européenne ; il a opéré des guérisons extraordinaires ; il a rappelé à la vie plus d'un moribond abandonné des médecins et déjà recouvert du drap mortuaire. Le docteur emploie, selon l'occurrence, la pharmacopée ordinaire, mais cherche de préférence ses moyens curatifs dans l'homéopathie, dont certains effets mystérieux semblent toucher au prodige. Il prépare lui-même ses toxiques, presque toujours doués de propriétés foudroyantes, et porte habituellement avec lui une pharmacie *infinitésimale*, dans une boîte de la grandeur d'une tabatière. Il habite une maison isolée, voisine de la barrière d'Enfer. Il donne ses consultations hors de son domicile, où personne n'a jamais pénétré. Il a loué, non loin de sa demeure, un appartement ; là, il reçoit ses clients, clientèle immense et des plus variées : il est à la fois médecin d'un hospice, d'un théâtre et d'une prison. Il visite gratuitement les pauvres gens, et fait chèrement payer ses soins à qui peut les rétribuer largement. Autant il se montre *bonhomme* envers les personnes sympathiques à son esprit et à son cœur, autant il se montre cruellement caustique ou sournoisement railleur à l'égard des gens indignes de son estime. La puissance pour ainsi dire occulte qu'il emprunte à l'homéopathie, dont il a obtenu des résultats incroyables, son existence solitaire et excentrique, sa physionomie saisissante, l'action magnétique de son regard, ses guérisons prodigieuses, sa connaissance d'une foule de secrets intimes, dus à ses relations avec des gens de tout état, secrets dont il use et abuse, dit-on, sans scrupule et sans pitié en certaines circonstances suprêmes ; d'autres vagues et étranges rumeurs, relatives à des actes étranges, redoutables, ont valu à ce célèbre praticien le surnom fantastique du DOCTEUR MÉPHISTOPHÉLÈS ou du DIABLE MÉDECIN.

IV

Charlotte s'est éloignée, après avoir apporté des citrons et un sucrier qu'elle a déposés sur un guéridon avec une carafe remplie d'eau. Madame Verneuil s'est levée à l'approche du docteur Max, et tout en se hâtant d'exprimer le suc des citrons dans la carafe, d'y verser de l'eau et du sucre, la jeune femme dit au médecin :

— Combien je vous sais gré de votre empressement, mon ami ! Emma s'est trouvée subitement indisposée ce matin, après avoir cependant, dit-elle, paisiblement dormi. Elle a beaucoup de fièvre, elle est très altérée : elle a déjà vidé une carafe de limonade pareille à celle-ci.

Adèle Verneuil remplit une tasse du breuvage qu'elle vient de préparer et la porte à sa fille.

— Bois, chère ange.

Emma vide la tasse, et la remet à sa mère. Le docteur s'approche, s'assied sur le rebord du canapé où est couchée l'enfant, prend l'une de ses mains, consulte son pouls, et examine ses traits avec sollicitude. Le docteur Max était l'ami le plus intime de la famille de madame Verneuil; il l'a vue naître, il l'appelle familièrement Adèle.

La jeune femme, inquiète, silencieuse, attend impatiemment les premières paroles du médecin. L'enfant le regarde avec une confiante affection.

— Je trouve le pouls de mademoiselle Emma fort agité... —reprend le docteur après un examen attentif, et il ajoute en souriant : — Je dis : mademoiselle... parce que ce titre respectueux est dû à une grande fille de douze ans. — Puis posant ses mains sur le front et sur les tempes de l'enfant, — Le front est brûlant... les artères battent violemment. Vous dites, ma chère Adèle, que notre petite malade avait parfaitement reposé ?

— N'est-il pas vrai, mon enfant ?

— Oui, maman.

— D'après l'intensité de cette fièvre, maintenant arrivée à son paroxysme, l'accès a dû commencer vers les neuf heures du matin?

— C'est, en effet, à cette heure-là, mon ami, qu'après le départ de mon mari pour le ministère, je suis entrée dans la chambre de ma fille; je l'ai trouvée en larmes. Depuis ce moment, la fièvre a toujours augmenté.

— Emma est comme vous, très nerveuse, très impressionnable, ma chère Adèle. D'où je conclus qu'elle a dû, ce matin, avant neuf heures, éprouver une très vive émotion, une violente secousse morale qui aura fortement réagi sur son imagination, sur son cerveau. Peut-être est-ce la suite d'un mouvement de frayeur ? Chère enfant, — ajouta le docteur s'adressant à Emma, — vous avez dormi paisiblement cette nuit, soit : mais ce matin, à votre réveil, vous avez dû être frappée de quelque circonstance imprévue, extraordinaire ?

— Non, non,—répond Emma aussi surprise que troublée de la pénétration du médecin, dont elle évite le regard observateur,—je me suis réveillée, puis tout d'un coup j'ai ressenti un grand mal de tête.

— Hum ! hum ! cela n'est guère probable. Voyons, dites la vérité à votre vieil ami, et cela, petite Emma, vous sera facile : vous ne mentez jamais.

— Chère ange aimée, tu entends notre ami ? Toi toujours si sincère, pourrais-tu nous cacher la vérité ?

— Mon Dieu ! maman, je n'ai rien à cacher, rien à dire. Je souffre, voilà tout !

Le docteur Max secoue la tête et échange avec Adèle Verneuil un coup d'œil significatif.

A ce moment, Charlotte apporte une lettre à sa maîtresse.

— Voici une lettre pour madame ; on attend la réponse.

V

Madame Verneuil lit la lettre que Charlotte vient de lui remettre. L'enfant, à la vue de la servante, s'est de nouveau et brusquement retournée vers le dossier du canapé où elle est couchée ; ce mouvement n'a pas échappé au docteur Max ; de plus, il a surpris le regard de crainte mêlé d'aversion jeté sur Charlotte par Emma, et, quoique celle-ci lui tourne le dos, il se penche vers elle, interroge de nouveau son pouls, et afin de calculer le nombre des pulsations, il tire de son gousset sa montre à secondes et reste absorbé par cet examen.

Madame Verneuil continue de lire avec un sentiment de visible surprise la lettre qu'elle vient de recevoir.

Charlotte, les deux mains dans les poches de son tablier, trahit effrontément son impatience de rester debout, en frappant légèrement de sa bottine le parquet sonore.

Le docteur Max, en consultant le pouls d'Emma, jette un coup d'œil fixe et scrutateur sur la femme de chambre. Celle-ci rougit involontairement, se retourne et va regarder à travers l'une des fenêtres du salon.

— Plus de doute ! — pensait le médecin, — mes soupçons ne me trompaient pas.

— J'étais loin de m'attendre à l'arrivée de cette chère Florence, — dit madame Verneuil, plaçant près d'elle la lettre qu'elle vient de lire. Et s'adressant à sa femme de chambre, — Vous répondrez que je recevrai aujourd'hui madame Hermann, si cela lui convient.

— Oui, madame, — répond Charlotte, ajoutant à part soi en sortant : — Qu'est-ce qu'il a donc, ce docteur du diable, à vous examiner ainsi jusque dans le blanc des yeux ? Son regard m'a troublée malgré moi.

VI

Aussitôt après le départ de la servante, madame Verneuil, se rapprochant du canapé, interroge le docteur Max d'un air inquiet.

— Hé bien, mon ami, que pensez vous de...

— Attendez, ma chère Adèle, attendez, je me livre en ce moment à un examen fort important, — reprend le médecin, consultant de nouveau sa montre et le pouls d'Emma.

Un silence de quelques minutes règne dans le salon, après quoi le docteur Max, replaçant sa montre dans son gousset, se dit :

— Avant la venue de Charlotte, le pouls de l'enfant battait de soixante-quinze à quatre-vingts pulsations par minute ; mais dès l'entrée de cette servante, et durant le temps qu'elle est restée là, il s'est subitement élevé à plus de cent pulsations ! Cette fille vient de s'éloigner, le pouls retombe, l'agitation décroît ; évidemment Charlotte n'est pas étrangère à la circonstance dont Emma s'est vivement émue ce matin. Je le crois d'autant mieux, qu'elle n'a pu dissimuler sa répulsion à l'aspect de cette servante. Quel est ce mystère ? — Et s'adressant tout haut à l'enfant :

— Ma chère petite, vous avez à vous plaindre gravement de Charlotte ?

Le docteur remarque l'étonnement d'Emma et répète d'un ton plus affirmatif encore :

— Vous avez à vous plaindre de Charlotte ; elle est cause de la douloureuse impression que vous avez éprouvée ce matin.

— Cela doit être ! — dit vivement Adèle. — Tout à l'heure, ma fille n'a pas voulu que Charlotte lui préparât sa limonade. Je ne me rendais pas compte de cette répugnance ; elle m'est expliquée maintenant. — Et se penchant vers Emma :

— Je t'en conjure, que s'est-il passé? Dis-moi la vérité, mon ange!

—Mon Dieu! maman, le docteur sait tout!—s'écrie Emma d'une voix tremblante, — c'est donc vraiment *le diable!...*

La pauvre enfant, incapable de s'expliquer autrement que par une interprétation surnaturelle le moyen employé par le docteur Max pour arriver à la connaissance d'une partie de la vérité, le contemplait avec une expression de surprise et de frayeur croissante que sa mère s'efforça de calmer en assurant qu'il n'y avait rien de diabolique dans la science du docteur; mais l'imagination d'Emma, déjà vivement frappée par la découverte du secret qu'elle s'est, depuis le matin, opiniâtrée à garder, s'exalte de plus en plus. L'intensité de sa fièvre redouble, et bientôt la joue en feu, l'œil étincelant, les lèvres sèches et frémissantes, l'enfant, sous l'obsession d'un souvenir effrayant, se dresse à demi sur son séant, et montrant à sa mère le docteur Max, elle s'écrie avec une sorte d'égarement :

— J'ai peur de lui! Oh! pour savoir ce qu'il sait de Charlotte, il faut que ce soit le diable. — Et s'interrompant, elle ajoute d'un ton déchirant : — Puisqu'il sait tout, pauvre mère chérie, je ne peux plus te cacher la vérité. Hélas! c'est si mal ce que j'ai fait! Et puis, c'est à cause de toi que je n'osais pas dire... parce que... parce que... vois-tu, c'est affreux! Mais tu le veux, tu le veux!

—Grand Dieu! mon ami, elle m'effraye! — murmure madame Verneuil, remarquant l'altération des traits de sa fille qui expriment tour à tour la honte, la pitié, la terreur.

Mais Emma poursuit d'une voix brève, précipitée, fébrile :

— Tu veux que je dise tout? Hé bien, ce matin, au point du jour, je me suis éveillée; je désirais me lever de très bonne heure, afin de travailler aux pantoufles que je brode pour papa. Je ne pouvais pas ouvrir mes volets toute seule, j'ai appelé Charlotte; elle ne m'a pas répondu : j'ai voulu l'aller réveiller; je pensais qu'elle dormait; je m'approche de sa porte, j'aperçois de la lumière à travers la serrure. J'entends une voix. Cette voix était celle de papa. Il riait, mais pas très haut.

A ces mots, madame Verneuil tressaille et reste muette de stupeur.

— Infamie! — se dit le docteur Max croyant à peine ce qu'il entend. — Quoi! ce prétendu dévot!

— Chère enfant! tu t'es trompée! — reprend froidement Adèle après un premier moment de stupéfaction, — ce que tu dis est impossible.

— Non, non, je ne me suis pas trompée! — répond Emma trissonnant et de plus en plus animée. — J'ai bien reconnu la voix de papa; j'ai cru d'abord qu'il était sorti de sa chambre pour aller prévenir Charlotte, maman se trouvant peut-être indisposée; mais quand j'ai entendu qu'il riait...

Et portant ses deux mains à son front brûlant, Emma s'interrompt un instant et poursuit avec un accent douloureux :

— Mon Dieu! que la tête me fait donc mal! Il me semble que je ne sais plus ce que je dis... Alors j'ai fait une vilaine chose, si vilaine que je n'osais pas te l'avouer, maman : j'ai écouté à la porte, j'ai regardé à travers la serrure, et j'ai bien reconnu papa.

— Mon enfant, — reprend madame Verneuil jetant un regard expressif au docteur Max, — je t'assure que tu t'es méprise.

Mais Emma, dont la surexcitation fiévreuse allait bientôt s'exalter jusqu'au délire, n'entend pas sa mère, ne lui répond pas, et continue d'une voix haletante :

— Papa disait en riant à Charlotte : — « Tu sais bien que
» je t'aime cent fois mieux que ma femme !... Ne me parle
» donc pas d'elle... Ma vraie femme, c'est toi... L'autre ?..
» je voudrais qu'elle fût morte!... alors tu serais la maî-
» tresse ici !... »

Ces derniers mots prononcés, Emma n'a plus conscience d'elle-même, son esprit se trouble, se perd, son visage exprime l'épouvante, et, en proie au délire, elle répète d'une voix entrecoupée :

— Entends-tu, maman ? il voudrait que tu sois morte ! Oh ! j'ai peur !... j'ai peur !... sauve-toi !... c'est papa !... comme il a l'air méchant !... Il rit... sauve-toi ! maman, sauve-toi, il rit !...Oh ! cette Charlotte, elle me fait trembler! Au secours ! au secours! grâce pour maman ! grâce !...

VII

Madame Verneuil et le docteur Max, atterrés devant cette révélation de l'immoralité du père par son enfant, songèrent d'abord à secourir Emma, qui, en proie à un vertige de terreur, voulait s'élancer hors du canapé. Adèle la retint, l'enlaça de ses bras, la couvrit de baisers en murmurant d'une voix éplorée :

— Mon Dieu ! ayez pitié de moi, ma fille va mourir !

— Ne craignez rien, — répond le docteur Max en aidant la jeune femme à contenir l'enfant. — Non-seulement la vie de votre fille ne court aucun danger, mais je vous affirme que la crise dont vous êtes effrayée cessera bientôt. A ce violent transport du cerveau succédera un profond abattement. Il faut d'abord coucher cette pauvre petite. Je vais à l'instant écrire une ordonnance et l'envoyer chez le pharmacien; il ne demeure qu'à deux pas d'ici. Encore une fois, ne craignez rien. Prenez courage, et transportons d'abord Emma dans votre lit.

Madame Verneuil, quelque peu rassurée par les paroles du docteur Max, enlève, quoique frêle et délicate, sa fille entre ses bras, et, l'amour maternel doublant ses forces, elle emporte Emma dans sa chambre aussi aisément qu'elle eût emporté un enfant au berceau.

Le médecin agite une sonnette, s'asseoit devant une table où se trouve ce qui est nécessaire pour écrire, et il rédige à la hâte son ordonnance.

Charlotte paraît à l'appel de la sonnette.

VIII

Le docteur Max, ayant achevé son ordonnance, la remit à Charlotte, en jetant sur elle un coup d'œil fixe et pénétrant.

— Allez à l'instant chez le pharmacien; vous apporterez ce qu'il vous donnera.

— Voilà la seconde fois que ce diable de médecin m'examine jusque dans le blanc des yeux. Son regard me fait un drôle d'effet ! Je n'ai jamais rencontré pareil regard, pensait la servante; et elle ajoute à haute voix : — La petite est plus mal ?

— Obéissez et revenez vite, — répond durement le docteur Max, et il va rejoindre en hâte madame Verneuil dans la chambre voisine.

— Hé! on y va! chez le pharmacien! — s'écrie la servante, se dirigeant vers la porte.— Décidément, ça m'embête d'être ainsi aux ordres de tout le monde! — ajoute-t-elle en s'éloignant;—je ne pourrai donc jamais obtenir de Verneuil d'être *en chambre?* Oh! nous verrons cela! Mais encore une fois, quel vilain regard il a, ce docteur du diable!

IX

Le docteur Max, quelques momens après le départ de la servante, rentre dans le salon, et, se parlant à lui-même :

— Adèle est rassurée ; l'agitation de sa fille se calme peu à peu. Je m'y attendais. La prostration devait succéder au délire ; tout danger sera écarté, grâce à une légère saignée et à la potion que cette servante est allée quérir. Attendons la ici ; sa seule présence suffirait à renouveler la crise de cette pauvre enfant !

Puis se promenant çà et là dans le salon, le docteur Max s'écrie avec un dédain amer :

— Et ce Verneuil va faire ses pâques avec tapage à Notre-Dame! Ah! l'hypocrisie de ce siècle est infâme! Convoitise et tartufferie! faux dévots et loups cerviers! un lingot d'or et la discipline de Tartuffe ! tels sont les symboles du temps !

Et après un long silence, le docteur reprend en soupirant :

— Pauvre Adèle, un ange ! je l'ai vue naître. Jamais âme plus pure, cœur plus loyal, esprit plus élevé, n'ont mérité le respect et l'amour d'un honnête homme. Ah ! pourquoi ses parens ont-ils contrarié le penchant naissant qu'elle ressentait autrefois pour son cousin Ernest Beaumont! L'instinct mystérieux du bonheur attirait ces deux enfans l'un vers l'autre ; tous deux avaient seize ans, la même délicatesse native, les mêmes goûts, les mêmes aspirations vers le beau, vers le bien, vers un certain idéal dans la vie. Heureux aurait été leur avenir. J'en jurerais ! je connais les hommes ! Mais non ! Ernest Beaumont, orphelin, ne possédait qu'un modique patrimoine ; sa vocation le destinait aux arts. Ah ! que de fois ses naïves espérances, pures, généreuses comme toutes ses pensées, m'ont ému aux larmes ! Epouser un jour sa cousine Adèle, partager sa vie entre l'amour d'une femme chérie et l'étude des chefs-d'œuvre de l'antiquité, poursuivre avec une laborieuse ardeur des succès! dont elle eût été encore plus fière que lui, ce doux rêve pouvait devenir une réalité. Mais qu'est-ce qu'un artiste en expectative ? Riche de trois à quatre mille livres de rente, quelle position sociale apporte-t-il à sa femme ? quelle garantie offre-t-il de sa célébrité future ? Aussi, la famille d'Adèle s'est-elle empressée de lui démontrer le néant d'une pareille union, de briser à jamais le lointain espoir de ces deux adolescens par un refus formel et anticipé.

Ernest, désespéré, a renoncé à la peinture, s'est engagé volontaire à bord d'un bâtiment de commerce, est devenu capitaine au long cours, a navigué sans cesse, et depuis qu'il est marin, il n'a plus revu Adèle. Celle-ci, de son côté, cédant à l'obsession de sa famille, a courageusement combattu, dominé son penchant pour Ernest. Plus tard, elle a épousé, sans aucune répugnance, je le crois, mais aussi sans amour, ce monsieur Verneuil! Elle voulait surtout satisfaire au vif désir de ses parens, bonnes gens, éblouis de l'honneur que leur faisait cet homme en leur demandant leur fille, riche cependant de cinquante mille écus de dot! Mais comment résister au prestige de monsieur Verneuil, certain de devenir directeur de son administration ? et il l'est devenu. Les gens de cette espèce parviennent toujours. Homme posé d'ailleurs, sérieux et garanti par devant notaire ; garçon d'ordre et de bonnes mœurs; je l'avoue, ses dehors graves, compassés, sa réserve, sa parole affable et discrète, m'ont imposé; puis, une figure plutôt belle que laide, trente ans environ, somme toute, l'écorce d'un galant homme. Aussi je fus loin de dissuader Adèle de ce mariage. Elle s'est toujours montrée épouse irréprochable, la plus tendre, la plus passionnée des mères, uniquement occupée du soin d'élever ses enfans et, plus tard, de l'éducation de sa fille ; fuyant le monde, vivant heureuse, recueillie, dans la paisible solitude du foyer domestique ; conservant peut-être au plus profond secret de son cœur un mélancolique souvenir de ses premiers rêves de jeune fille et de son penchant pour Ernest Beaumont. Ce n'est d'ailleurs de ma part qu'un soupçon! jamais un mot d'elle n'a pu me faire supposer la persistance de ce souvenir. Remplie de déférence, de dévouement, d'affection pour son mari, ne l'ai-je pas vue veiller jour et nuit près de lui, lors de cette longue maladie dont je l'ai sauvé il y a trois ans? Et voilà qu'aujourd'hui... Ah ! je frémis! j'entrevois un abîme de maux, et n'ai, cette fois, nul moyen de les conjurer. Je ne peux rien contre ce Verneuil. Le démasquer serait redoubler le péril. Je connais l'homme, maintenant !

Les pénibles réflexions du docteur Max sont interrompues par le retour de Charlotte.

— Voilà, monsieur, ce que vous avez demandé, dit la servante au médecin en lui remettant deux fioles. Comment va la petite ?

Le docteur Max ne peut réprimer l'expression de dégoût que lui inspire la vue de Charlotte. Il est sur le point d'éclater ; il la menace du doigt ; mais, se contenant, il entre dans la chambre voisine en disant :

— Non, pas d'imprudence... — Et il ajoute avec une profonde amertume : — C'est pourtant à une pareille créature que la plus adorable des femmes se voit sacrifiée!

— Décidément, il se passe ici quelque chose d'extraordinaire, — pensait Charlotte. — Est-ce que ce diable de médecin serait vraiment sorcier? est-ce que par hasard il se douterait de... Mais comment s'en douterait-il? qui l'aurait instruit?... Pardi! on raconte de lui des choses si extraordinaires!.. il pourrait bien... Bah ! ce sont des histoires. C'est égal, j'avertirai M. Verneuil dès qu'il reviendra de son administration, afin qu'il se tienne sur ses gardes. Quant à moi, je ne craindrais pas un éclat... au contraire ! Mais lui, il est si poltron, si tartuffe ! Enfin, — dit la servante

en sortant, — il faudra bien qu'il se décide d'une façon...
ou d'une autre !

X

Le docteur Max et Adèle, après être restés pendant une demi-heure environ auprès d'Emma, reviennent dans le salon en marchant avec précaution.

— Dieu merci ! votre fille est calme, elle dort ; comptons sur ce sommeil réparateur, — dit le docteur Max à madame Verneuil. Puis la voyant s'arrêter encore au seuil de la porte de la chambre et jeter de ce côté un dernier regard de sollicitude :

— Pauvre femme, vaillante mère ! Toute entière aux alarmes que lui inspire l'état de sa fille, elle n'a pas prononcé un mot qui fît allusion à la cruelle découverte de ce matin.

— Mon ami, — dit Adèle au docteur à la suite d'un silence assez prolongé, — depuis que j'ai perdu mon père, vous avez été la personne pour qui j'ai eu le plus de vénération et de confiance.

— Ma chère Adèle, vous pouvez compter sur moi dans toutes les circonstances de votre vie.

— Je le sais. Aussi, dans la pénible position où je me trouve, je vais avec vous, mon ami, penser tout haut. Je ne me dissimule pas la gravité de l'événement de ce matin. Par une fatalité que je déplore, ma fille a été pour ainsi dire témoin des désordres de son père... Sans cela ma conduite serait fort simple : j'agirais ainsi que doit agir, en pareil cas, une femme qui se respecte. Je renverrais cette servante ; je ne m'abaisserais pas à adresser un mot de reproche à monsieur Verneuil.

— Lui dont les dehors sont si graves ! lui dont l'apparente piété va jusqu'à l'affectation ! Et rien jusqu'ici n'avait pu vous faire soupçonner cette honteuse liaison?

— Jamais il ne m'est venu, jamais il ne me viendra, je l'espère, à l'esprit, de soupçonner d'une bassesse des gens que j'affectionne, que j'estime, et j'ai toujours ressenti pour mon mari une affectueuse estime ; j'accomplissais dignement mes devoirs envers lui ; il remplissait dignement les siens envers moi ; il ne contrariait pas mes goûts de solitude. J'ai désiré me charger de l'éducation de ma fille, afin de la garder toujours près de moi, il a consenti à mon désir. Un seul et léger dissentiment s'est élevé entre nous au sujet de mon fils. J'aurais aussi voulu le garder à la maison; son éducation eût été faite sous mes yeux; mon mari a insisté pour que Louis entrât au collége. J'ai reconnu qu'en cette circonstance, la volonté de monsieur Verneuil devait prévaloir sur la mienne. Je n'ai donc eu qu'à me louer jusqu'ici de mon mari ; je l'ai épousé de mon plein gré, satisfaisant sans doute aux instances réitérées de ma famille, mais acceptant librement son choix, et l'appréciant parfaitement. Vous dire, à vous qui me connaissez depuis mon enfance, que, dans ma première jeunesse, je n'avais pas entrevu, espéré, une autre union ; vous dire cela, mon ami, serait mentir, et je ne mens pas. Mais si, parfois, le souvenir de mon cousin Ernest Beaumont s'est présenté à ma pensée, telle était la nature de ces souvenirs, que je pouvais sans rougir regarder mon mari et mes enfans.

— Je connais la pureté de votre âme, ma chère Adèle,

— Ainsi, mon ami, ma vie a été paisible, heureuse et selon mes goûts; ce bonheur, je le dois en partie à monsieur Verneuil; je ne pouvais donc douter, je ne veux pas même douter de son respect, de son sérieux attachement pour moi. Puis, d'où me serait venu le soupçon? Je n'ai remarqué aucun changement dans la conduite de mon mari à mon égard, sinon que, depuis environ deux ans,—c'était, je me le rappelle maintenant, vers l'époque où cette servante est entrée chez moi,—monsieur Verneuil a désiré que nos chambres fussent séparées. Enfin, que vous dirai-je, mon ami? les sentimens, ou plutôt les dehors de piété qu'il affichait de jour en jour plus évidemment, sans m'obliger à l'imiter, je rends justice à sa tolérance, devaient éloigner de moi jusqu'à l'ombre du doute sur la parfaite régularité des mœurs de mon mari. Quant à ceci, une femme de bon sens doit, je le sais, faire une très large part à l'indulgence pour certains écarts, et souvent leur bassesse rend, je l'avoue, cette indulgence plus que facile; je la pousserais jusqu'au silence du mépris si ma fille n'avait été malheureusement initiée à l'immoralité de son père. Là, ce me semble, est le péril. Aussi, les conseils de votre expérience, de votre amitié me deviennent indispensables.

Et prêtant de nouveau l'oreille du côté de la chambre à coucher, madame Verneuil ajoute en se dirigeant vers la porte sur la pointe du pied :

— Je vais m'assurer si Emma dort toujours.

— Noble cœur ! — pensait le docteur Max en suivant la jeune femme d'un regard attendri. — Jamais la raison, le respect de soi, l'indulgence, l'abnégation, n'ont parlé plus digne langage!

XI

Madame Verneuil s'étant assurée que sa fille reposait paisiblement, se rapprocha du docteur Max et lui dit:

— Emma dort d'un profond sommeil. Hélas! maintenant c'est son réveil que je redoute! ce sont ses questions; c'est surtout l'impression que lui causera la présence de son père, lorsque, pour la première fois depuis ce matin, elle le reverra... Mon ami, conseillez-moi... Que faire? mon Dieu! que faire? Savez-vous ma crainte? C'est que cette pauvre petite ne puisse vaincre l'éloignement! que mon mari va peut-être lui inspirer désormais... et qu'il prenne cette enfant en aversion. Ah!...—ajoute la jeune femme en pleurant,— ce serait le malheur de ma vie!

— Courage, ma chère Adèle. La situation est sans doute fort grave; il faut y aviser au lieu de désespérer. Oui, votre excellent bon sens apprécie très justement les faits; oui, le plus fâcheux de tout ceci est que votre fille ait entendu ces mots adressés à Charlotte par votre mari : « —Je vou-» drais que ma femme fût morte, tu serais la maîtresse » ici. Ces mots détestables, votre pauvre enfant les répétait tout à l'heure à chaque instant durant son délire.

— Franchement, mon ami, je ne suppose pas que monsieur Verneuil ait sérieusement désiré ma mort,—répond la jeune femme. Et elle ajoute avec un sourire de dégoût :
— Ce sont là propos d'amoureux, dignes de pareilles amours!

— Soit ! Mais Emma, douée d'une intelligence vive, précoce, profondément impressionnable, vous aime, ainsi que vous l'aimez, avec idolâtrie. Trop jeune encore pour reconnaître l'exagération de ces déplorables paroles, elle les croira sincères, et pour elle, il en résultera toujours « que » son père regarde sa servante comme sa vraie femme, et qu'il voudrait vous voir morte. »

— Ah ! mon ami, vous m'effrayez !

— Ma chère Adèle, il faut aller d'abord au fond des faits ; ensuite, l'on cherche à en tirer parti... oui, et peut-être, — reprend le docteur Max en réfléchissant, — peut-être...

— Quoi ! vous espérez ?

— Revenons à Emma. Je partage vos alarmes ; je crains qu'elle ne puisse vaincre la frayeur, peut-être même l'aversion que lui inspirera désormais son père. Il faudrait donc tâcher d'effacer de l'esprit de cette enfant la cause première de ses ressentimens.

— Y pensez-vous, mon ami ? C'est impossible !

— Qui sait !

— Que dites-vous ?

— Ne suis-je pas le *Diable médecin*, et, comme tel, doué d'un pouvoir surnaturel ?

— Mon ami, de grâce, parlons sérieusement.

— Eh bien ! voici mon projet ; mais sa réussite est absolument subordonnée au départ de Charlotte.

— Elle sortira d'ici aujourd'hui même, ma résolution est prise.

— Mais votre mari ?

— Je lui dirai sans colère, sans amertume, que je sais...

— Oh ! prenez garde, ma chère Adèle ! prenez garde ! Dieu m'en est témoin, j'approuve, j'admire trop votre noble indulgence pour songer à envenimer les choses ; mais, dans l'intérêt de votre repos, de votre avenir, il me faut cependant vous rappeler ceci : Monsieur Verneuil est un hypocrite. Or, rien de plus dangereux, de plus malhabile, en certaines circonstances, que d'arracher aux hypocrites leur masque. N'ayant plus alors de ménagemens à garder, ils deviennent capables de tout.

— Que faire alors ? Je ne puis cependant garder cette servante chez moi : sa présence sera désormais odieuse, insupportable à ma fille !

— Je suis d'avis de congédier immédiatement Charlotte ; mais pas un mot, soit à elle, soit à votre mari, qui puisse leur faire supposer que vous êtes instruite de tout. N'est-il pas facile de trouver un prétexte plausible pour renvoyer un domestique ?

— Le prétexte ou plutôt la très légitime raison de ce renvoi est trouvée. Cette fille, depuis quelque temps, est devenue fort impertinente. J'attribuais cette irrévérence à la vivacité de son caractère. Je suis donc résolue, au premier mot déplacé qu'elle me répondra, de la prier de sortir de céans.

— A merveille ! et pour donner plus d'importance à cette mesure et surtout éloigner tout soupçon de l'esprit de votre mari, vous congédierez Charlotte devant témoin, devant moi, par exemple. De sorte qu'au besoin, mon témoignage pourrait confirmer monsieur Verneuil dans la pensée que l'insolence de cette servante a été la seule cause de son départ.

— Vous prévoyez tout, excellent ami! Cette fille sortira donc d'ici; mais le danger que je redoute subsistera toujours.

— La crainte, l'aversion qu'Emma ne pourra s'empêcher de témoigner à son père?

— Hélas! oui.

— Ecoutez-moi, ma chère Adèle. Je suppose Charlotte congédiée, Emma est déjà délivrée de la présence de l'une des personnes dont la vue lui aurait le plus cruellement rappelé sa découverte de ce matin; il serait alors plus facile, et tel est mon but, de persuader votre fille que ce qu'elle a vu et entendu au point du jour, dans la chambre voisine de la sienne, n'a été qu'un rêve de son imagination troublée par la violence d'un accès de fièvre dont elle aurait été atteinte pendant la nuit.

— Ah! mon ami, vous nous sauvez!

— Ma pauvre Adèle, pas d'espérance exagérée; le moyen est hasardeux.

— Fiez-vous à moi, mon ami, pour le mener à bonne fin; j'en réponds!

— Ne vous abusez pas, votre fille est très intelligente; il sera peut-être difficile de la convaincre qu'elle a été le jouet d'une illusion.

— Non, non.

— Il est vrai, chère présomptueuse, qu'en tentant ce moyen d'ici à quelques heures, l'esprit d'Emma, encore engourdi par l'accablement qui succède à l'exaltation de la fièvre, et affaibli par la légère saignée que je lui ai faite, n'aura pas recouvré sa lucidité habituelle.

— C'est évident, mon ami.

— Évident, non, mais probable, et c'est là sur quoi je compte ; car déjà, ce matin, elle n'avait plus pour ainsi dire conscience d'elle-même, en achevant cette funeste révélation ; l'on peut donc espérer en profitant du premier trouble de son réveil, jeter une telle confusion dans ses souvenirs de la journée, qu'Emma se persuade en effet que la réalité n'est qu'un songe.

— Elle le croira, mon ami ! — s'écria la jeune femme, radieuse d'espérance ; — oui, elle le croira, si je le lui affirme ! Pauvre ange ! elle a tant de foi dans mes paroles ! Ah ! le mensonge est saint en pareille occurrence ! Rendre à un père la tendresse, le respect de son enfant !

— Adèle, — dit le docteur Max profondément ému, — vous êtes la plus digne, la plus noble femme que je connaisse.

— Que fais-je donc, sinon mon devoir ? Cacher à ma fille l'égarement passager de son père ; laisser ignorer à mon mari que je suis instruite de ses désordres ; ne pas l'obliger à rougir devant moi ; préserver la sainteté du foyer conjugal de récriminations dont il ne doit jamais être souillé ; retrouver le calme après l'agitation, la sécurité après la crainte ; continuer avec bonheur dans ma solitude l'éducation d'une enfant chérie ; ah ! mon ami ! pour obtenir un pareil résultat, on est capable de prodiges ; et de quoi s'agit-il ? de quelque chose de si simple : convaincre Emma qu'elle se souvient, non de la réalité, mais d'un rêve de son délire ! Vous me verrez à l'œuvre, mon ami ! — ajouta la jeune femme avec un sourire ineffable. — Nous réussirons, vous dis-je. Ah ! vous avez le génie du cœur ! Imaginer ce moyen de salut !

— Ce moyen, n'est-ce pas vous qui l'avez trouvé, chère Adèle ?

— Moi ?

— Quel a été le premier cri de votre âme généreuse et délicate lorsque ce matin cette enfant vous révélait ces faits honteux ? « Mon enfant, ce que tu me dis là est impossible ! tu t'es méprise ! » vous êtes-vous écriée afin de ne pas avilir aux yeux de sa fille l'homme qui vous outrageait. J'espère réaliser votre généreuse inspiration, rien de plus.

Soudain la porte du salon s'ouvre avec fracas, et Charlotte, le teint empourpré, l'œil étincelant de colère, entre en s'écriant :

— Madame, je viens vous dire que votre cuisinière est une canaille !

XII

Le docteur Max, à l'aspect de Charlotte s'élançant dans le salon en proie à une vive irritation, se frotte les mains et dit tout bas à Adèle Verneuil :

— Ah ! parbleu ! cette drôlesse ne pouvait venir plus à propos. Nous cherchions une occasion ; la voici.

— Mademoiselle, pourquoi tout ce bruit ? — demande sévèrement madame Verneuil à sa femme de chambre. — Ne savez-vous pas que ma fille repose ?

— Qu'est-ce que cela me fait, à moi ! Est-ce que par hasard vous vous imaginez, madame, que je me laisserai agonir de sottises par votre cuisinière ?

— Vous êtes, ma mie, fort insolente, — reprend le docteur Max. — Madame devrait vous chasser sur l'heure de chez elle !

— Est-ce que ça vous regarde ! De quoi vous mêlez-vous ! — s'écrie Charlotte en toisant le docteur avec une sorte d'appréhension courroucée. — Allez au diable ! c'est votre patron ! vieux sorcier !

— Taisez-vous, mademoiselle, taisez-vous ! — dit vivement madame Verneuil. — J'ai depuis longtemps, trop longtemps, toléré vos impertinences ; ma patience était à bout ! Vous venez d'ailleurs de manquer si grossièrement de respect à monsieur le docteur Max, qu'il m'est impossible de vous garder plus longtemps à mon service.

— Comment ! — balbutie Charlotte stupéfaite ; — quoi ! vous me renvoyez ?

— Demain matin, vous sortirez de chez moi.

— Ah ! vous me chassez ! — s'écrie Charlotte avec une explosion de colère ; — ah ! vous me chassez !... dans les vingt-quatre heures, encore !... comme si j'étais une voleuse !

— Sortez ! — dit impérieusement le docteur Max ; — vos éclats de voix risquent de réveiller cette pauvre enfant malade !

A ces mots, Adèle se rapproche rapidement de la porte de la chambre voisine, y jette un coup d'œil inquiet, puis, rassurée, revient en disant :

— Grâce à Dieu, ma fille dort toujours.

Charlotte, blême et frémissante, incapable de prononcer une parole, et attribuant son renvoi à la diabolique méchanceté du docteur Max, le contemplait avec rage.

— Vous m'avez entendue, mademoiselle, — reprit madame Verneuil ; — vous quitterez demain cette maison, et, d'ici là, je vous défends de reparaître devant moi !

La servante se redresse, lance à sa maîtresse un regard de haine, de menace et de défi, puis d'une voix sourde, entrecoupée par la fureur :

— Madame, s'il y a quelqu'un de chassé d'ici, ça ne sera pas moi, entendez-vous ? Rappelez-vous ça ! et vous aussi, vieux satan ! Rappelez-vous ça ! — ajoute Charlotte, montrant le poing au docteur; et elle sort si impétueusement qu'elle heurte Joséphine, la cuisinière, avec qui elle se rencontre au seuil de la porte.

— Est-elle mauvaise ! — pensait Joséphine. — Est-elle mauvaise, cette Charlotte, parce qu'elle se sent soutenue par monsieur !

Et s'adressant à Adèle :

— Madame Hermana demande si elle peut parler à madame...

— J'avais oublié ce rendez-vous, — dit la jeune femme. — Joséphine, priez cette dame de vouloir bien attendre un moment.

— Oui, madame.

— Ma chère Adèle, je vous quitte, — reprit le docteur après la sortie de Joséphine. — Résumons-nous...

— Mon ami, vous avez entendu l'insolente menace de cette fille?...

— C'est de la colère, de la brutalité, rien de plus. J'affirmerais qu'en apprenant de vous la cause du renvoi de Charlotte, votre mari n'osera pas s'opposer à votre volonté... Il faudrait tâcher de mener à bien notre projet au sujet d'Emma avant le retour de M. Verneuil. A quelle heure rentre-t-il du ministère?

— Ordinairement à cinq heures.

— Je reviendrai vers trois heures; l'amélioration déjà très sensible qui s'est opérée dans l'état de votre fille augmentera, je l'espère, et nous essaierons de la persuader que cette nuit elle a été le jouet des rêves de son cerveau troublé.

Le docteur tendit la main à Adèle.

— Donc, à tantôt.

— A tantôt, mon ami, mon sauveur! Ah! j'oubliais.. — ajouta madame Verneuil, voyant le docteur Max s'éloigner: — auriez-vous l'obligeance de prier une dame qui attend dans la salle à manger de vouloir bien entrer ici? Cette visite en ce moment me contrarie, mais madame Hermann est une de mes amies d'enfance et de pension. Je ne l'ai pas vue depuis plusieurs années. Son nom de famille est Florence Duperron. Vous devez vous rappeler l'avoir rencontrée chez ma mère?

— Quoi! cette madame Hermann...

— D'où vient votre surprise?

— Madame Hermann est séparée de son mari; le procès qui a précédé cette séparation a eu à Marseille un scandaleux retentissement.

— Que m'apprenez vous là? Florence habitait en effet Marseille, mais j'ignorais...

— A tout péché miséricorde. Peut-être madame Hermann s'est-elle amendée; mais, à en juger d'après les débats du procès de séparation, cette personne est peu digne d'être reçue chez vous, ma chère Adèle. Il est trop tard maintenant pour échapper à sa visite. Seulement, croyez-moi, ne revoyez pas cette madame Hermann. Adieu, à tantôt.

— Florence séparée de son mari ! — se dit Adèle Verneuil après le départ du docteur. — Je la croyais si heureuse ! En vérité, je ne reviens pas de surprise. D'après ce que m'apprend le docteur Max, cette entrevue, que je ne peux malheureusement éviter, me sera pénible ; mais du moins ce sera la dernière. Voyons si ma fille repose toujours, — ajoute la jeune femme. Et après un moment d'absence, elle revient : — Emma dort d'un profond sommeil sa respiration est de moins en moins oppressée. Merci, mon Dieu ! merci !

Madame Hermann, à peu près du même âge qu'Adèle Verneuil, ne paraît pas avoir plus de vingt ans, grâce à la fraîcheur juvénile de son visage. Elle est vêtue avec une élégance du meilleur goût ; sa beauté fine et régulière est ravissante ; un léger embonpoint ne nuit en rien à la perfection de sa taille ; sa physionomie riante, heureuse, ouverte, mobile à l'excès, révèle une franchise étourdie, une extrême légèreté de caractère, mais aussi l'absence de toute perfidie ou méchant instinct ; c'est la sincérité dans l'inconséquence ; c'est l'expansion des mœurs faciles et non dépravées ; on devine en cette jeune femme une bonté native, un généreux naturel que de fâcheux égaremens n'ont pu encore altérer.

En un mot, de même qu'Adèle Verneuil offre dans sa chaste sérénité l'idéal de la *femme du devoir*, Florence Hermann offre dans son voluptueux épanouissement le type de la *femme sensuelle*, que son organisme (dirait le docteur Max) au moins autant que la faiblesse de sa moralité, rendent presque incapable de lutter contre ses entraînemens.

XIII

Madame Verneuil, dissimulant à peine l'embarras qu'il lui cause la visite de Florence Hermann, la contemple d'abord en silence, non moins éblouie de sa beauté que péniblement surprise de la riante désinvolture de cette jeune femme, sur qui pèse un passé scandaleux. Florence, émue du plaisir de revoir une compagne de sa première jeunesse, et d'ailleurs peu observatrice, ne remarquant pas la froideur de son amie, l'embrasse avec une si tendre effusion, qu'Adèle, touchée de ces caresses, sent se réveiller en elle mille souvenirs d'une liaison intime en son temps, et n'a pas le courage de persister dans la sévérité de son accueil.

— Combien, chère Adèle, je suis heureuse de te revoir! dit Florence Hermann. — Telle a été mon unique pensée en arrivant hier à Paris : te revoir, toi, ma meilleure amie!

Puis, examinant Adèle avec une affectueuse curiosité:
— Tu es toujours charmante! tu es toujours la sylphide! Seulement ta physionomie me semble devenue bien sérieuse.

— J'ai deux enfans, ma chère Florence.

— De petits anges, j'en suis sûre; ils doivent te ressembler. Ah! tu es bien heureuse d'avoir des enfans!

— Ce bonheur a ses nuages; en ce moment ma fille est très souffrante.

— Pauvre amie, vraiment? Et qu'a-t-elle donc, cette chère petite?

— Un violent accès de fièvre. Mais, grâce à Dieu, maintenant elle se trouve mieux

— J'en suis ravie. Et ton autre enfant, est-ce aussi une fille?

— Non, c'est un garçon; il est au collége.

— Encore une fois, tu es bien heureuse d'être mère. Ah! si j'avais eu des enfans! — ajoute Florence en soupirant, — je ne serais peut-être pas séparée de mon mari. Car tu ne sais pas... je suis séparée de mon mari depuis trois ans!

— Florence, — répond gravement madame Verneuil, — je viens seulement tout à l'heure d'apprendre par hasard cette cruelle circonstance de ta vie.

— Oh! oui, cruelle, va, bien cruelle! Cela m'a paru si affreux dans le premier moment, que j'ai voulu me tuer; je me suis jetée à l'eau.

— Grand Dieu!

— Oh! j'y allais, comme on dit, de tout cœur! Mais il n'y avait que trois pieds d'eau dans le bassin où j'espérais me noyer. J'en ai été quitte pour un gros rhume. Après tout, maintenant, je te l'avoue franchement, j'aime mieux vivre qu'être morte. C'est si bon, si beau, si gai, la vie!

— Je vois que tu es moins à plaindre... ou plutôt plus à plaindre que je ne le pensais.

— Peut-être bien, — répond étourdiment madame Hermann, sans pénétrer le sens des paroles de son amie, — En deux mots, voici l'histoire de ma séparation. J'avais épousé Charles par amour. Il était charmant, et, quoique d'origine allemande, aimable, spirituel comme un Français. Sa fortune égalait la mienne. Considéré de tous comme l'un des plus honorables négocians de Marseille, tendre, prévenant, aux petits soins pour moi... Tiens, chérie, je ne saurai jamais dire assez de bien de lui, car je l'adorais ! et pourtant je l'ai trompé !

— Ah ! Florence !

— Oui, j'adorais Charles, et je l'ai trompé ! Cependant je l'en avais prévenu, j'ai du moins pour moi cette consolation.

— Comment ! — reprend madame Verneuil abasourdie,—tu l'avais prévenu que...

— En un mot, je lui avais sincèrement avoué ma vive appréhension de le voir entreprendre un long voyage en Allemagne. J'avais supplié Charles de m'emmener avec lui, ne lui cachant pas que je redoutais la solitude. Il s'est mis à rire ; il croyait que je plaisantais, tandis que je parlais si sérieusement... que je pleurais... Ah ! c'est qu'aussi je me connais bien, moi ! Je craignais l'absence de mon mari, l'isolement, l'ennui, l'oisiveté, que sais-je ? Enfin, je pressentais le malheur qui est arrivé ! Que veux-tu ? je ne cache pas ma faiblesse ; il faut que j'aime quelqu'un, non pas à distance, mais là où je soupire moi-même.

— Quoi ! le souvenir n'est-il pas toujours présent, toujours vivant, dans un cœur véritablement épris ?...

— Au cœur d'une sylphide comme toi, chère Adèle, le souvenir peut suffire, mais moi, c'est différent ! Toujours est-il que c'est un peu la faute de mon mari... et aussi la tienne, si je l'ai trompé.

— Ma faute, à moi ?

— Certainement... Te rappelles-tu ton cousin Ernest Beaumont?

— J'ai conservé de lui le meilleur souvenir, quoique je ne l'aie pas revu depuis bientôt quatorze ans qu'il s'est embarqué.

— Sois heureuse, tu le reverras bientôt, peut-être aujourd'hui!

— Ma chère Florence, — répond madame Verneuil avec une dignité sévère, — monsieur Ernest Beaumont...

— Oh! voilà un « monsieur Ernest Beaumont » bien cérémonieux, — dit en riant Florence Hermann; — pourquoi ne pas dire simplement « Ernest? » Tu n'as jamais été très portée aux confidences; cependant, malgré ta réserve, chère Adèle, j'ai autrefois deviné que tu l'aimais.

— Je n'ai à cacher aucune de mes pensées, — répond madame Verneuil d'un ton d'assurance tranquille. — Oui, au temps de ma première jeunesse, mon cousin et moi nous avions songé à la possibilité d'un mariage ; ma famille n'a pas approuvé ces projets. Monsieur Ernest Beaumont s'est engagé dans la marine. Je me suis mariée de mon plein gré ; j'ai conservé, je le répète, le meilleur souvenir de mon cousin, et j'aime à croire, je crois qu'il est toujours digne de ce souvenir.

— Il est ravissant, ma chère Adèle; c'est un véritable héros de roman!

— Pardon, — interrompit Adèle, — tu m'as dit tout à l'heure quelques mots dont je suis affligée.

— Quels mots? — demanda Florence.

— Selon toi, je n'aurais pas été étrangère à la cause de ta séparation. C'est une raillerie, sans doute? En tous cas, elle est triste, car cette séparation et ses conséquences seront toujours pour toi un irréparable malheur.

— Tu vas comprendre mon raisonnement; il est fort simple. Si je ne t'avais pas connue, je n'aurais pas connu ton cousin Ernest, et si je n'avais pas connu ton cousin Ernest...

— Quoi! c'est lui?

— Non, non, ce n'est pas lui, — répond en riant Florence; — rassure-toi, chère jalouse.

— Florence! — dit vivement et sévèrement madame Verneuil, — cette légèreté de paroles...

— C'est vrai, j'ai tort, je suis une étourdie, — répond madame Hermann avec un accent de regret si sincère qu'il désarme son amie.—Je t'ai blessée sans méchante intention; gronde-moi, et pardonne-moi.

— Il le faut bien, folle.—Et madame Verneuil, souriant à demi,— Les années ne t'ont pas corrigée de ton étourderie : au moral et au physique, tu as toujours vingt ans.

— De ceci dois-je me plaindre, chérie ? Je ne sais. Enfin, tu m'as pardonné; je continue mon raisonnement. Or, dis-je, si je n'avais pas connu ton cousin Ernest, je n'aurais pas connu Léon.

— Léon ?

—Oui, Léon! pour qui j'ai oublié Charles! Ah! ma chère Adèle, quel roman ! je l'achève en deux mots : Mon mari était parti depuis huit jours; j'avais pleuré toutes les larmes que je pouvais pleurer pendant mes nuits d'insomnie, et cette longue séparation commençait à peine ! Elle devait durer trois mois. Trois mois! quel siècle quand on aime ! Lasse de pleurer, j'étais allée me promener solitaire, comme une âme en peine, sur le bord de la mer ; j'espérais y trouver peut-être la poésie de l'absence, afin d'adoucir mon chagrin; mais, hélas! j'avais beau contempler les vagues expirant sur la grève, les nuages fuyant à l'horizon, l'alcyon bercé sur les flots, etc., etc., malgré moi, j'en revenais toujours à me dire : Les vagues, les nuages, les alcyons, ne me rendent pas mon Charles! Je ne le reverrai que dans trois mois! Enfin, au lieu de me consoler, ce grand et mélancolique spectacle de la solitude de la mer rendait ma solitude, à moi, plus désespérante encore ! Je fondais en larmes, je me désolais, lorsque, en me désolant, je vois débarquer sur la plage M. Ernest Beaumont. Son navire était à l'ancre dans le port. La figure de ton cousin est tellement remarquable, non par sa beauté peut-être, mais par l'expression de ses traits..... Entre nous, je n'ai jamais rencontré d'yeux pareils aux siens, d'un bleu si doux, avec des cils si noirs, si longs, et.....

— Je t'en prie, Florence, abrége les détails.

— Enfin, j'ai tout de suite reconnu monsieur Ernest. Cependant il avait grandi d'un pied, et son teint, au lieu d'être ainsi qu'autrefois aussi blanc que celui d'une jeune fille, était hâlé comme celui d'un vieux matelot, sans parler d'une légère barbe noire qui lui seyait à merveille.

— Encore!— dit madame Verneuil sans dissimuler son impatience. —Tu as un goût singulier pour les signalemens.

— Que veux-tu! il est de ces physionomies qui vous frappent, et l'on ne les oublie jamais. Celle de ton cousin est de ce nombre, mais la mienne, point, car je fus obligée de me nommer pour qu'il me reconnût. Alors il m'accabla de questions à ton sujet ; il était instruit de ton mariage, car il me demanda avec une certaine inquiétude si tu étais heureuse. A quoi je répondis que je l'espérais... Mais j'y songe, chère Adèle, es-tu heureuse ? mon espérance est-elle une réalité

— Je suis très heureuse.

— Ah ! tant mieux ! Enfin, après avoir répondu à toutes les questions dont tu étais l'objet de la part de ton cousin, je lui propose naturellement de venir me voir ; il accepte, et profite de mon offre pour me présenter un jeune homme qui l'accompagnait et qui ressemblait à...

— Tu me feras grâce de ce nouveau signalement ?...

— J'entrais dans ces détails parce qu'il s'agissait de M. Léon Dumirail... C'était lui... Il voyageait en touriste à bord du vaisseau de ton cousin ; tous deux vinrent le lendemain me rendre une visite. M. Ernest me parla beaucoup de toi. M. Léon me regarda sans cesse ; il revint seul le surlendemain et m'apprit que son ami avait mis à la voile pour les Indes, mais que lui renonçait à ses projets de voyage, préférant rester à Marseille. Il y est resté, je l'ai revu souvent, trop souvent,—ajouta madame Hermann en soupirant. — Hélas ! ma pauvre chérie, tu devines le reste.

— Malheureusement.

— Oh ! oui, — dit Florence avec une émotion si vraie, que son mobile et charmant visage s'assombrit soudain et exprima une tristesse profonde, — oh ! oui, cette faute fut un grand malheur, car au retour de mon mari... Mais tu ne me croiras peut-être pas... et cependant, c'est la vérité, pourquoi mentirais-je ?

— Achève.

— Hé bien, lorsque j'ai revu Charles, mon amour est revenu avec sa présence; oui, mon amour est revenu aussi vif, plus vif que par le passé, car j'avais une grande faute à me reprocher... à expier... Cela te semble incroyable?

— Incroyable, non, puisque tu le dis, mais incompréhensible.

— Toujours est-il que la vue de mon mari, son tendre et confiant accueil après cette longue séparation, m'ont donné horreur de moi-même! Je l'avais trompé lâchement, sans honte, sans scrupule! Aussi tout à coup, je ressentis un remords tellement poignant et désespéré, que je me jetai au cou de Charles en sanglotant; je lui avouai franchement ma faute, dont il n'avait pas le moindre soupçon et...

Puis s'interrompant et portant son mouchoir à ses yeux noyés de larmes, Florence ajoute d'une voix altérée :

— Adèle, cette séparation date de trois ans, et tu le vois, à ce souvenir, je pleure encore.

— La sincérité de tes regrets me touche, ma pauvre Florence, — répond madame Verneuil attendrie; — du moins, malgré tes égaremens, ton cœur est resté bon.

— Oh! quant à cela, oui; si j'ai de nombreux défauts, du moins je ne suis pas méchante, — répond Florence en essuyant ses pleurs. — Ah! si Charles avait été indulgent envers moi, j'étais sauvée! je l'aurais béni, adoré comme un Dieu! Le tromper encore après un si noble pardon, jamais je n'en aurais eu la pensée, le courage. Mais non, au lieu d'être sensible à l'aveu spontané de ma faute, mon mari m'a durement repoussée, m'a traitée avec le plus outrageant mépris. Ce mépris, je le méritais, je le sentais. Aussi, la tête perdue, je suis allée me jeter dans la pièce d'eau de notre jardin, où, au lieu de la mort que je cherchais, je n'ai trouvé qu'un rhume, sans compter que mes cheveux s'étaient entremêlés des joncs du bassin, de sorte que, lorsque l'on m'a retirée de l'eau, je ressemblais à une naïade.

Les traits de madame Hermann se rassérènent peu à peu; elle se met à rire.

— Quelle singulière femme je suis! Tout à l'heure je pleurais, et voilà que je ris. Mais l'on est ce qu'on est, à cela nul remède, n'est-ce pas, Adèle?

— Je le crains.

— Enfin le jour même de l'aveu de ma faiblesse, mon mari est allé déposer sa plainte en adultère. Je n'ai rien voulu nier. Un scandaleux procès s'est engagé; ma séparation de corps et de bien a été prononcée; je suis rentrée en possession de ma dot, environ vingt mille livres de rentes, et j'ai été condamnée, ainsi que Léon, à six mois de prison. J'ai passé ce temps dans une maison de santé, car le chagrin m'avait rendue très malade. A l'expiration de ma peine, Léon et moi, nous sommes partis pour l'Italie. Ah! chère Adèle, le ravissant voyage! Milan! le lac de Côme! Venise et ses gondoles! Nous restions avec Léon des nuits entières en gondole, par des clairs de lune magnifiques. Que veux-tu repoussée par mon mari, je cherchais une consolation, un refuge, un avenir dans l'amour de Léon. Oh! je te le jure, je ne me serais jamais séparée de lui, car je ne demande qu'à être fidèle, moi! pourvu qu'on me le soit, ou que l'on ne m'abandonne pas.

Mais à Naples, Léon s'est épris d'une chanteuse du théâtre Saint-Charles et m'a délaissée.

— Ah ! c'est indigne !

— N'est-ce pas? Et c'était d'autant plus mal que je n'avais qu'un désir, passer, finir mes jours près de lui. Aussi j'ai longtemps pleuré son infidélité ; mais je n'ai pas de fiel dans l'âme : je cherchais à excuser Léon, m'avouant qu'après tout il n'y avait rien de très extraordinaire à ce qu'il m'eût préféré la Fiorina (elle s'appelait la Fiorina), l'une des plus célèbres cantatrices d'Italie, et belle comme le jour ! Enfin, il me fallut bien prendre mon parti de cet abandon, tâcher de m'en consoler. Une femme séparée de son mari, et sans enfans, n'a plus aucun lien. Mon oncle et ma tante ne voulaient pas me revoir. J'ai quitté Naples, et à Rome... et à Rome...

— Pourquoi t'interrompre?

— Ta pitié pour moi va peut-être se changer en mépris, en aversion.

— D'où me viendraient, Florence, ce mépris, cette aversion?

— Désolée de l'abandon de Léon, je n'avais plus de larmes à pleurer. Je m'ennuyais mortellement ; mais, crois-moi, ma dernière liaison que j'ose à peine t'avouer ne finira qu'avec la vie.

— Ah! l'infortunée, elle est perdue ! — se dit madame Verneuil, douloureusement affectée, — elle est perdue! Et la clémence de son mari pouvait la sauver!

— Adèle, — reprend d'une voix craintive madame Hermann, — tu me méprises?

— Je te plains, pauvre femme.

— Pourtant, si tu savais combien Frantz de Hasfeld a d'attachement pour moi! Il est Hongrois, plein de cœur, de loyauté; nous nous sommes promis de nous aimer toujours.

Le front de Florence, un moment assombri, s'éclaircit de nouveau, et elle poursuit, cédant à la mobilité de ses impressions :

— Nous avons entrepris, Frantz et moi, une délicieuse excursion en Hongrie et dans le Tyrol. Quel pays sauvage! que de sites pittoresques! Nous parcourions les montagnes à cheval. Je m'habillais en homme. Le costume national hongrois est charmant. Frantz trouvait qu'il me seyait à ravir. Nous avons ensuite admiré les magnifiques bords du Rhin, en descendant ce fleuve jusqu'à Strasbourg; de là, nous sommes allés prendre les bains de mer au Havre. Or, devine quelle est une des premières personnes que j'ai rencontrées dans ce port? Ton cousin, monsieur Ernest. Il arrivait de l'Île de France.

— Ma chère Florence, — reprend madame Verneuil avec un léger embarras, — je...

— Mes confidences t'ennuient ?

— Non, elles m'attristent profondément, et...

— Rassure-toi, je ne te parlerai plus de moi, mais de ton cousin.

— Certes, — dit Adèle Verneuil, contenant sa pénible impatience, — certes, je ne saurais rester indifférente à ce qui touche une personne digne de mon attachement et de mon estime, mais...

— Alors, laisse-moi achever; tu ne regretteras pas de m'avoir écoutée. La première question de M. Ernest, lorsqu'il m'a rencontrée a encore été : « Et Adèle ?» car il était resté presque toujours embarqué depuis notre dernière entrevue à Marseille. Je lui ai répondu que depuis longtemps je n'avais aucune nouvelle de toi. J'ai appris de lui qu'il se proposait de venir passer seulement un jour à Paris afin de te voir, et qu'ensuite il reprendrait la mer. Nous avons eu très souvent sa visite pendant notre séjour au Havre. Frantz est devenu fanatique de ton cousin, et moi aussi, en tout bien tout honneur,—ajoute en souriant madame Hermann.—Tu n'imagines pas combien il est intéressant à entendre lorsqu'il raconte ses voyages ! Quel esprit à la fois charmant et élevé ! Nous sommes allés à bord de son bâtiment. Il a acheté,—car il a gagné une très belle fortune, — il a acheté ce superbe trois-mâts afin d'être *chez lui*, nous disait-il ; et devine quel nom il a donné à ce navire ?

— Je ne sais...!

— Il l'a baptisé l'ADÈLE.

— Je l'avoue, Florence, je suis sensible à ce souvenir amical.

— Si tu voyais, chérie, avec quelle coquetterie il a décoré ce navire ! Sa coque est peinte en blanc et rehaussée d'une lisse bleu d'azur... Je gage que tu préfères la couleur bleue à toutes les autres ?

— C'est vrai.

— J'en étais sûre ! La poupe du navire est sculptée délicieusement, et l'on y lit en grosses lettres d'or, sur un fond bleu : ADÈLE.

— Pauvre cousin ! —dit madame Verneuil souriant avec mélancolie, tandis que Florence continuait.

— Monsieur Ernest est adoré de ses matelots. Il a fait preuve, dit-on, dans plusieurs circonstances, d'un courage et d'une bonté héroïques. Une fois, entre autres, un pauvre petit mousse tombe à la mer par un très mauvais temps ; ton cousin, malgré un péril mortel, se jette dans les flots et parvient à sauver l'enfant.

— Vaillant et généreux cœur ! — pensait madame Verneuil ; — il n'a pas changé.

— Une autre fois, son vaisseau a été attaqué par des pirates sur les côtes du Japon. Le lieutenant nous disait que monsieur Ernest, dans ce combat acharné, avait montré un sang-froid, une intrépidité incroyables. Sans lui, sans l'élan qu'il inspirait à ses marins par son exemple, l'équipage était massacré. Ton cousin, lors de cette attaque meurtrière, a reçu deux graves blessures.

— Mon Dieu !—s'écrie Adèle,— et les suites de ces blessures ont-elles été funestes à sa santé ?

— Non, pas que je sache,—répond Florence,—car lorsque nous avons voulu, Frantz et moi, amener l'entretien sur ce combat, monsieur Ernest, avec une modestie pleine de bon goût, a détourné la conversation. J'oubliais de te dire qu'il a continué de se livrer à la peinture, pendant les longues heures de ses traversées. Nous avons visité sa chambre à bord : c'est un véritable musée. On trouve là des vues de tous les pays qu'il a parcourus, et des scènes de mœurs peintes avec un talent admirable.

— Rien, en effet, ne doit être plus curieux, plus attachant que ces tableaux. Combien j'approuve mon cousin d'avoir cultivé un art pour lequel il se sentait tant de vocation !

— Sa vocation ne l'a pas trompé. Frantz, très connaisseur en tableaux, me disait que ton cousin était un artiste de premier ordre. A ce sujet, j'ai fait une remarque singulière. Il a, près de sa chambre, une petite pièce servant de bibliothèque ; là était suspendu à la boiserie un cadre fermé par deux battans, placé en regard du portrait de la mère de monsieur Ernest. Je lui ai demandé ce que contenait ce cadre mystérieux. Il a rougi, souri tristement et éludé de me répondre. Hé bien, moi, chérie, je gagerais que ce cadre renferme ton portrait, peint de souvenir, et je...

— Ma chère Florence, je t'ai écoutée avec plaisir tant que ton récit s'est borné à des détails intéressans sur la carrière de M. Ernest Beaumont. Quant à cette supposition, fort peu fondée selon moi, que le cadre dont tu parles renferme mon portrait, je ne saurais l'admettre ; je te prie de ne pas insister sur un pareil sujet.

— Mon Dieu ! es-tu farouche ! Quoi ! l'amour de ce pauvre monsieur Ernest ne te...

— Assez, de grâce, assez ! — reprend sévèrement Adèle Verneuil. — J'ai une trop haute opinion de M. Ernest Beaumont pour ne pas être certaine qu'il ne s'est jamais permis de dire un mot touchant le sentiment que tu t'obstines à lui prêter avec une inconcevable légèreté.

— Oh ! sans doute, en apparence, il s'informait de toi au nom de l'intérêt qu'autorisaient vos relations de parenté et d'ancienne amitié ; il ne parlait de toi qu'avec une extrême réserve ; mais malgré lui, souvent, en prononçant ton nom, son regard se mouillait de larmes.

— Tu me parais complétement oublier, ma chère Florence, un fait fort important.

— Lequel donc ?

— C'est que je ne m'appelle plus mademoiselle Adèle Régnier, mais madame Verneuil.

— Où est le mal de te dire que...

— Il est des nuances que tu peux ne pas saisir ou ne plus saisir, ma chère Florence; cela m'afflige; ainsi donc, qu'il ne soit plus question entre nous de M. Ernest Beaumont.

— Ton observation est juste, très juste, — reprend madame Hermann avec sa sincérité habituelle, ensuite de quelques momens de réflexion; — je suis une écervelée. Ne dirait-on pas que je viens te faire une déclaration de la part de ton pauvre cousin? Une telle pensée de ma part serait si blessante pour toi, pour lui, et j'ajouterai si honteuse pour moi, que tu croiras, je l'espère, qu'elle ne m'est pas venue à l'esprit. Adèle, — ajoute la jeune femme d'un accent pénétré, — j'ai été légère, inconsidérée dans mes paroles, mais je cédais uniquement au plaisir de t'apprendre que l'absence, loin d'affaiblir l'affection de ton cousin pour toi, semblait l'avoir encore augmentée. Tel est mon crime, pardonne-le-moi.

— De grand cœur, — répond madame Verneuil. Et elle ajoute avec embarras en regardant la pendule : — Voici bientôt trois heures; j'attends mon médecin. Je te prie de m'excuser; ma fille, quoique son état se soit amélioré, est toujours souffrante.

— Chère Adèle, est-ce qu'entre amies l'on ne doit pas agir sans cérémonie? Adieu!... Quand pourrai-je te revoir? Ton accueil m'a touchée profondément. Tu es plus généreuse que ma famille.—Et une larme vint aux yeux de madame Hermann. — Oui, un pareil accueil de la part d'une femme aussi honorable que toi me relève, m'encourage. Tu as entendu ma confession sincère, oh ! bien sincère! Tu as dû le reconnaître, si j'ai commis des fautes impardonnables, les circonstances, la funeste faiblesse de mon caractère m'ont entraînée. Je te l'avoue, sachant combien ton caractère est ferme, ton amitié sûre, j'ai beaucoup compté sur tes bons conseils, sur ton appui, sur ta salutaire influence. Mon Dieu ! en mal ou en bien, je ne suis guère que ce que l'on fait de moi. Accorde-moi seulement quelques heures de temps à autre, je ne serai pas importune ; tu me rendras bien heureuse et tu feras une bonne action ; vrai, Adèle, vrai !

Madame Hermann prononce ces derniers mots avec tant de modestie et une si confiante expansion, que son amie sent à son tour ses yeux se mouiller de larmes.

— Pauvre femme! elle m'attendrit, et pourtant, non, non, c'est impossible ! — pense madame Verneuil ; et elle reprend tout haut :

— Ma chère Florence, j'ai de nombreux devoirs à remplir. La santé de ma fille va exiger de moi des soins incessans; je m'occupe seule de son éducation. Il me serait donc, à mon grand regret, difficile de te fixer l'époque à laquelle nous pourrons nous revoir.

— Adèle, c'est une défaite,—répond madame Hermann, douloureusement affectée, et ne pouvant retenir ses pleurs; — je suis indigne d'être reçue chez toi...

— Écoute-moi, — dit madame Verneuil serrant affectueusement entre les siennes les mains de Florence. — Si j'étais veuve et sans enfans je te recevrais avec plaisir ; je regarderais comme un devoir de répondre à ta confiance; elle nous honore toutes deux. Oui, je le pense comme toi, la funeste faiblesse de ton caractère, les circonstances, et surtout l'irréparable sévérité de ton mari qui pouvait te sauver, te réhabiliter par l'indulgence, t'ont fait dévier du droit chemin. Tu peux encore y rentrer, malgré de graves égaremens. Je te plains cent fois plus que je ne te blâme. Seulement laisse-moi te rappeler un fait dont je suis navrée : ton procès en séparation a été suivi d'une condamnation. Florence, ma pauvre Florence, songes-y, j'ai une fille de douze ans; ta présence chez moi serait-elle convenable ?

— Tu as raison, — reprend madame Hermann frappée de l'observation de son amie. — Adieu, Adèle, excuse-moi. J'avais oublié (j'oublie tant de choses !) l'une des plus pénibles conséquences de ma position ! Elle a creusé un abîme entre moi et les femmes qui pouvaient me tendre une main secourable, me réconforter, me guider, car en venant ici, j'espérais...

Mais ses yeux se noyant encore de larmes, Florence s'interrompt et ajoute d'une voix altérée :

— Adieu, Adèle, tu ne me verras plus. Pardonne-moi l'indiscrétion de ma demande.

— Ton chagrin me navre, ma pauvre Florence. Ah ! je te le jure, seuls, mes devoirs de mère, d'épouse, me...

— Et tu t'excuses encore ! — dit madame Hermann en embrassant son amie avec effusion. — Franchement, est-ce que tu peux recevoir chez toi, devant ta fille, devant ton mari, une femme condamnée à six mois de prison pour

4

adultère? — Et haussant les épaules : — Tiens, je ne sais pas seulement où j'avais la tête, j'étais folle...

La porte du salon s'ouvre. Le docteur Max entre et s'avance lentement. A sa vue, madame Hermann rabaisse son voile, afin de cacher la trace de ses larmes, et dit à son amie en lui tendant la main:

— Adieu, ma chère Adèle, adieu.

— Adieu ! — répond tristement madame Verneuil, — adieu, ma chère Florence !

Madame Hermann se dirige vers la porte. Le docteur Max s'incline devant elle. Elle lui répond par une révérence et sort. A ce moment, l'on entend la voix d'Emma dans la chambre voisine et appelant sa mère.

— Mon ami,—dit vivement Adèle,—ma fille est éveillée.

— Le moment est opportun, profitons-en, — répond le docteur ; — venez, venez.

XIV

Madame Verneuil et le docteur Max entrent dans la chambre voisine, où Emma est couchée. Une extrême pâleur et un profond abattement ont succédé, chez cette enfant, au coloris et à l'animation de la fièvre.

— Grâce à Dieu, chère ange, tu as longtemps reposé, — dit Adèle en embrassant sa fille et s'asseyant près du lit;— ton agitation semble calmée..Comment te trouves-tu maintenant ?

— Mieux, maman, — répond Emma d'une voix affaiblie et l'esprit encore appesanti. — Quelle heure est-il donc ?

— Il est bientôt quatre heures, — dit le docteur Max; et s'adressant à madame Verneuil, il ajoute à demi-voix, mais assez haut pour être entendu par l'enfant : — Elle demande l'heure. Voici, depuis l'accès de cette nuit, les premières paroles raisonnables que prononce votre fille, ma chère Adèle.

Cette observation du médecin frappe et surprend Emma; elle cherche à rassembler ses souvenirs, regarde autour d'elle, et reprend :

— Où suis-je donc? Ah ! je suis couchée dans le lit de maman.—Et après quelques instants de réflexion, l'enfant doute : —Il me semble me rappeler que ce matin...

— Chère ange,—dit madame Verneuil, — nous t'avons, ton père et moi, transportée ici cette nuit, lorsque tu as été atteinte d'un accès de fièvre chaude.

— Mon père ?—répète Emma stupéfaite,— cette nuit?...

— Oui, vers les deux heures du matin. Charlotte, effrayée, est venue m'apprendre que tu t'étais levée, en parlant à haute voix. Pauvre enfant, tu avais le transport au cerveau...

— Charlotte... cette nuit? — répète de nouveau Emma de plus en plus surprise. — Tu dis, maman...

— Je dis, chère ange, que cette nuit tu avais le transport au cerveau; tu ne reconnaissais personne. Tu prenais Charlotte pour moi; tu disais qu'elle était la femme de ton père, qu'il voulait me voir morte... que sais-je!... Ton délire était effrayant.

Emma se redresse sur son séant, interroge sa mémoire, encore troublée par la somnolence dont a été suivi son délire, et attache sur sa mère ses grands yeux ébahis.

Le docteur Max fait un signe d'intelligence à Adèle et reprend :

— Combien vous nous avez inquiétés, chère Emma ! L'on est venu en hâte me chercher ; le jour commençait de poindre. Lorsque je suis arrivé ici, votre délire était à son comble. Tantôt vous vous croyiez enlevée au ciel parmi les anges, tantôt entraînée, ainsi que moi, chez le grand diable d'enfer, en raison de ma prétendue intimité avec ce ténébreux personnage ; tantôt vous croyiez voir votre père dans la chambre de votre bonne ; tantôt vous vous mettiez à rire comme une folle, croyant assister à une représentation de Polichinelle au théâtre de Guignol ; et puis, tout à coup, vous fondiez en larmes ; vous sembliez par intervalles nous reconnaître, votre maman et moi ; vous nous racontiez alors je ne sais quelle vision bizarre qui paraissait dominer les autres, et, selon cette vision, votre père aurait désiré la mort de votre mère... lui, lui qui, ainsi que nous, vous prodiguait les soins les plus tendres depuis que votre accès de fièvre chaude s'était déclaré !

— Enfin, mon ange, ton délire s'est calmé, grâce à une saignée que notre vieil ami t'a faite.

— Une saignée ? — reprend Emma de plus en plus abasourdie ; — quelle saignée ?

— Pauvre enfant ! Voilà seulement que tu reviens à toi ; tu avais depuis cette nuit perdu conscience de toi-même, à ce point que tu ne t'es pas seulement aperçue que notre bon docteur t'avait saignée. Regarde ton bras.

— C'est vrai, — reprend Emma en jetant les yeux sur son bras, à demi enveloppé d'une bandelette, — c'est vrai.

L'enfant interroge de nouveau ses souvenirs, pouvant à peine, à travers le trouble de son esprit, démêler ce qu'ils ont de réel ou de faux. Elle hésite encore à regarder comme une illusion ce qui s'est passé dans la journée. Cependant, le fait dont elle a été témoin se retraçant à sa mémoire avec évidence, elle reprend :

— Mais, maman, au point du jour, lorsque je me suis levée pour aller éveiller Charlotte, je...

— Mon enfant,—dit le docteur Max,—ce matin, au point du jour, vous étiez, non pas dans votre chambre, mais couchée ici, dans le lit de votre mère, depuis plus de deux heures.

— Mais non, — répond Emma, faisant un effort de réminiscence, — mais non! Ce matin, j'étais dans ma chambre, je me le rappelle bien; plus tard, maman est venue; il faisait grand jour; je pleurais; elle m'a amenée dans le salon, m'a couchée sur le canapé; oui, je me le rappelle, et...

— Dis-moi, mon enfant, te rappelais-tu avoir été saignée?

— Non, maman.

— Cependant, tout à l'heure, en présence de votre mère, je vous ai saignée, petite Emma ; voyez encore votre bras.

— C'est vrai, — reprend l'enfant, — c'est vrai. Je rêvais donc?

— Certes. Aussi vous ne pouvez vous fier en rien à ce que vous appelez vos souvenirs. Votre mère vous le dira comme moi, ce sont de fiévreuses rêveries : elles vous trompent.

— Il serait possible! — murmure Emma dans sa crédu-

4.

lité naïve; — j'aurais rêvé tout cela ? Et pourtant il me semble... oui, il me semble, — ajoute-t-elle en réfléchissant..—mais je ne croyais pas avoir été saignée, et je l'ai été!

L'enfant garde pendant un moment le silence et reprend vec un élan de confiance ingénue :

— C'est vrai, maman, ce que tu dis là ?

— Oui, mon enfant.

— Bien vrai ?

— Bien vrai.

— Au fait, mère, pourquoi me tromperais-tu ?

— Je te le demande : pourquoi te tromperais-je ?

— C'est juste. Ainsi, tu me jures que j'ai rêvé ?

— Oui, chère ange !

— Tu me le jures, aussi vrai que tu m'aimes ?

— Aussi vrai que je t'aime ? Me croiras-tu maintenant ?

— Oh ! maman, comment ne pas te croire ! — s'écrie Emma en tendant ses bras à madame Verneuil. — Quel bonheur ! c'était un rêve ! Papa ne me fera plus peur ! je pourrai l'aimer autant que je l'aimais !

— Chère enfant ! — dit Adèle embrassant sa fille avec effusion, — si tu savais quelle joie me causent tes paroles

Joséphine entre en ce moment, et s'adressant à sa maîtresse :

—Monsieur vient de rentrer ; il attend madame dans son cabinet.

— Parlez plus bas,—reprend le docteur Max à demi-voix en emmenant Joséphine loin du lit, près d'une fenêtre, o l'entretien suivant continue à demi-voix :

—Est-ce vous, Joséphine, qui avez ouvert la porte à votre maître?

— Non, monsieur ; c'est Charlotte,

— A-t-elle causé longtemps avec M. Verneuil ?

— Non, pas longtemps, monsieur le docteur, car je suis sortie de la cuisine presque aussitôt que monsieur a eu sonné. Alors Charlotte est rentrée dans la salle à manger.

— Votre maître est-il instruit de l'indisposition de sa fille ?

— Je ne le crois pas ; sans cela monsieur serait sans doute venu tout de suite ici, tandis qu'il est au contraire allé dans son cabinet en me disant : « Priez madame de venir me parler. »

— Ma chère Adèle, — reprend le docteur Max élevant la voix, — un mot, je vous prie. — Et se tournant vers Joséphine : — Allez près d'Emma.

Adèle, revenant près du docteur, la figure rayonnante lui dit tout bas :

— Emma nous croit, mon ami ; elle nous croit ! L'avez vous entendue : « Je pourrai aimer mon père autant que » je l'aimais » ? Adorable enfant ! Nous sommes sauvés !

— Je l'espère, — répond aussi à demi-voix le docteur Max. — Votre mari vient de rentrer. Charlotte lui a ouvert la porte : ils ont pu échanger quelques mots ; elle lui aura sans doute appris que vous l'avez chassée. M. Verneuil vous attend dans son cabinet.

— Ne craignez rien, mon ami, je n'oublierai pas vos conseils ; je serai calme. Cela me sera facile, je suis si heureuse !

— Ainsi, pas un mot à votre mari qui puisse lui faire soupçonner que vous savez... — Mais, tressaillant, le docteur ajoute : — Ah ! mon Dieu ! j'y songe...

— Qu'avez-vous ?

— Nous avons persuadé Emma que son père l'avait veillée cette nuit. Il va sans doute venir la voir ; elle le remerciera de ses tendres soins ; la surprise qu'il témoignera peut réveiller les doutes de votre fille, l'éclairer sur la vérité

— Ah ! vous m'effrayez !

— Enfin, quelle cause donner à l'indisposition d'Emma, lorsque votre mari vous demandera...

— Il est un Dieu pour les mères ! — s'écrie madame Verneuil après un moment de réflexion, et radieuse elle reprend : — Rassurez-vous : mon mari affirmera lui-même à Emma que cette nuit il l'a veillée ! Une pareille affirmation ne dissiperait-elle pas les derniers doutes de ma fille, si elle pouvait en conserver ?

— Mais comment espérez-vous...

— Oh ! c'est plus qu'un espoir, c'est une certitude. Je cours rejoindre monsieur Verneuil, et tout à l'heure, — ajoute-t-elle en souriant avec bonheur, — vous reconnaîtrez que je n'étais pas une présomptueuse.

— Il m'est impossible de vous attendre : une consultaton me réclame impérieusement. Je reviendrai ce soir.

— Et vous nous trouverez, mon mari et moi, près de ma fille, et elle plus tendre pour lui que par le passé.

— Je vous crois. Dieu doit protéger les bonnes mères. A ce soir, chère Adèle.

Madame Verneuil, après le départ du docteur, se rapproche du lit de sa fille.

— Je te quitte pour un moment, chère ange ; Joséphine restera près de toi jusqu'à mon retour.

— Oh! mère, maintenant que je sais que j'ai rêvé, il me semble que je suis guérie.

— Tout à l'heure je vais revenir avec ton père; mais surtout pas un mot, entends-tu? pas un mot de tes vilains rêves à son sujet, car tu l'affligerais cruellement!

— Je le crois bien! pauvre père!

— Ainsi, tu me promets de ne pas lui parler de cette triste vision qui t'a causé un si vif chagrin?

— Oh! sois tranquille, maman : je me les reproche assez, mes mauvais rêves! Mon seul désir est de l'embrasser, ce bon père. Amène-le-moi vite.

— Lui et moi, dans quelques instants, nous serons près de toi, mon ange, — répond madame Verneuil. Et elle s'empresse d'aller rejoindre son mari.

XV

Monsieur Verneuil attendait sa femme dans son cabinet, où il se promenait pensif.

Cet homme était âgé d'environ quarante-deux ans, légèrement obèse, blafard et bouffi; ses rares cheveux d'un blond fade commençaient à grisonner; mais depuis qu'il adorait sa servante, il dissimulait coquettement la nudité de son crâne sous les mèches frisées d'un faux toupet artistement ajusté. Sa physionomie, habituellement grave, rogue, froide et empreinte d'une affectation de pieuse austérité, trahissait en ce moment une irritation contenue et une vive anxiété. Instruit par Charlotte de son renvoi, il ignorait si ses honteuses relations avec elle étaient connues de madame Verneuil.

Assez peu attrayant, dévoré de l'ambition d'atteindre au plus haut rang dans son administration, et incapable de vaincre son excessive timidité auprès des femmes, M. Verneuil devait à ces circonstances, beaucoup plus qu'à la fermeté de son sens moral une régularité de mœurs démentie environ dix ans après son mariage. Jamais il n'avait été amoureux d'Adèle. Cette nature frêle, élégante, délicate, impressionnable comme la sensitive, et comme elle se repliant sur soi-même au plus léger froissement, ne pouvait révéler qu'à un cœur digne du sien les trésors de tendresse, d'amour passionné, enfouis dans son âme, et dont elle avait à peine conscience. Son mari, longtemps *convenable* à son égard, mais ne ressentant pas d'amour pour elle, entrevoyait parfois, à travers les rêves inexpérimentés de son déréglement d'esprit, un idéal que Charlotte devait réaliser un jour. Cette grande belle fille, déjà corrompue lorsqu'elle entra au service de madame Verneuil, ne manquait pas de pénétration. Elle découvrit bientôt le secret penchant de son maître, et devina qu'une timidité insurmontable, jointe à la crainte d'un dédain humiliant, empêchait seule monsieur Verneuil de faire l'aveu de sa flamme. Nous disons à dessein sa *flamme*; jamais flamme plus ardente, plus impure, n'embrasa l'âme d'un hypocrite encore neuf au désordre.

Lorsque ces passions désordonnées se déclarent pour la première fois chez un homme arrivé à la maturité de l'âge, leur violence, leur ténacité sont incroyables ; leur empire devient d'autant plus irrésistible, que ceux-là qui le subissent ont vécu jusqu'alors dans une placidité relative.

Charlotte, en femme adroite, servie d'ailleurs par la perversité de son instinct, pressentant cette passion frénétique et l'invincible timidité de son maître, lui épargna ce qu'il redoutait avant tout : l'embarras d'un aveu ; la reconnaissance de monsieur Verneuil fut profonde, et devait être inaltérable. Enfin, il possédait son idéal ; cet idéal dépassait même les rêves les plus hardis de cet écolier de quarante ans.

Ah! ces détails sont désolans, nous le savons; cependant ils sont indispensables à la fidèle reproduction du caractère que nous peignons; ces détails sont vrais, ainsi que le prouvent des milliers de faits analogues. Ce commerce adultère entre la servante et le maître de la maison, ces ignobles souillures du foyer domestique, cyniquement étalées presque sous les yeux innocens des enfans, souvent, hélas! découvertes et forcément subies par la mère de famille, digne de respect, d'affection, sont des actes trop fréquens, trop infâmes, pour que leur flétrissure ne satisfasse pas les cœurs honnêtes. Or, raconter ces actes, c'est les flétrir ; les flétrir, c'est le devoir du moraliste.

La passion de monsieur Verneuil pour 'Charlotte se développa de jour en jour plus intense. Adèle, absorbée par l'éducation de sa fille, ayant une foi profonde, aveugle, dans l'honorabilité de son mari, de qui les dehors faussement rigides allaient progressant, ainsi que sa dépravation cachée; Adèle, nous l'avons dit, croyant au bien par instinct, par besoin, par similitude, ne pouvait soupçonner les désordres de monsieur Verneuil. L'influence de Charlotte sur lui devint toute-puissante. Il prit sa femme en secrète aversion, se refroidit pour ses deux enfans jusqu'alors vivement affectionnés de lui. Il prodigua l'argent, les cadeaux à sa servante. Cependant elle échoua toujours contre l'inébranlable refus de son maître lorsqu'elle lui témoignait le désir d'être par lui *mise en chambre*, hors du domicile conjugal. Ce Tartuffe moderne faisait avec tapage ses pâques à Notre-Dame, affectait des mœurs austères, se montrait l'un des plus enragés défenseurs de la morale, de la famille, etc., etc. Or, il trouvait chanceux et dangereux, à l'endroit de son hypocrisie, d'entretenir une maîtresse. Tout se sait à Paris, et l'on n'imagine point de quels sacrifices devient capable un hypocrite afin de conserver son masque. Enfin la commodité de ce commerce adultère était l'un de ses principaux avantages aux yeux de monsieur Verneuil. Il fut donc inflexible en ce qui touchait la *mise en chambre* de Charlotte.

Cette fille, malgré son âpre désir de sortir de sa condition, d'être servie au lieu de servir, se résigna. Très rusée et très avide, elle savait ne pouvoir retrouver ailleurs des libéralités égales à celles de monsieur Verneuil ; elle le connaissait assez pour être assurée qu'il aimerait mieux, quoi qu'il lui en coûtât, rononcer à elle que de l'établir hors de chez lui. Charlotte se vengea du refus de son maître en devenant insolente jusqu'à la témérité envers madame Verneuil, qu'elle exécrait en vertu de cette pensée, d'une effroyable simplicité, que, « si madame Verneuil mourait, » elle, Charlotte, deviendrait la véritable maîtresse de la » maison », selon les promesses réitérées, moitié plaisamment, moitié sérieusement par monsieur Verneuil, dans l'espoir d'enchaîner à lui plus étroitement encore cette créature par une lointaine et vague espérance non point irréalisable. Madame Verneuil était si frêle et d'une santé si délicate !

XVI

Monsieur Verneuil attend donc sa femme dans son cabinet où il se promène lentement, les mains croisées derrière son dos. Il est possédé de l'une de ces colères sourdes et froides, plus redoutables que l'emportement. Sa figure blondasse, blafarde et bouffie, semble calme. Le seul signe visible de la violence des ressentimens intérieurs de cet homme est une légère injection de l'orbe de l'œil, et parfois une contraction involontaire des mâchoires.

Adèle entre chez son mari avec une assurance tranquille ; ses traits rayonnent de bonheur : elle est parvenue à écarter de l'esprit de sa fille jusqu'à l'ombre du soupçon de l'indignité paternelle.

Monsieur Verneuil, à l'aspect de sa femme, se contient, prend un masque doucereux et dit :

— Ma chère amie... je...

— Excusez-moi de vous interrompre, — reprend Adèle, — mais je dois d'abord vous apprendre quelque chose de triste et d'heureux à la fois.

— De quoi s'agit-il ?

— Emma a été très gravement indisposée ; je me hâte d'ajouter que, grâce aux excellens soins de notre ami le docteur Max, cette chère enfant est maintenant hors de danger.

— Que Dieu soit béni ! — répond monsieur Verneuil avec componction ; — sa miséricorde a daigné m'épargner une cruelle épreuve ! Ma fille est sans doute couchée, — ajoute-t-il en faisant un pas vers la porte ; — je vais aller voir cette pauvre enfant.

— Je conçois votre impatience ; veuillez la modérer pendant un instant, — ajoute Adèle en souriant, — il s'agit d'un complot.

— Un complot?

— Ce matin, Emma a été atteinte d'un violent accès de fièvre chaude, accompagnée de délire...

— C'est singulier! hier soir, elle se portait à merveille.

— Emma est, vous le savez, très nerveuse. Le docteur Max suppose que cette fièvre chaude s'est déclarée en suite de l'obsession d'un songe pénible, d'un cauchemar, ainsi que l'on dit vulgairement.

— Je m'explique alors les causes de l'indisposition ; mais ce complot dont vous me parliez, chère amie?

— Le voici. Lorsqu'après l'apaisement de son délire, Emma, reprenant peu à peu possession d'elle-même, s'est efforcée de rassembler ses souvenirs, elle a confondu ses visions fiévreuses avec la réalité, se persuadant que je l'avais transportée cette nuit dans ma chambre où vous lui auriez prodigué, ainsi que moi, les soins les plus tendres.

— Pauvre enfant! — répond monsieur Verneuil, et il pensait avec une satisfaction secrète : — Évidemment, ma femme n'a aucun soupçon sur Charlotte.

— Vous le voyez, jusque dans son délire, Emma conserve la pensée de votre tendresse paternelle. Le docteur Max croit, et vous serez sans doute de son avis, qu'afin de ne pas effrayer notre fille en lui donnant conscience de la gravité de l'accès dont elle a été atteinte, il est prudent de la laisser dans son erreur ; autrement, frappée de l'idée qu'elle a déliré, l'imagination de cette enfant s'exalterait de nouveau, et le docteur craindrait les suites de cette excitation.

— Le conseil du docteur me semble excellent; il faut le suivre.

— Ainsi, lorsque tout à l'heure nous allons nous rendre auprès d'Emma, vous ne paraîtrez nullement surpris de la reconnaissance qu'elle vous témoignera des soins touchans que vous lui auriez prodigués ?

— Loin de paraître surpris, je lui laisserai croire qu'en effet je l'ai veillée durant cette nuit. C'est, il est vrai, un mensonge, et je professe une pieuse horreur du mensonge, mais...

— Mais, — dit Adèle souriant et heureuse du succès de sa ruse innocente, — mais la fin justifie les moyens. Il s'agit, après tout, de préserver notre fille d'une rechute dont les conséquences pourraient lui être funestes. Il me reste maintenant à vous apprendre un fait peu important, mais dont vous devez cependant être informé.

— Qu'est-ce ?

— Ce matin, — répond Adèle avec l'accent d'une parfaite indifférence, — j'ai cru devoir congédier Charlotte.

XVII

Monsieur Verneuil conserva son calme imperturbable, et dit négligemment à sa femme :

— Ah ! vous avez renvoyé Charlotte ?

— Oui, mon ami.

— Pour quelle raison, chère amie, l'avez-vous renvoyée ?

— Cette fille est active et fort bonne couturière, mais elle pousse souvent la vivacité de caractère jusqu'à l'oubli de toute convenance. Je m'étais montrée jusqu'ici très indulgente pour ces impertinences ; mais, ce matin, elle a manqué si grossièrement de respect à monsieur le docteur Max, qu'il m'a été impossible de la conserver plus longtemps à mon service. Je l'ai priée de s'en aller d'ici demain matin.

— Ma femme, ainsi que je le pensais, n'a aucun soupçon, — se dit monsieur Verneuil. Et il reprit tout haut très affectueusement : — Je sais, ma chère Adèle, combien est vive et fondée votre amitié pour notre bon docteur ; quant à moi, je n'oublierai jamais qu'avec l'aide de Dieu, il m'a sauvé, il y a trois ans, d'une maladie mortelle. Il est le seul des médecins de Paris en qui j'aie confiance. Il a aujourd'hui rendu notre fille à la santé ; c'est vous dire, chère amie, que je ressens aussi vivement que vous l'outrage dont a à se plaindre notre excellent ami.

Monsieur Verneuil, après avoir prononcé les derniers mots, observe sournoisement sa femme. Celle-ci, allégée d'un grand poids, car elle ne s'attendait pas à obtenir sans conteste le renvoi de la servante, dit à monsieur Verneuil :

— Je suis très touchée de cette nouvelle **preuve de votre déférence à l'égard du docteur Max.**

— N'est-il pas équitable de lui accorder une légitime satisfaction de l'injure qu'il a subie, surtout s'il exige cette satisfaction ?

— Il l'exige, au nom de sa dignité justement blessée.

— Il l'exige absolument... chère amie ?

— Absolument.

— En ce cas, le docteur sera satisfait. Charlotte, malgré son mauvais caractère, regrettera certainement ses vivacités; nous lui enjoindrons d'adresser à notre vieil ami, et en notre présence... oh! oh! l'on ne saurait se montrer trop sévère en pareil cas !..... nous lui enjoindrons d'adresser, dis-je, au docteur, et en notre présence, les excuses les plus formelles.

— Des excuses ! — reprend vivement Adèle surprise et inquiète.— Le docteur Max ne se contentera pas d'excuses.

— Vous êtes, ma chère, permettez-moi de vous le dire, dans l'erreur.

— Je le répète et je l'affirme : le docteur Max exigera le renvoi immédiat de cette fille !

— Non, chère amie, non, — reprend monsieur Verneuil d'un ton mielleux. — Notre ami, malgré son renom satanique, n'est pas si diable qu'on le dit; je connais la générosité de son caractère; il ne voudra point, si juste que soit son ressentiment, lui sacrifier une pauvre créature, lui ôter son pain, la voir chassée, jetée sur le pavé ! Non, après avoir cédé à un premier mouvement de colère, notre bon docteur pratiquera l'oubli des offenses dicté par l'Evangile.

Adèle, malgré l'accent doucereux de son mari, commençait à pressentir qu'il s'opposerait au renvoi de la servante. Cependant la jeune femme, dissimulant ses appréhensions, reprit avec calme :

— Vous exagérez singulièrement, ce me semble, les inconvéniens de la condition de cette fille après son départ de chez moi. Rassurez-vous, elle trouvera facilement à se placer.

— Hé, sans doute, elle trouvera facilement à se placer, mais où cela, chère amie? où cela?

— Que sais-je, moi? — répond Adèle sans pouvoir contenir un mouvement d'impatience. — Que m'importe? Cette servante se placera où elle voudra! où elle pourra!

— Ah! chère amie, — reprend monsieur Verneuil avec onction, — je ne reconnais point là, je l'avoue, cette justesse d'esprit, cette préoccupation constante des fins honorables de la vie, cet amour des bonnes mœurs, ordinairement si remarquables en vous! Quoi! lorsque je vous demande avec l'anxiété d'un homme de bien : Chez qui Charlotte se placera-t-elle? vous ne devinez pas que je veux dire : « Chez quelles sortes de personnes entrera » Charlotte? En un mot, ces personnes seront-elles hono- » rables, de mœurs pures? »

— Quoi! — balbutie Adèle stupéfaite, — tel est le motif de votre crainte?

— Certes, — répond monsieur Verneuil sans paraître remarquer la stupeur de sa femme, — tel est le motif de ma crainte au sujet de l'avenir de cette pauvre servante, et cette crainte, vous la partagerez, je n'en doute point, en suite de quelques momens de réflexion. Plus vos principes sont sévères, plus vous êtes attachée à la pratique de la vertu, chère amie, et plus vous devez appréhender que Charlotte ne dévie du droit chemin; cette espèce de tutelle incombe à toute femme chrétienne, et vous ne sauriez vous montrer trop jalouse d'exercer ce pieux patronage. Notre servante est jeune, et quoique je ne me livre jamais à des remarques charnelles, il m'a paru... peut-être me trompé-je... il m'a paru que cette fille ne manque pas d'agrémens; elle semble même jusqu'ici s'être, grâce à Dieu, sauvegardée de toute impureté. car, nous devons lui rendre cette justice, Charlotte ne sort jamais, ne reçoit personne; sa conduite est irréprochable, je me plais à le croire. Mais pourquoi sa conduite a-t-elle été irréprochable? Eh! mon Dieu! Parce que, providentiellement placée dans notre maison, cette domestique a eu sans cesse sous les yeux l'exemple de votre vie, et j'ose ajouter de la mienne... puisque nous accomplissons dignement, saintement, vous et moi, nos devoirs de père et de mère de famille! Et vous voudriez, vous... vous, chère amie, sans pitié pour cette pauvre créature, faillible, hélas! comme toute créature! la renvoyer de notre maison, ce port de refuge contre l'entraînement des mauvaises passions! vous risqueriez d'exposer, de gaîté de cœur, cette honnête fille à sa perdition! Non, non, vous ne voudrez pas cela! ou plutôt le docteur Max ne voudra pas cela. Votre silence me prouve que vous appréciez la justesse de mes observations. Cela me touche sans me surprendre! Ainsi, vous vous joindrez à moi afin d'obtenir de notre vieil ami qu'il se contente des excuses de notre servante, n'est-ce pas?

M. Verneuil, dont le regard attentif tâchait de lire sur la physionomie de sa femme, muette de surprise, ses secrètes pensées, ajouta tendrement en prenant la main d'Adèle :

— Notre ami pourrait-il résister à une prière de vous? Il aurait donc le cœur cuirassé d'un triple airain! il serait donc insensible, impitoyable! il mériterait donc ce surnom bizarre du DIABLE MÉDECIN ! Car, en cette occasion, il se montrerait d'une méchanceté infernale. Mais non, il cédera, j'en suis certain, à votre prière. Vous lui demanderez la grâce de Charlotte, c'est entendu ; car, selon le vieil adage, « qui ne dit mot consent. »

XVIII

Madame Verneuil, atterrée, épouvantée, n'avait pas eu la force d'interrompre son mari. Elle sentait instinctivement qu'un homme capable de profaner les sentimens les plus respectables, en s'en parant avec une si horrible hypocrisie, afin de cacher son commerce adultère, devenait un homme effrayant. Elle n'en doutait plus, il subissait l'empire, non d'un égarement grossier, éphémère, mais d'une passion dont la puissance se révélait par le cynisme, par la hardiesse même des mensonges auxquels il recourait pour écarter tout soupçon de l'esprit de sa femme.

Telle avait été d'abord l'intention de monsieur Verneuil, dans l'espoir d'obtenir la grâce de sa servante et de la conserver sous le toit conjugal ; mais trop rusé pour ne pas remarquer la silencieuse stupeur d'Adèle, il en augura que, sachant la vérité, elle ne voulait pas la dévoiler, soit par respect humain, soit par une dédaigneuse compassion pour lui. Dès lors il changea soudain de batteries, et poussant l'audace de l'hypocrisie presque au delà des limites du possible, il s'efforça (l'on verra bientôt dans quel but) d'amener sa femme à tenter de le convaincre d'imposture, en l'accusant ouvertement d'adultère avec Charlotte.

XIX

— Monsieur, — reprit enfin madame Verneuil, tâchant de dominer le dégoût et l'effroi que lui inspirait son mari, — monsieur, vous avez mal interprété mon silence. Non-seulement, je ne ferai aucune démarche auprès de monsieur le docteur Max, afin de solliciter son indulgence en faveur de cette servante, mais je m'oppose formellement à ce qu'elle reste ici.

— Ah! chère amie, vous ordinairement si généreuse, vous témoignez en cette circonstance d'une bien grande dureté de cœur, et...

— Tenez, monsieur, puisqu'il me faut vous le dire, malgré ma répugnance à me plaindre d'insolences que je dédaigne, la dignité de notre ami n'est pas seule en cause ; ma dignité à moi est aussi gravement compromise qu'elle peut l'être.

— En quoi est-elle compromise?

— Lorsque j'ai signifié à Charlotte qu'elle sortirait de chez moi, savez-vous, monsieur, ce qu'elle m'a répondu ? « Madame, s'il est quelqu'un de chassé d'ici, ce sera vous, et non pas moi. »

— Charlotte n'a pu s'oublier à ce point.

— Tant d'insolence et d'audace doivent en effet, monsieur, vous sembler incroyables. Cependant, telle a été la réponse de cette fille. Donc, elle sortira d'ici. Je croirais, monsieur, vous faire injure en insistant davantage à ce sujet.

— Voilà, chère amie, beaucoup d'emportement pour peu de chose. J'admets en effet que Charlotte vous ait manqué de respect; elle recounaîtra ses torts, et d'ailleurs...

— Je vous le déclare, monsieur, des excuses ne me suffiront pas, et dussiez-vous m'accuser de manquer de charité chrétienne, dussiez-vous me reprocher d'exposer la vertu de cette fille à de dangereux hasards, je la chasse.,

— Vous montrez un grand acharnement contre une malheureuse domestique, — reprend monsieur Verneuil impassible; — vous êtes véritablement d'une intolérance...

— Quoi ! vous voulez que je tolère...

— Une femme de bon sens (et j'aimais à vous croire l'une de ces femmes-là, chère amie), tolère, ou du moins prend en compassion des absurdités voisines de la démence, — répond monsieur Verneuil en haussant les épaules. — Or, rien de plus absurde, de plus insensé, que les paroles de Charlotte. Qu'est-ce que cela veut dire : « Ce sera vous, madame, et non pas moi, que l'on chassera de céans » ? C'est tout bonnement stupide ! c'est fou ! Est-ce que Charlotte a le droit ou le pouvoir de vous chasser de chez vous? Est-ce qu'une pareille menace ne doit pas vous faire sourire de pitié ? Pour quel motif, sous quel prétexte, Charlotte pourrait-elle espérer de vous faire chasser d'ici par moi... hein? Voyons, chère amie, répondez, répondez donc !

Monsieur Verneuil, remarquant l'effroi croissant de sa femme, se dit en l'examinant :

— Osera-t-elle enfin m'accuser en face? L'occasion est belle, pourtant !

Adèle restait abasourdie de ce redoublement d'audace.

Entendre son mari lui demander sous quel *prétexte* Charlotte pouvait espérer la faire chasser, elle, madame Verneuil, de la maison conjugale, c'était trop! L'effroi que cet homme si calme, si mesuré, si maître de lui-même, inspirait à sa femme la paralysait, la rendait muette.

— Vous ne répondez rien, chère amie? — reprend froidement monsieur Verneuil. — J'aime à conclure de ce silence que vous reconnaissez la déraison de vos dernières paroles? Veuillez donc à l'avenir m'épargner le récit de vos disputes avec votre femme de chambre; vous êtes aussi folles l'une que l'autre. De grâce, ne me fatiguez plus de ces pauvretés-là. Je suis un homme sérieux.

Et se dirigeant vers la porte:

— Je vais voir ma fille.

— Votre fille, monsieur! — s'écrie Adèle sortant de sa stupeur. — Sachez donc que la guérison, la santé, la vie d'Emma, seront compromises si cette servante reste ici!

— Ah çà! madame, perdez-vous la tête?

— Je vous répète, et lorsqu'il s'agit de ma fille vous me croirez peut-être, je vous répète que la présence de cette servante est désormais intolérable pour Emma.

La figure de monsieur Verneuil, jusqu'alors impassible, s'anime. Il feint un mouvement d'impatience, et frappant du pied:

— Mais, en vérité, c'est le comble de l'aberration! Ainsi, madame, afin de satisfaire probablement au caprice d'une enfant gâtée, vous renverriez d'ici une honnête fille à qui vous n'avez pas à adresser personnellement l'ombre d'un reproche raisonnable?

— Mon Dieu! — reprend Adèle, levant les yeux au plafond, et s'efforçamt encore de vaincre l'horreur que lui causait son mari, et résistant, non sans lutte, au besoin de confondre l'imposture de cet effroyable hypocrite,— mais vous voulez donc, monsieur, me pousser à bout?

— J'y tâche! oh j'y tâche! — pensait monsieur Verneuil, et tout haut, il ajouta :

— Qu'est-ce que cela signifie, madame, vous pousser à bout?

— Le ciel m'en est témoin, je me modère autant que je puis! — répond Adèle. Et se recueillant pendant un moment, elle poursuit d'une voix presque suppliante :

— Monsieur, j'ai accompli de mon mieux, jusqu'ici, mes devoirs envers vous; alors qu'il y a trois ans, vous avez été entre la vie et la mort, je n'ai, pendant un mois, jamais quitté votre chevet; vous m'avez souvent répété que je rendais votre vie heureuse. Eh bien! si vous croyez me devoir quelque reconnaissance, je vous le demande en grâce, accordez-moi le renvoi de cette servante! Admettez qu'en ceci je cède, non-seulement au ressentiment de ma dignité blessée, mais à une répulsion insurmontable, peu motivée, direz-vous? soit; admettez même que je cède à un caprice, soit encore; mais...

— Comment! madame, — s'écrie monsieur Verneuil en s'animant peu à peu, — vous avez pu supposer que je me rendrais complice de répulsions dont vous avouez l'absurdité! Moi! encourager les caprices de ma fille? caprices que vous blâmez vous-même! Moi, homme de bien, moi, chrétien, à ces caprices, à ces répulsions insensées, je sacrifierais une inoffensive et honnête créature! je souffrirais qu'elle fût chassée de céans comme une misérable!

— Encore une fois, monsieur, cette fille sortira d'ici.

— Elle ne sortira point.

— Ainsi, il ne m'est pas permis de chasser de chez moi une servante qui me déplaît ?

— Non !

— Monsieur...

— Sachez-le, madame, je suis seul maître ici, en ma qualité de chef de la communauté ; or, si vous vous obstinez à vouloir renvoyer Charlotte, je lui dirai : Restez. Elle restera.

— Malgré moi ?

— Malgré vous !

— Mais...

— J'ai le droit de garder chez moi les domestiques qui me conviennent ; Charlotte me convient, je la garde.

— Monsieur ! — s'écrie Adèle d'une voix tremblante d'indignation, — la patience humaine a des bornes ; prenez garde !

— Enfin, elle va m'accuser d'adultère ! — pensait monsieur Verneuil. Et tout haut il s'écriait : — Une menace à moi, qui, Dieu aidant, ai vécu jusqu'ici, en homme de bien !

— Vous invoquez Dieu !... Ah ! monsieur, prenez garde ! il vous entend.

— Oh ! oui, il me voit, il m'entend ! — répond monsieur Verneuil avec une feinte exaltation. — Être entendu, être vu de Dieu, c'est là mon plus fervent espoir, lorsque chaque matin s'élève religieusement mon âme vers lui par la prière.

— Imposture et sacrilége ! — s'écrie Adèle exaspérée, ne

pouvant contenir davantage son indignation, — c'en est trop!

— Madame...

La jeune femme jette sur son mari un regard de mépris écrasant et lui dit :

— Ce matin, vous étiez dans la chambre de Charlotte. Ma fille, par hasard, s'est levée, vous a vu et entendu à travers la serrure de la porte.

— Diable ! — pensa monsieur Verneuil, — ceci est grave. Le témoignage de cette maudite enfant peut devenir embarrassant.

XX

Monsieur Verneuil, ainsi que la plupart des hypocrites consommés, possédait les qualités d'un excellent comédien. La foudroyante accusation que sa femme, après tant de provocations, venait enfin de lui jeter à la face, selon sa secrète espérance (quoiqu'il ne s'attendît pas à apprendre que sa fille avait été témoin de ses désordres), parut le plonger d'abord dans la stupeur; il joignit les mains, écarquilla les yeux, et la bouche béante, les traits bouleversés par une surprise douloureuse, admirablement jouée, il recula de deux pas, chancela, tomba dans un fauteuil, s'affaissa sur lui-même, et portant ses mains à son visage, il balbutia d'une voix éteinte :

— Ah ! je l'avoue, une si abominable calomnie m'accable, me brise, me tue !

— Vous ne m'imposerez plus, monsieur, — reprend

Adèle avec un dédain glacial : — Je sais maintenant jusqu'où peut aller votre hypocrisie. Oui, ce matin, dans la chambre de cette servante, vous lui disiez : « **Tu es ma femme, ma vraie femme**; l'autre, je voudrais qu'elle fût morte, tu serais la maîtresse ici! »

— Seigneur! seigneur! — murmura monsieur Verneuil en élevant vers le plafond un regard contrit : — vous m'éprouvez cruellement. Que votre volonté soit faite!

— Assez, monsieur, assez; épargnez-vous de nouveaux sacriléges; ils seraient, je vous le répète, impuissans à m'abuser. Ma fille, malheureusement témoin de vos désordres, et cruellement frappée de cette déplorable découverte, a été atteinte d'un accès de fièvre chaude. Ah! lorsque, éperdue de douleur et d'effroi, cette enfant m'a révélé ces turpitudes, j'ai tremblé, songeant qu'elle allait perdre à jamais le respect, l'affection qu'elle vous devait. Grâce à Dieu, ce péril est conjuré, monsieur

— Qu'entends-je! — pensait monsieur Verneuil.

— Je suis parvenue à persuader à Emma que ce qu'elle a vu et entendu ce matin n'était qu'un rêve de son cerveau troublé... Ainsi, monsieur, vous n'aurez pas à rougir devant votre fille.

— A merveille, — se dit monsieur Verneuil; — tout me sert à souhait. Je n'espérais pas tant! je reste maître de la situation.

XXI

— Oui, monsieur, reprit Adèle, grâce au stratagème que le docteur et moi nous avons employé pour persuader à Emma qu'elle s'était trompée, vous retrouverez donc votre enfant aussi tendre, aussi repectueuse pour vous que par le passé ; mais à une condition : c'est que jamais Emma ne reverra cette servante. Sa présence réveillerait dans l'esprit de ma fille des impressions à peine effacées. Mais je m'arrête, monsieur; ce que je pourrais ajouter au sujet du renvoi immédiat de Charlotte serait superflu. A ce renvoi, quoiqu'il vous coûte, vous êtes maintenant résigné. J'ai tout tenté, afin de vous laisser ignorer que je possédais votre triste secret ; il m'a fallu, malgré moi, et avec un profond chagrin, vous démasquer. Je dis avec un profond chagrin, parce que je vous estimais, parce que je vous affectionnais, monsieur; parce qu'enfin, après douze années de mariage, il m'est pénible de renoncer à ces sentimens d'affectueuse estime dont je vous honorais. Cette mésestime, croyez-le, est beaucoup moins causée par un honteux écart sur lequel je voulais fermer les yeux, que par l'audace de votre hypocrisie, dont je suis encore épouvantée. Cependant, je veux croire, monsieur, que vous reviendrez à des sentimens meilleurs. S'il en est ainsi, je vous offre et vous promets l'oubli du passé. Sachez vous montrer digne à l'avenir du respect et de la tendresse de votre fille, que je vous ai rendus. Quant à l'outrage personnel dont j'ai à me plaindre, il m'est plus que facile de vous le pardonner, monsieur : il ne m'inspire qu'un profond dédain.

Monsieur Verneuil avait jusqu'alors gardé le silence ; il feignit de sortir peu à peu de l'accablement où semblait le plonger l'accusation d'Adèle, et soudain, éclatant, comme s'il ne pouvait contenir davantage son indignation, son horreur :

— Est-ce assez d'audace!... La perfidie, le mensonge, peuvent-ils aller plus loin?

Adèle, effrayée de l'expression des traits de son mari, croit à peine ce qu'elle entend et répète machinalement ces mots :

— La perfidie?... le mensonge?...

— La plus noire, la plus impure calomnie vient me frapper chez moi! dans mon foyer! — poursuit monsieur Verneuil d'un accent lamentable. — De cette calomnie monstrueuse, quel est le but? Le sais-je?... Mais il doit être affreux! oh! bien affreux! puisqu'une mère... Dieu du ciel! une mère!... essaye de corrompre l'innocence de son enfant, tente de la rendre complice d'une exécrable machination dont son père doit être victime!

— Que dit-il? — murmure Adèle. — Quoi! il oserait...

— Oh! mais la Providence veille! — reprend monsieur Verneuil avec un élan de pieuse conviction. — Un pareil forfait ne saurait s'accomplir! La main de Dieu paraît, l'innocence de l'enfant résiste aux abominables suggestions d'une mère dénaturée; l'enfant répond : « Non, » je ne vous crois pas!... non; vous mentez!... mon père » est innocent des infamies dont vous l'accusez! »

La scélératesse de l'hypocrite cause à madame Verneuil une sorte d'éblouissement, et éperdue, elle balbutie :

— Mon Dieu! ayez pitié de moi! ma raison s'égare!

— Malheureuse! — s'écrie monsieur Verneuil, saisissant rudement sa femme par le bras et la secouant avec fureur, — venez près du lit de votre fille, venez répéter en sa présence votre abominable accusation!

Adèle, livide, et dont la terreur est à son comble, s'efforce d'échapper à la brutale étreinte de son mari, et dit en frissonnant :

— Tenez, monsieur, je ne sais plus où j'en suis !... vous me rendrez folle !

— Ah ! ma fille a été témoin de mes désordres ! ah ! elle m'a vu souiller la sainteté du foyer conjugal ! Mais venez donc, infâme menteuse ! mais venez donc près de cette innocente enfant... si elle m'accuse, je m'avoue coupable

— C'est trop affreux ! — s'écrie Adèle avec horreur. — Cet homme, il sait par moi que ma fille était le seul témoin qu'il eût à craindre ; il sait que je l'ai abusée par un pieux mensonge, et...

— Infâme calomniatrice !

— Moi ! moi ! mon Dieu !

— A genoux ! — et monsieur Verneuil secouait le poignet de sa femme avec un redoublement de rage ; — à genoux, misérable !

— Mais, monsieur, vous me faites mal !... vous me faites peur !...

— A genoux ! Demandez pardon à Dieu de votre imposture !

— Au secours ! — crie Adèle d'une voix strangulée par l'épouvante, — au secours !

— A genoux ! et confessez vos exécrables mensonges !

— Il va me tuer ! — balbutie la jeune femme dont les dents claquent de terreur, et, rassemblant ses forces épuisées, elle appelle une dernière fois d'une voix déchirante :

— Au secours !

— On doit pourtant l'entendre crier ! La cuisinière ne peut tarder à accourir, — pensait monsieur Verneuil. Et tout haut il répétait d'une voix terrible :

— A genoux, donc, infâme !

Puis saisissant Adèle par les épaules, il la jette si violemment sur ses genoux, qu'en tombant, la tête de la jeune femme va se heurter à l'un des angles du bureau ; son sang coule; elle tombe affaissée sur elle-même et perd connaissance en murmurant encore d'une voix affaiblie

— Au secours !... au secours !...

. . . .

Tout cela est horrible, mais tout cela est logique et d'une infernale habileté. Tel était le but de l'hypocrite :

Forcer sa femme de l'accuser d'adultère, et certain de n'avoir plus de témoin à craindre (Emma ayant été abusée par un pieux mensonge maternel), monsieur Verneuil crierait alors à la calomnie, s'emporterait, se livrerait contre Adèle à des sévices graves, et, la sachant incapable de se résigner à vivre désormais près de lui après de pareils outrages, il la contraindrait ainsi de demander une *séparation* dont ces sévices, provoqués selon lui par une odieuse calomnie, seraient la cause très acceptable. La séparation prononcée, monsieur Verneuil conserverait Charlotte près de lui, l'homme de mœurs les plus rigides pouvant avoir une servante sans porter atteinte à la moralité.

Mais, — dira-t-on, — pourquoi monsieur Verneuil, au lieu de se résoudre à une extrémité aussi grave qu'une *séparation*, ne consentait-il pas simplement au renvoi de Charlotte, quitte à continuer clandestinement ses relations avec elle ?

D'abord, ainsi que nous l'avons déjà dit, monsieur Verneuil s'était jusqu'alors toujours refusé à *mettre Charlotte en chambre*, craignant avec raison la scandaleuse divulgation de cette immoralité ; puis, raison plus déterminante encore : madame Verneuil lui inspirait actuellement cette haine inexorable dont les hypocrites poursuivent les gens qui les ont démasqués. Il lui faudrait à l'avenir renoncer à se draper dans son austérité devant sa femme, mettre constamment une *sourdine* à ce langage d'une sonorité vertueuse et dévote dont il s'était fait une habitude. Or, les tartuffes s'incarnent si parfaitement à leur rôle qu'il devient pour eux et malgré eux une seconde nature ; aussi, dès qu'ils sont convaincus que l'on sait qu'ils jouent *un rôle*, ils en ressentent un état de gêne, de malaise intolérable, car il s'en suit de leur part une invincible aversion contre *le spectateur*. Or, telle devait être désormais la situation de M. Verneuil au regard de sa femme. Enfin, dans sa passion désordonnée pour Charlotte, il détestait la contrainte que lui imposait à chaque instant le respect forcé du domicile conjugal ; une *séparation* lui semblait donc le seul moyen d'assouvir librement son ignoble amour en conservant son masque d'austérité, l'homme le plus rigide pouvant avoir une servante sans offenser en rien la morale. Quant à ses enfans, quoique M. Verneuil se sentît très refroidi à leur égard, il espérait (ainsi qu'on le verra plus tard) les conserver près de lui.

Voilà pour quels motifs l'hypocrite voulait à tout prix se séparer de sa femme.

XXII

— Elle s'est blessée en tombant, — se disait donc monsieur Verneuil, contemplant sa femme étendue sanglante, inanimée.—Tant mieux ! cette blessure augmente la gravité des sévices qu'elle me reprochera, dont je conviendrai, mais que j'attribuerai à l'indignation de l'honnête homme outragé par une calomnie infâme.

Puis, prêtant l'oreille,

— Enfin, l'on vient. Ses cris ont été entendus ! Il me faut des témoins !

En effet, la porte du cabinet s'ouvre brusquement. Un jeune homme de haute taille se précipite dans l'appartement, voit Adèle, le front saignant, étendue sans mouvement, et courant à elle:

— Je ne me trompais pas ! c'était sa voix criant Au secours !

— Quel est cet homme ? — dit monsieur Verneuil, profondément surpris à l'aspect de cet inconnu, tandis que Joséphine, accourant sur les pas de l'étranger, s'écriait :

— Ah ! mon Dieu ! Qu'est-ce que c'est ? Pauvre madame, monsieur la bat !

L'inconnu a relevé Adèle, toujours sans connaissance ; il l'a placée, avec l'aide de Joséphine, sur un canapé ; puis pâle d'indignation, s'avançant vers monsieur Verneuil, encore muet et immobile d'étonnement:

— Lâche assassin ! Votre femme était là, étendue à vos pieds, appelant à son aide...

— Monsieur, de quoi vous mêlez-vous? — répond froidement l'hypocrite, — de quel droit entrez-vous chez moi? qui êtes-vous?

— Je suis Ernest Beaumont, capitaine de navire et cousin de votre femme. Arrivé à Paris depuis hier, je demandais tout à l'heure à la voir. J'ai de la porte reconnu sa voix; je suis accouru heureusement... car, sans moi, vous alliez peut-être la tuer, misérable!

Ernest Beaumont, les traits empreints d'un profond désespoir, se retourne vers madame Verneuil, et voyant Joséphine étancher le sang qui coule à flots du front de sa maîtresse, il s'agenouille devant sa cousine, et les yeux noyés de larmes :

— Malheureuse femme! Adèle! ma chère Adèle.

Monsieur Verneuil a suivi Ernest Beaumont d'un regard sournois, et se dit avec un hideux sourire:

— En vérité, tout me sert aujourd'hui à souhait! Un cousin est toujours compromettant ; celui-ci est de plus fort beau garçon.

S'approchant alors lentement du jeune marin, toujours agenouillé auprès de sa cousine, monsieur Verneuil reprend avec dignité :

— Monsieur, je voudrais croire à l'innocence de vos anciennes relations avec madame Verneuil, cependant la servante ici présente est témoin et pourra au besoin attester qu'après m'avoir grossièrement injurié, vous vous êtes permis, en ma présence, d'appeler ma femme *Votre chère Adèle...* Sur ce, monsieur, je vous laisse avec votre chère Adèle.

Et monsieur Verneuil sort de son cabinet en se frottant les mains.

— Que dit cet homme ? quel est son dessein ? — se demandait Ernest Beaumont, lorsque Joséphine s'écria :

— Dieu soit béni ! cette pauvre madame revient à elle !

Madame Verneuil, de couchée qu'elle était sur le canapé, s'est redressée lentement sur son séant. Elle porte ses mains à son front saignant, tressaille, reprend peu à peu ses esprits, jette autour d'elle un regard troublé, puis, reconnaissant son cousin agenouillé à ses pieds,

— Que vois-je ? Ernest ! Où suis-je...

XXIII

Madame Verneuil, victime des brutalités calculées de son mari, et secourue par son cousin, Ernest Beaumont, qu'elle revoyait pour la première fois depuis quinze ans, le pria, lorsqu'elle eut complétement recouvré ses esprits, de la laisser seule, lui promettant de le prévenir lorsqu'elle pourrait le recevoir. Adèle eut, le soir même, un long entretien avec le docteur Max. Il la pressa, en suite de mûres réflexions, de demander une séparation de corps et de biens, motivée sur les violences dont monsieur Verneuil s'était rendu coupable. Elle hésita longtemps, redoutant non-seulement le scandale inévitable d'un procès conjugal, mais surtout les conséquences qu'un pareil procès devait avoir pour l'avenir d'Emma. Viendrait le moment de la marier, et presque toujours de fâcheux obstacles, de graves inconvéniens surgissent de la position délicate d'une jeune personne dont la mère vit séparée de son mari. Mais, pour parer à ces lointaines éventualités, madame Verneuil devrait se résigner à subir actuellement la présence de Charlotte dans sa maison, endurer les insolences de cette fille et passer ses jours auprès de monsieur Verneuil, dont la noire hypocrisie se révélait avec tant de scélératesse. La sagacité du docteur Max allant droit au fond des choses, avait pénétré la vérité.

— Votre mari n'a eu qu'un but en vous maltraitant : vous contraindre à vous séparer de lui,—dit le médecin à la jeune femme. — Si vous trompez son secret désir, il rendra votre existence intolérable; votre frêle santé, déjà cruellement éprouvée, ne résistera pas à une torture incessante, et vous réaliserez l'espérance de votre mari; car il aspire à vous voir morte... ainsi qu'il le disait à cette servante avec un abominable cynisme. Résignez-vous donc à une nécessité fatale. Et conservez-vous pour vos enfans; leur affection vous consolera; votre existence peut être paisible et heureuse après votre séparation.

Adèle se rendit à la sagesse de ces conseils. Le docteur Max alla sur-le-champ trouver monsieur Verneuil, le démasqua, et le traitant avec le plus dur mépris, lui proposa d'accepter une séparation amiable, afin d'éviter le scandale. L'hypocrite prit, en honnête homme offensé, les choses de très haut, déclara au docteur Max qu'il rompait à jamais avec lui, ce dont le docteur se souciait peu, et refusa une convention amiable; il voulait une décision judiciaire (il avait ses vues), sinon il garderait, disait-il, sa femme près de lui.

Le docteur Max dut accepter cet *ultimatum*. Il fut convenu que dès le lendemain la demande en séparation serait déposée par l'avocat de madame Verneuil, et qu'elle se retirerait, ainsi qu'Emma, au couvent des Anglaises jusqu'après l'issue du procès.

L'épouse sans tache, la mère de famille irréprochable, quitta sa maison, et au moment où elle passait le seuil de la porte, Charlotte lui dit :

— Eh bien ! madame, qui de nous deux est chassée d'ici ?

XXIV.

Madame Verneuil, conservant jusqu'à la fin la dignité de soi et le respect dû à l'innocence de sa fille, lui cacha les causes de cette séparation prochaine, l'attribuant aux suites d'une vive discussion avec son mari, discussion où elle n'avait peut-être pas, à son grand regret, — ajoutait-elle, — conservé la modération désirable, ensuite de quoi les deux époux s'étaient résolus de vivre éloignés l'un de l'autre. Elle adjura sa fille de ne jamais l'interroger sur ce triste sujet, afin de lui épargner ainsi de pénibles ressouvenirs.

Emma, d'une intelligence précoce, revint à sa première conviction au sujet de la présence de M. Verneuil dans la chambre de Charlotte, et des paroles prononcées par lui en cette circonstance; ces faits, pendant un instant confondus avec les visions de son esprit troublé, mais désormais demeurant avérés pour elle, lui parurent être le motif de la séparation de ses parents; obéissant d'ailleurs aux désirs maternels avec sa docilité ordinaire, elle garda le silence sur sa pensée secrète.

Ernest Beaumont, par un sentiment parfait des convenances, ne chercha pas à revoir sa cousine durant son séjour au couvent, s'abstint même de lui écrire, mais alla journellement s'informer de sa santé auprès du docteur Max. Selon l'avis de ce dernier, madame Verneuil chargea de sa cause un avocat éminent, rempli de tact, d'honnêteté, de mesure, lui recommanda instamment de ne pas dire un mot qui pût irriter les débats ou leur donner un scandaleux retentissement; d'exposer simplement les choses; d'écarter tout ce qui touchait la honteuse liaison de M. Verneuil avec sa servante, et de baser uniquement la demande en séparation sur les violences dont son mari s'était rendu coupable envers elle en suite d'une vive discussion.

Le défenseur de madame Verneuil était de ceux-là qui ont conscience de leur sacerdoce; il comprit, il admira la généreuse délicatesse, la dignité de sa cliente, et lui promit d'y correspondre, malgré l'horreur que lui inspirait l'infâme hypocrisie de monsieur Verneuil. Il s'abstiendrait de démasquer cet homme, non par pitié, mais par égard pour ses enfans, ceux-ci pouvant tôt ou tard avoir connaissance de ces plaidoyers.

Le jour de l'audience fut fixé de concert avec maître Fripart, avocat de monsieur Verneuil, lequel maître Fripart sembla complétement résolu d'imiter la modération de son confrère, de renoncer à toute personnalité blessante, et de se borner à la simple demande d'une séparation réclamée des deux conjoints. Cette assurance donnée à Adèle Verneuil par son avocat calma quelque peu ses appréhensions; elle fut cependant obligée de s'aliter, tant de cruelles épreuves ayant fortement ébranlé sa santé.

DEUXIÈME PARTIE.

I

Quinze années d'absence, de voyages, de solitude, loin d'affaiblir l'amour d'Ernest Beaumont pour sa cousine, l'avaient enraciné profondément dans son cœur; il attendait avec une inexprimable angoisse l'issue du procès en séparation; il voulut se rendre à l'audience afin d'entendre prononcer le jugement, et persista dans cette résolution malgré les instances réitérées du docteur Max. Celui-ci connaissait, et de reste, la renommée de maître Fripart. Il appartenait à cette espèce de porte-toges (heureusement exceptionnelle) que, l'autre jour, mon ami Alphonse Karr stigmatisait, si justement, si spirituellement, de l'épithète énergique d'*avocats engueuleurs*

Maître Fripart, protégé par l'inviolabilité de sa robe, outrageait effrontément, diffamait impunément sa partie adverse; l'injure, le mensonge, le sarcasme, la calomnie rendus plus redoutables encore par une incontestable éloquence, étaient ses armes habituelles. Aussi se vantait-il, dans son langage peu cicéronien, d'*écorcher vifs* les cliens de ses adversaires.

Lui aussi d'ailleurs, hypocrite tout confit en fausse dévotion, véritable goupillon trempé dans le fiel, maître Fripart dut à sa double renommée de tartuffe et d'*écorcheur à vif* la confiance de monsieur Verneuil, qui le chargea de sa défense. Ils s'entendirent et sympathisèrent extrêmement. Maître Fripart déclara n'être qu'un écolier en diffamation et calomnie, lorsque son client lui eut soumis quelques notes indiquant les principaux argumens à mettre en relief dans le plaidoyer, grâce auquel madame Verneuil serait non-seulement *écorchée vive*, mais déshonorée, conspuée, honnie, et couverte du plus fangeux opprobre.

Le docteur Max pressentait ces infamies, et, parfaitement iucrédule aux assurances de courtoisie de maître Fripart, il craignait quelque violente échappée de la part d'Ernest Beaumont lorsqu'il entendrait ignominieusement outrager une femme digne à ses yeux d'une religieuse adoration. Aussi l'engagea-t-il instamment à ne pas se rendre à l'audience ; mais le marin ne tint compte des observations de son vieil ami, et l'un des premiers conrut au prétoire le jour où devait être appelée la cause de madame Verneuil contre son mari.

L'avocat de la jeune femme exposa les faits avec autant de mesure que de convenance, basant uniquement la nécessité de la séparation sur l'*incompatibilité d'humeurs* et les sévices graves auxquels M. Verneuil s'était livré dans un moment d'emportement qu'il regrettait sans doute, mais qui rendait désormais impossible la cohabitation des deux époux.

L'audace des coquins, dit-on, provoque souvent une sorte d'éblouissement chez l'honnête homme.

L'audace de monsieur Verneuil, s'exprimant par la bouche de maître Fripart, et répondant à la demande en séparation, éblouit, stupéfia d'abord l'avocat de madame Verneuil ; il crut rêver lorsqu'il entendit son confrère s'efforcer de flétrir la plus pure, la plus noble des femmes, par des insinuations d'une odieuse perfidie, par des calomnies révoltantes, par des accusations dont la fausseté égalait seule la noirceur. Puis, l'indignation de l'honnête homme succédant à la stupeur, il interrompit maître Fripart et s'écria :

« — En présence d'attaques d'une pareille nature, je
» dois révéler au tribunal la véritable cause de cette de-
» mande en séparation. Le client de maître Fripart entre-
» tenait avec sa servante des relations adultères; madame
» Verneuil, toujours calme et digne, s'est bornée à repro-
» cher ce honteux commerce à son mari, lui promettant,
» s'il consentait au renvoi de cette domestique, l'oubli
» et le pardon du passé. Cet homme, furieux de se
» voir démasqué, s'est alors livré contre sa femme à des
» voies de fait. »

Maître Fripart, dans sa réplique, se montra digne de la confiance et de la sympathie de son client. Nous allons donner un curieux spécimen de cette réplique, durant laquelle, placé d'abord près du banc des avocats, Ernest Beaumont sentit parfois son sang bouillonner, la rougeur d'une légitime colère monter à son front; aussi, craignant de ne pouvoir rester maître de soi, se réfugia-t-il au fond du prétoire, d'où il écouta la péroraison du plaidoyer de maître Fripart, que celui-ci débita en manière de résumé des débats.

Ce résumé, le voici :

« — Je demande au tribunal encore quelques minutes
» d'attention; je résumerai la cause en deux mots et dans
» sa plus simple expression.

» Qu'est-ce que monsieur Verneuil ?

» Qu'est-ce que madame Verneuil ?

6.

» Quelle est la moralité respective des deux époux ?

» Enfin, que demandent-ils ?

» Qu'est-ce que monsieur Verneuil ? Ah ! je n'en doute
» pas, le tribunal me saura gré d'insister de nouveau sur
» quelques traits caractéristiques de cette noble, austère
» et imposante figure ! Je ne parlerai pas de l'éminente
» capacité administrative de mon client ; je ne parlerai
» pas de ses longs et honorables services, consacrés aux
» intérêts du pays ; je ne parlerai pas de la haute position
» sociale à laquelle il est parvenu, aux applaudissemens
» de tous. Non, je n'en parlerai pas : l'homme public doit
» être écarté du débat.

» Mais place à l'homme privé !

» Oh ! devant l'homme privé, je m'incline avec un pieux
» respect, avec une religieuse émotion, et je m'écrie : Ar-
« rière, infâmes calomniateurs ! arrière ! ou sinon tombez
» prosternés, repentans, devant l'homme de bien, devant
» l'irréprochable père de famille, devant le chrétien !... Ce
» chrétien que vous avez abreuvé de fiel, et qui, agenouillé
» devant les autels, offrant son âme à Dieu, prie pour ses
» frères, prie pour les méchans, prie pour vous, femme
» Verneuil ! oui, entendez-vous ? il prie pour vous, cet
» homme vénérable que vous avez abreuvé de fiel ! »

Et, par un superbe mouvement oratoire, maître Fripart,
se drapant dans sa toge, feignit de s'adresser à madame
Verneuil, alors au couvent des Anglaises, alitée, fébrici-
tante, et en proie aux angoisses profondes que lui cau-
saient le présent et l'avenir.

Ernest Beaumont, à cette interpellation dont Adèle ab-
sente était l'objet, sentit de nouveau fermenter sa colère

et il eut peine à la contenir alors que maître Fripart poursuivit ainsi sa figure oratoire :

« — Oui, votre époux outragé a prié, prie et priera pour
» vous, femme Verneuil ! Oh ! je le sais, je prévois votre
» astucieuse réponse, que dis-je? je la prévois, je l'en-
» tends, je vous vois ! Vous vous dressez livide, l'œil
» enflammé de haine, de colère, l'écume à la bouche, les
» poings crispés, et vous vous écriez d'une voix haletante
» de fureur :

» — Mon mari a voulu m'assassiner !

» — Vous assassiner, femme Verneuil ! Nous avons vou-
» lu vous assassiner!... nous!... nous dont la vie entière offre
» le plus noble spectacle qui puisse faire l'admiration des
» gens de bien ! Nous avons voulu vous assassiner, fem-
» me Verneuil ? Infâme imposture ! Mais c'est vous, en-
» tendez-vous bien, et je le dis d'une voix éclatante, ven-
» geresse ! c'est vous, oui, c'est vous... qui avez voulu
» nous assassiner ! »

A cette prodigieuse assertion, Ernest Beaumont fut aussi frappé de cet éblouissement que l'audace des coquins provoque parfois chez l'honnête homme. Et maître Fripart continua de la sorte :

« — Ne le niez pas, femme Verneuil, oh ! ne le niez pas!
» oui, vous avez voulu nous assassiner ; je maintiens
» l'accusation ; je fais mieux, je la prouve ! »

— Il le prouve!—pensa Ernest Beaumont ébahi.—J'ai relevé cette pauvre Adèle étendue sanglante, inanimée, aux pieds de son mari, et son avocat va prouver que c'est elle, qui a voulu assassiner monsieur Verneuil !

Hélas! le jeune marin ignorait les ressources imaginatives, la subtilité des tours de gibecière de certains prestidigitateurs de la parole, aussi resta-t-il confondu lorsque maître Fripart reprit d'une voix éclatante :

« — Mais je vous entends, femme Verneuil! vous m'in-
» terrompez avec un rugissement de fureur, et vous vous
» écriez :

» — Mensonge! Moi, j'ai voulu asssassiner mon époux?
» De quelle arme, moi, faible femme, me serais-je donc
» servie pour tenter ce crime?

» — Ah! vous me demandez de quelle arme vous vous
» vous êtes servie, femme Verneuil! Hé bien, je vais vous
» le dire. Ecoutez. Vous vous êtes servie de l'arme la
» plus lâche, la plus meurtrière, la plus traîtresse, la plus
» empoisonnée de toutes les armes! une arme dont la
» blessure est ineffaçable ou mortelle ; cette arme, je l'ai
» nommée... c'est la calomnie!

» Oui, avec cette arme terrible, vous nous avez frappés
» dans ce que nous avons de plus cher : notre honneur,
» l'estime des gens de bien, le respect mérité dont nous
» entouraient nos enfans !

» Oui, je le dis avec horreur, avec épouvante, il a été
» un jour, jour néfaste! où vous avez poussé l'impur
» machiavélisme et l'effrayante audace jusqu'à nous ac-
» cuser d'un commerce adultère avec notre servante!!
» jusqu'à nous accuser d'avoir sous le toit conjugal, sous
» vos yeux, presque sous les yeux innocens de nos en-
» fans, osé...

» Mais c'en est assez, c'en est trop ! Je jette un voile
» sur ce hideux tableau ; je n'ai, pour achever de le pein-

» dre, ni votre corruption, ni votre cynisme, femme Ver-
» neuil ! Non, je m'arrête; mais mon cœur se soulève de
» dégoût, d'indignation; la sainte colère de l'honnête hom-
» me outragé me transporte, m'égare, comme elle a trans-
» porté, égaré ce noble monsieur Verneuil, lorsque, frap-
» pé par vous d'une arme empoisonnée, il a, pour re-
» pousser un lâche assassinat moral, il a, dis-je, dans le
» cas de défense légitime, s'il en est au monde ! repoussé
» violemment loin de lui, d'une main courroucée, l'in-
» fâme ! Je dis l'infâme, entendez-vous bien, femme Ver-
» neuil ?... l'infâme créature qui attentait bien plus qu'à sa
» vie, qui attendait à son honneur d'honnête homme et
» à ses vertus de père de famille !

» Hé bien, oui, en la repoussant loin de lui, cette infâ-
» me, en cédant à l'exaspération que lui causait une exé-
» crable calomnie, M. Verneuil a mis tant de violence dans
» ce mouvement instinctif de conservation, que la ca-
» lomniatrice a heurté dans sa chute l'angle d'un meu-
» ble et s'est fait au front une légère blessure.

» Voilà, femme Verneuil, voilà comment **nous avons**
» **voulu vous assassiner !**

» Notre violence, nous l'avouons, nous la regrettons,
» nous la déplorons avec l'humilité, avec la sincérité d'un
» chrétien; nous ne cherchons pas même à l'excuser, cette
» violence, en invoquant à tant de titres la sainteté de no-
» tre indignation ! Non ! nous confessons loyalement nos
» torts.

» Oh ! mais, attendez, femme Verneuil; ne vous livrez pas
» à une joie impudique et sinistre. Attendez! Notre loyale
» confession nous autorise à exiger la vôtre, et nous vous

» demandons impérieusement, oh! nous en avons le droit !
» quel est ce beau jeune homme qui, le jour de cette scène
» déplorable, s'est subrepticement introduit dans le domi-
» cile conjugal? »

Ernest Beaumont, ainsi mis personnellement en cause dans le débat, redoubla d'attention, et sa colère alla progressant.

« — Oui, — continua maître Fripart d'un accent impé-
» rieux,—quel est-il ce beau jeune homme qui, le croira-
» t-on ?..... On le croira, je l'affirme, le fait est acquis
» aux débats... quel est ce beau jeune homme qui, en pré-
» sence de votre respectable époux, se jette amoureuse-
» ment à vos pieds, femme Verneuil, en vous appelant
» son Adèle ! sa chère Adèle ! oui ! sa chère Adèle ! O
» honte ! ô impudeur ! »

— Misérable ! — s'écria Ernest Beaumont.

La voix du marin n'arriva pas jusqu'aux oreilles des juges, étouffée qu'elle était par le courroux et plus encore par la douleur d'entendre le nom d'une femme qu'il entourait d'un pieux respect, diffamé, livré aux outrages, aux railleries des auditeurs. Plusieurs voisins du jeune marin, remarquant son émotion, échangèrent à demi-voix quelques mots ; il se vit observé, parvint encore à se contenir, et maître Fripart poursuivit :

« — Ah ! j'entends votre réponse, femme Verneuil ! Vous
« vous écriez avec une chasteté hypocrite (Ici l'avocat prit une voix de fausset, à l'hilarité croissante des auditeurs),
» vous vous écriez ·

» — Moi ! oh ! par exemple ! Quelle horreur ! Ce beau
» jeune homme est simplement mon cousin, mon petit

» cousin, un doux ami de mon enfance! Je ne l'ai pas
» revu depuis quinze ans. Nos liens de parenté l'autori-
» saient à m'appeler son Adèle, sa chère Adèle, son Adèle
» adorée, son trésor, son amour, son bijou, son tout. »

Et maître Fripart articula ces derniers mots avec un accent si grotesque, que l'auditoire éclata d'un rire inextinguible.

Ernest Beaumont, exaspéré, s'élançait dans la direction du banc des avocats, lorsqu'un homme d'une figure vénérable, resté insensible aux turlupinades de maître Fripart, arrêta Ernest Beaumont par le bras et lui dit tout bas :

— Dans votre intérêt, attendez du moins, monsieur, la fin de l'audience.

— Votre conseil est bon, monsieur; j'attendrai, — répondit le marin, pâle de rage, et il attendit.

Maître Fripart, après avoir si ingénieusement imité par un ton de fausset la voix de madame Verneuil, reprit, lorsque l'hilarité de l'auditoire fut calmée:

— « Soit, femme Verneuil, ce monsieur est votre cousin;
» je veux bien jeter un voile complaisant sur un passé qui
» remonte à votre quinzième année; je veux bien ne pas
» m'arrêter aux conjectures d'une première faute... digne
» peut-être, je le reconnais, sinon de clémence, du moins
» de pitié. Vous étiez si jeune alors, et le cousin est d'ordi-
» naire un gaillard d'un naturel si séduisant! »

Cette plaisanterie de maître Fripart excita de nouveaux rires dans l'auditoire. Ernest Beaumont mordit ses lèvres jusqu'au sang; mais il s'était promis d'attendre la fin de l'audience; il attendit.

« — Enfin, — poursuivit maître Fripart, — je veux bien

» croire que l'espèce d'attachement que vous sembliez té-
» moigner à votre mari n'avait pas sa source dans la re-
» pentance d'un passé coupable, et dans votre gratitude
» pour une générosité sublime ; oui, il me plaît pour un
» instant de croire à tout cela, femme Verneuil.

» Mais je vous dis ceci :

» Nous avons pris au Havre des informations minutieu-
» ses, et nous savons pertinemment que le vaisseau de ce
» monsieur se nomme l'*Adèle*. Or, le tribunal appréciera
» l'énorme inconvenance de cette appellation.

Un vertige de fureur fit chanceler le jeune marin ; il s'appuya au mur, tandis que l'avocat s'écriait :

» Ce n'est pas tout : nous savons que dans l'une des
» chambres que ce monsieur occupe à son bord se trouve
» un cadre mystérieux renfermant un portrait. Ce portrait
» doit être le vôtre, ce portrait est le vôtre, femme Ver-
» neuil!

» Vous niez le fait ?

» Je l'affirme ! Pour moi, la présomption est aussi cer-
» taine que l'évidence.

» Ce n'est pas tout encore ! Attendez... Je vous défends
» de m'interrompre, femme Verneuil ; je vous le défends ! »
— ajouta maître Fripart, continuant sa figure oratoire, en semblant d'un geste impérieux clouer sur son banc l'accusée, représentée par son avocat.

« Vous m'écouterez jusqu'à la fin, femme Verneuil, et
» vous serez justement châtiée ! Donc, ce monsieur pos-
» sède votre portrait et vous appelle sa chère Adèle, en pré-
» sence de votre vénérable époux. Ce n'est rien encore,
» attendez ! La présence de votre cousin chez vous coïn-

» cidant avec le jour et l'heure de l'exécrable calomnie
» dont vous vouliez rendre votre mari victime, me dévoile
» un abîme de combinaisons infernales, et je vous
» le dis en face :

» Femme Verneuil, vous correspondiez secrètement avec
» ce monsieur!

» Femme Verneuil, vous avez ténébreusement ourdi
» avec ce monsieur une trame abominable et d'une réus-
» site presque certaine!

» — Quelle trame ? — vous écriez-vous stupéfaite de
» notre pénétration, — quelle trame ?

» — Ah ! quelle trame, femme Verneuil ? la voici : Vous
» vouliez (vous avez, hélas! réussi), vous vouliez pous-
» ser à bout votre digne et loyal époux par une atroce
» calomnie, le forcer ainsi de se livrer contre vous à des
» sévices graves; vous avez prévenu votre cousin du jour
» et de l'instant probable de cette scène déplorable, afin
» de trouver dans ce monsieur un témoin complaisant.

» Dites, le complot est-il assez noir ? osez-vous le nier,
» femme Verneuil ?... Non! vous ne l'oserez pas, vous ne
» l'osez pas ; vous vous taisez ; je prends acte de votre
» silence.

» C'est ainsi qu'à l'aide de ces odieuses manœuvres
» vous comptez provoquer, obtenir une séparation qui,
» vous rendant votre liberté, vous permette de fouler ef-
» frontément, impunément aux pieds vos devoirs d'é-
» pouse, et de nouer... je ne voudrais pas dire de renouer
» avec ce monsieur, des relations adultères !

» Soyez satisfaite, femme Verneuil, votre trame, je le
» reconnais, a été d'une habileté machiavélique.

» Allez rejoindre votre complice ! courez vous jeter dans
» ses bras !

» L'honnête homme que vous avez frappé au cœur,
» l'honnête homme que vous avez voulu couvrir d'op-
» probre ne vous marchandera pas la séparation que vous
» réclamez, femme Verneuil ; il la désire autant que vous,
» plus que vous, cette séparation ! Votre présence serait
» désormais pour lui un sujet inépuisable de juste aver-
» sion et de douleur.

» Soyez donc libre, femme Verneuil ; votre malheureux
» époux poussera la mansuétude jusqu'à prier le ciel de
» vous épargner le châtiment de votre inconduite ! Mais
» tenez, croyez-moi, ne triomphez pas encore dans votre
» joie satanique, et écoutez ceci :

» La société, outragée par vous, n'imitera pas, ne
» doit pas imiter l'angélique commisération de votre
» époux, qui vous pardonne et prie pour vous. Femme
» Verneuil ! la société vous vomira de son sein avec mé-
» pris, avec dégoût, et la loi saura sauvegarder contre vos
» honteux débordemens l'homme de bien qui ne peut
» malheureusement vous retirer son nom. Ce nom, vous
» ne le prostituerez pas impunément ! Femme Verneuil,
» sachez, pour votre gouverne, que la femme légalement
» séparée de corps et de biens reste toujours sous le coup
» des peines dont sont menacées les adultères !

» Et maintenant, bravez si vous l'osez, dans votre au-
» dace, les lois divines et humaines ! Allez, femme Ver-
» neuil, retirez-vous ! Disparaissez à nos yeux rougis de
» larmes ; nous ne demandons à la loi qu'une grâce, celle
» de retrouver la paix de notre foyer, d'élever nos enfans

» dans la pratique austère des vertus chrétiennes, et d'ou-
» blier, au milieu des douces consolations de notre jeune
» famille, qu'il est dans le monde une femme qui porte,
» et sans doute déshonore notre nom !

» J'ai dit.

» Cette grâce, ou plutôt cette justice que nous récla-
» mons, nous l'attendons de l'équité inséparable de la
» haute sagesse du tribunal. Nous avons donc le ferme es-
» poir qu'il déclarera séparée, de corps et de biens, la
» femme Adèle Régnier, épouse du sieur Théodore Ver-
» neuil, et qu'en présence des faits scandaleux dévoilés
» par mon insuffisante plaidoirie, le fils et la fille de mon-
» sieur Verneuil lui resteront confiés, l'immoralité flagran-
» te de leur mère devant être pour leur jeune âge du plus
» détestable exemple, et corrompre à jamais leur inno-
» cence ! »

Le tribunal prononça, séance tenante, la séparation de corps et de biens des époux Verneuil; mais, contrairement aux conclusions de maître Fripart, Emma, leur fille, devait être confiée aux soins de sa mère, et Louis aux soins de son père; toutefois, madame Verneuil aurait la faculté d'aller visiter son fils au collége où il recevait son éduca-tion, et de plus, pourrait exiger qu'il vînt passer chez elle quelques heures le dimanche, de quinzaine en quinzaine.

II

Maître Fripart sortit de l'audience en se frottant les mains. Homme robuste et dans la force de l'âge, il avait l'oreille rouge, le regard béat, parfois vif et sardonique ; en ce moment, les traits de l'*avocat-engueuleur*, pour nous servir de l'énergique expression de notre ami Alphonse Karr, jubilaient épanouis ; il savourait les éloges de plusieurs confrères, auditeurs de son plaidoyer. Jamais, selon eux, il ne s'était montré plus éloquent, plus adroit, plus incisif, plus plaisant. La pauvre madame Verneuil resterait du coup écorchée vive. Maître Fripart se délectait modestement de ces louanges en traversant un couloir qui conduisait du prétoire à la salle des Pas-Perdus, lorsque soudain il voit s'avancer à sa rencontre un jeune homme de haute stature, d'une figure fortement caractérisée, très pâle, mais très calme. Ce jeune homme le salua courtoisement et lui dit d'une voix légèrement altérée :

— C'est à maître Fripart que j'ai l'honneur de parler ?

— Oui, monsieur, — répond l'avocat en s'arrêtant, ainsi que ceux de ses collègues dont il est accompagné. — Qu'y a-t-il pour votre service ?

— Monsieur, je me nomme Ernest Beaumont ; madame Adèle Verneuil est ma cousine.

Ces mots significatifs, la pâleur du marin, son émotion, visiblement contenue, frappent les collègues de maître

Fripart, et, pressentant une explication, ils se forment en cercle autour des deux interlocuteurs.

— Ah! vous êtes monsieur Ernest Beaumont? — répond maître Fripart avec un accent légèrement narquois. — Eh bien! monsieur, que me voulez-vous?

— Monsieur, je sais les égards que l'on doit à un avocat lorsqu'il se respecte et se renferme dans les limites de son droit; mais je vous ferai observer, monsieur, que ces limites, vous les avez tout à l'heure dépassées; vous vous êtes permis de me mettre outrageusement en cause dans le procès de madame Verneuil. Or, monsieur, je n'ai jamais outragé personne et je ne souffre l'outrage de personne.

— Qu'est-ce à dire, monsieur?

— Pardon, maître Fripart, deux mots encore et je termine. Il existe à Paris des journaux judiciaires; vous voudrez donc bien me faire la grâce d'écrire aujourd'hui à l'un de ces journaux simplement ceci ou l'équivalent.

Et Ernest Beaumont lit à haute voix les lignes suivantes, qu'il avait tracées au crayon :

« Monsieur le rédacteur, en défendant mon client, mon-
» sieur Verneuil, il m'est échappé, dans l'entraînement de
» l'improvisation, des paroles qui pourraient porter at-
» teinte à la considération due au noble caractère et aux
» vertus privées de madame Verneuil. Ces paroles, je les
» regrette, et je m'empresse de reconnaître loyalement
» que madame Verneuil est digne à tous égards du plus
» profond respect. »

A cette demande insolite du jeune marin, présentée d'une voix ferme, un murmure de surprise circule parmi les quelques collègues de maître Fripart. Il leur impose silence d'un geste amical, et s'adressant à Ernest Beaumont en goguenardant :

— Il n'y a pas de post-scriptum à cette épitre ?

— Non, monsieur.

— C'est fort heureux, en vérité. Ah çà ! monsieur Ernest Beaumont, est-ce que décidément vous me prendriez pour un imbécile, ou pour un homme sans foi ni conviction ?

— Je ne saurais, maître Fripart, vous répondre sincèrement là-dessus... sans sortir des bornes de la politesse que je me suis imposée.

— En d'autres termes, monsieur Ernest Beaumont, vous vous imaginez que par la lettre que vous me proposez d'écrire, j'irais démentir mon plaidoyer d'un bout à l'autre ?

— Si votre plaidoyer a menti, et il a menti, maître Fripart, il est de votre devoir de confesser loyalement ce que j'appellerai par courtoisie : une erreur involontaire.

— Monsieur, — reprend d'un ton rogue et hautain maître Fripart, — retenez bien ceci : Nous sommes dans le sanctuaire de la justice. J'ai l'honneur d'appartenir au barreau ; comme membre du barreau, je ne dois compte à personne de mes paroles, sinon au président du tribunal devant qui je plaide. Hors de là, et couvert de l'inviolabilité de ma toge, je repousse, avec le dédain qu'elles méritent, des réclamations pour le moins fort inconvenantes. Sur ce, je suis, monsieur, votre serviteur.

Et maître Fripart fait un pas pour s'éloigner ; mais le passage de l'étroit couloir lui est barré par Ernest Beaumont, qui, se plaçant carrément face à face de l'avocat :

— Maître Fripart, voulez-vous, oui ou non, écrire la

lettre que je réclame en m'adressant à votre conscience, que je veux encore croire surprise par des calomnies dont vous vous êtes fait l'écho ?

— Ah çà ! mon cher monsieur, la plaisanterie est infiniment trop prolongée.

— Vous vous refusez à démentir vos calomnies ?

— Je refuse formellement de démentir une phrase, un mot, une virgule de mon plaidoyer. Est-ce clair ?

— Fort clair. En ce cas, maître Fripart, vous m'obligez à vous demander satisfaction et à vous en imposer au besoin la nécessité par des voies que je me verrais, à grand regret, obligé d'employer... Donc, j'exige formellement la réparation des outrages que vous m'avez publiquement adressés.

— Des menaces de voies de fait ! un duel ! — répond l'avocat éclatant de rire et haussant les épaules. — Vous êtes en vérité charmant, mon cher monsieur. Allons, c'est trop bouffon ; laissez-moi passer.

— Maître Fripart, — dit Ernest Beaumont, dont la patience contenue jusqu'alors, grâce à des efforts surhumains, était à bout, — maître Fripart, prenez garde, je suis résolu d'obtenir de vous, par tous les moyens possibles, une réparation de vos outrages ou un désaveu de vos calomnies.

— Allons donc ! vous êtes stupide ! Vous ne me barrerez pas plus longtemps le passage ! — s'écrie maître Fripart pourpre de colère, et d'un bras vigoureux, il repousse si violemment en arrière le jeune marin, que celui-ci va trébucher à quelques pas.

Cette brutale agression de l'avocat provoqua une déplorable scène de violence. Ernest Beaumont, exaspéré, s'oublia malheureusement jusqu'à souffleter à tour de bras maître Fripart. L'un des confrères d'icelui courut au poste du palais de Justice chercher la garde. Un procès-verbal de flagrant délit ayant été dressé à l'instant, Ernest Beaumont arrêté sur l'heure, fut condamné plus tard à six mois de prison, atteint et convaincu de « voies de fait contre un » membre du barreau, à l'occasion de l'exercice de ses » fonctions placées sous la protection de la loi. »

III

Le procès en séparation de monsieur et de madame Verneuil eut, ainsi que tous les procès de ce genre, un scandaleux retentissement ; les journaux judiciaires reproduisirent les plaidoyers. Celui de l'avocat d'Adèle ne produisit aucun effet et n'en devait produire aucun ; il était rempli de modération, de convenance, et exempt de toute personnalité blessante, sauf une interruption arrachée à l'indignation du défenseur de la jeune femme, exaspéré d'entendre louer les prétendues vertus chrétiennes de monsieur Verneuil, et cédant à un légitime désir de démasquer cet hypocrite.

L'on a vu avec quel art maître Fripart rétorqua l'accusation d'adultère lancée par son adversaire. Son plaidoyer eut un grand succès ; il donnait ample pâture à la malignité publique, et, grâce à sa perfide habileté, il intervertissait audacieusement les rôles : l'accusé devenait l'accusateur, d'odieux soupçons planaient sur l'irréprochable vie de madame Verneuil. Enfin, les odieuses saillies de cet avocat,— d'une espèce heureusement exceptionnelle, nous l'avons dit, — ces saillies à l'endroit d'Ernest Beaumont parurent les plus réjouissantes et surtout les plus probantes des saillies. Cette grossièreté stupide entacha aux yeux des moins malveillans la réputation d'une épouse, d'une mère digne de tant d'intérêt et de respect.

La séquelle des faux dévots, tartuffes mâles ou femelles qui pratiquent admirablement, il faut le reconnaître, la solidarité de leur confrérie, proclama monsieur Verneuil martyr d'une indigne calomnie; pour ceux-là, Adèle Verneuil fut, selon ses mérites, *écorchée vive*, ainsi que le disait maître Fripart.

Monsieur Verneuil crut devoir envoyer à sa femme, par la poste et sous enveloppe, le plaidoyer de maître Fripart, y compris une note relative aux violences exercées sur ce porte-toge par Ernest Beaumont, violences qui seraient, conformément à la loi, punies de plusieurs mois de prison, disait le journal judiciaire.

L'on connaît le caractère de madame Verneuil, la délicatesse, l'élévation de ses sentimens, et surtout sa terreur du scandale, terreur naturelle à ceux dont la modestie, la timidité égalent les touchantes vertus; l'on devinera donc les cruelles souffrances de la jeune femme à cette pensée qu'elle était le sujet des railleries, des dédains ou de la répulsion d'un monde moqueur, superficiel et en majorité enclin à croire à toutes les bassesses, à toutes les turpitudes, et à se montrer outrageusement sceptique en ce qui touche les sentimens généreux.

Madame Verneuil s'épouvantait en songeant que le plaidoyer de maître Fripart, tissu de calomnies impures, pouvait tomber un jour sous les yeux de ses enfans, et que plus tard, lorsqu'il s'agirait de marier sa fille, l'ignominie maternelle rejaillirait peut-être sur Emma et compromettrait son avenir.

Enfin, la condamnation d'Ernest Beaumont, coupable d'avoir cédé à un mouvement d'indignation regrettable, ajoutait encore aux navrans chagrins de la jeune femme; elle tomba gravement malade au couvent des Anglaises, et ne dut la vie qu'aux soins dévoués du docteur Max. Lors de sa convalescence, elle quitta la maison religieuse et vint habiter un quartier solitaire, chercha l'oubli de ses peines et d'ineffables consolations dans sa tendresse pour sa fille et le doux accomplissement de ses devoirs de mère.

Monsieur Verneuil, ainsi qu'on le pense, garda Charlotte près de lui, l'homme de mœurs les plus rigides pouvant, sans porter atteinte à la morale publique et privée, mettre sa maison sous la surveillance d'une femme de charge. Telle fut la nouvelle dignité à laquelle s'éleva Charlotte; elle eut une cuisinière sous ses ordres, devint *servante-maîtresse*, et prit un empire absolu, irrésistible, sur son maître.

IV

Six mois se sont écoulés depuis le jugement du procès en séparation de madame Verneuil. Elle est rentrée en possession de sa dot : environ huit mille livres de revenu. Elle occupe un modeste appartement dans le quartier du Luxembourg ; elle a conservé à son service Joséphine, sa cuisinière, honnête femme d'un âge mûr et dévouée à sa maîtresse.

L'après-dîner est avancée. La porte et les fenêtres de l'appartement de madame Verneuil, situé au rez-de-chaussée, sont ouvertes sur un petit jardin dont elle a cru la jouissance salutaire à la santé de sa fille. Le salon où se passent les scènes suivantes sert aussi de cabinet de travail à Emma ; son éducation continue d'être l'objet constant de la sollicitude de sa mère. Un piano, une table à écrire, une bibliothèque où sont rangés les livres de l'enfant, témoignent des occupations studieuses des deux habitantes de cette demeure ; des meubles et des tentures de bon goût, des fleurs fraîchement coupées, garnissant les vases de la cheminée, donnent à cette paisible retraite un caractère d'élégante simplicité ; l'on aperçoit à travers les croisées les bosquets et la pelouse du jardin, à l'horizon se dessinent les masses verdoyantes des grands arbres du Luxembourg.

L'arrêt de séparation a décidé que Louis resterait confié aux soins de son père, Emma aux soins de sa mère, et que celle-ci pourrait exiger que son fils, placé au collége, vînt passer chez elle, chaque quinzaine, quelques heures de la journée des dimanches.

Ce jour-là est un dimanche.

Les deux enfans, qui jouaient dans le jardin sous la surveillance de Joséphine, entrent dans le salon. Louis atteint sa onzième année; il est de deux ans plus jeune que sa sœur, et en ce moment il semble la bouder; celle-ci, le visage baigné de larmes, va s'asseoir près de sa table de travail, s'y accoude tenant son mouchoir sur ses yeux; son frère, non moins chagrin, reste à l'autre extrémité du salon, et, debout près du piano, feuillette machinalement une partition.

Les deux enfans, absorbés dans leur bouderie, n'ont pas entendu les pas de leur mère, qui sort de sa chambre, dont la porte est restée ouverte. Madame Verneuil, péniblement surprise de voir son fils et sa fille éplorés, se tenant éloignés l'un de l'autre, demeure un moment immobile au seuil du salon, et tâchant de pénétrer mentalement la cause du discord de Louis et d'Emma, elle les observe avec une inquiète curiosité.

Adèle est très pâle; ses chagrins, sa récente maladie, ont profondément altéré ses traits; mais leur pâleur et l'expression mélancolique de sa physionomie rendent la jeune femme plus intéressante encore. Sa robe de mousseline blanche, l'écharpe diaphane à demi enroulée autour de son cou gracieux et délicat, prêtent à sa personne quelque chose de vaporeux, d'aérien; jamais son apparence n'a mieux justifié le surnom de *Sylphide* que lui donnaient ses compagnes au temps de sa première jeunesse; ses cheveux châtains, lissés en bandeaux brillans, dessinent l'o-

vale de son front charmant ; ses yeux bleus semblent a-
grandis par la légère dépression de ses joues ; ses mains,
d'une blancheur mate, devenues presque transparentes,
laissent apercevoir sous l'épiderme le réseau bleuâtre des
veines. Madame Verneuil, après avoir silencieusement
contemplé son fils et sa fille, soupire, craignant d'avoir
deviné le motif de leur désunion ; puis, s'efforçant de
prendre un air riant, elle s'avance vers eux.

— Mes enfans, je croyais que vous étiez encore dans le
jardin, je ne voulais pas interrompre vos jeux.

Emma se lève, essuie furtivement la trace des larmes
qu'elle vient de répandre, met son mouchoir dans la poche de son tablier, tâche de paraître gaie, afin de ne pas
affliger sa mère, dont elle se rapproche. Louis, toujours
chagrin, reste auprès du piano et continue de feuilleter la
partition.

V

Madame Verneuil s'assied sur une causeuse. Emma
s'empresse de se rapprocher de sa mère, et s'adressant à
Louis d'une voix caressante :

— Viens donc, mon frère, viens donc te mettre avec
moi à côté de maman.

Adèle, voyant son fils demeurer immobile et boudeur,
dit tout bas à Emma en souriant :

— Il y a donc entre vous deux une terrible fâcherie ?

— Je ne suis pas fâchée, — répond Emma, le cœur encore gros de larmes ; — j'ai pleuré, maman, voilà tout.

Et ses yeux redevenant humides, elle détourne la tête, afin de cacher son émotion à sa mère.

— Louis, — dit madame Verneuil, — pourquoi restes-tu loin de nous ? — Mais son fils ne bougeant, elle ajoute : — Est-ce que tu ne m'entends pas, cher enfant? Viens donc là t'asseoir à côté de moi.

Louis se décide enfin, et, la tête basse, s'approche lentement; il prend place à gauche de sa mère. Celle-ci, dès qu'il est assis, l'attire à elle, ainsi que sa fille, et les enlaçant de ses bras, les rapproche assez l'un de l'autre pour que leurs deux visages s'effleurent; puis d'une voix attendrie :

— Embrassez-vous tout de suite, et qu'il ne soit plus question de cette vilaine bouderie.

— Oh ! de tout cœur ! — dit Emma, cherchant des lèvres le front de Louis ; mais celui-ci, par un léger mouvement de tête, échappe à cette caresse, et sa sœur ajoute tristement : — Tu le vois, maman, il veut rester fâché !

Le cœur de madame Verneuil se serre ; mais, espérant apaiser ce discord enfantin en ne paraissant pas le prendre au sérieux, elle asseoit son fils sur ses genoux, et s'efforçant de nouveau de sourire,

— Il paraît que décidément il s'agit de quelque chose de très grave, puisque le seigneur Louis se montre si rébarbatif! Voyons, mes enfans, confiez-moi la cause de cette furieuse dispute.

— Maman, — dit vivement Emma, — je...

— Mademoiselle Emma, — reprit madame Verneuil, — laissez le seigneur Louis s'expliquer le premier, car, si je ne me trompe, il est l'offensé.

— Oui, maman, car tout à l'heure, dans le jardin, sous le berceau, ma sœur m'a reproché d'être un sans cœur!

— Louis, Louis, ce n'est pas cela que je t'ai dit.... je....

— Oh! par exemple, es-tu menteuse! Tu ne m'as pas dit : Il faudrait être un sans cœur pour aimer mieux Charlotte que maman, parce que Charlotte te bourre de friandises!

Au nom odieux de cette servante, madame Verneuil tressaillit douloureusement et désire couper court à cette discussion, déplorable à tant de titres; mais ses deux enfans, jaloux de se justifier à ses yeux, trompent son espoir de conciliation, cèdent à leurs ressentimens jusqu'alors contenus devant elle, et malgré ses efforts pour leur imposer silence, la discussion s'engage, et son animation va croissant.

— Vois-tu, maman! — s'écriait Emma, — mon frère l'avoue lui-même! Je ne lui ai pas dit qu'il était un sans cœur, mais qu'il le serait, s'il te préférait Charlotte.

— Ça n'empêche pas que tu m'as encore reproché d'écouter papa et Charlotte, quand ils disaient de vilaines choses sur maman.

— Mes enfans, de grâce, je vous en supplie...

— Oh! ça c'est vrai, mère, je ne le nie pas! J'ai dit à Louis : lorsque papa et Charlotte parlent mal de maman devant toi, tu devrais leur répondre : « Jamais vous ne » m'empêcherez d'aimer ma mère... au contraire... »

— Je voudrais bien t'y voir, toi, oser dire cela à papa et à Charlotte!

— Oui, je leur dirais, — s'écrie Emma, le teint empourpré, — oui, je leur dirais... Tu n'as donc pas de cœur ?

— Emma... Louis... je vous en conjure..., écoutez-moi.

— Ça lui est bien facile à mademoiselle Emma d'accuser les autres de manquer de cœur, — répond Louis courroucé; — ce matin, Charlotte m'a pincé jusqu'au sang, parce que je disais : « Quel bonheur ! c'est le dimanche de » maman. »

— On dit ce que l'on a sur le cœur... et l'on se laisse pincer, entends-tu cela, mon frère?

— Je n'ai pas d'ordre à recevoir de toi.

— Va, tu n'es qu'un vilain !

— Et toi une vilaine !

— Et toi un sans cœur, je finirai par le croire !

— Et toi une méchante !

— Mes enfans, mes enfans! — s'écrie madame Verneuil navrée de cette discussion, qu'elle avait en vain tenté d'interrompre, — vous voulez donc me rendre malheureuse, me faire pleurer? Mon Dieu, n'est-ce pas assez pénible d'être séparés les uns des autres, sans attrister encore ces jours si rares où nous sommes tous trois réunis ? Je vous le demande comme une grâce, chers... chers enfans adorés, — ajoute Adèle en serrant Louis et Emma sur sa poitrine et les couvrant de baisers; — je vous en supplie, jamais ne parlons de ce qui se passe, de ce qui se dit hors d'ici... ; ne songeons qu'au bonheur d'être ensemble ! Voyez-vous, chers petits, à votre âge, il est des choses que vous ne pouvez encore comprendre ! De ce nombre est la séparation de votre père et de moi. Peut-être avons-nous eu tous deux des torts réciproques ; vous serez à même d'apprécier cela dans quelques années ; mais, jusque-là, aimons-nous, consolons-nous, et au lieu de nous désunir, serrons-nous bien... comme en ce moment, serrons-nous bien tous les trois, les uns contre les autres.

En prononçant ces mots, Adèle presse passionnément ses deux enfans sur sa poitrine, et les couvrant de caresses:

— Oui, ainsi tous trois, cœur contre cœur, nous défierons les méchans !

A ces tendres paroles, Louis et Emma oublient leurs récriminations enfantines, et dans un commun retour d'affection, leurs lèvres se cherchent, se rencontrent : la paix est faite sur le sein maternel.

— Pardon, petit frère,— dit Emma,— pardon de t'avoir appelé « Sans cœur. »

— Non,—s'écrie Louis héroïquement, et cédant à la mobilité des impressions de son âge, — non, tu avais raison, j'étais un sans cœur ! et si elle s'avise encore de dire du mal de maman, cette Charlotte, je lui flanquerai de *grandissimes* coups de pieds. Ah ! dame ! tant pis !

— Louis, mon petit Louis, — reprend Emma, — ne va pas t'exposer au moins ! Tu me fais peur, tu as l'air furieux.

Joséphine apporte en ce moment, sur un plateau, le goûter des enfans, et leur dit :

—Vite, monsieur Louis, vous n'avez que le temps de goûter ; dépêchez-vous, le portier, qui vient vous chercher pour vous reconduire chez votre papa, est là ; il vous attend, il est pressé, il a encore une course à faire.

— Déjà nous séparer !... Ah ! que ces heures ont passé rapidement ! — murmure en soupirant madame Verneuil. Et se levant, elle va présider au goûter de ses enfans.

Emma mange à peine ; mais son frère, ne songeant déjà

plus à leur discussion récente, se livre sans contrainte à son appétit de collégien, et, la bouche pleine, s'adressant à Joséphine :

— Tu devrais bien, une autre fois, nous régaler de croquettes de riz. Charlotte les aime beaucoup ; elle en fait faire à la cuisinière de papa. C'est excellent !

— Hé bien, moi, à la place de la cuisinière, j'enverrais joliment promener mademoiselle Charlotte,— répond Joséphine.—A-t-on jamais vu ! ça se mêle de donner des ordres, une pareille...

— Joséphine, assez sur ce sujet, je vous prie,— dit vivement madame Verneuil ; puis, enlevant Louis à son assiette, le faisant asseoir sur ses genoux et lui passant l'un de ses bras autour du cou, — Allons, mon enfant, il faut nous dire adieu ; nous irons, ta sœur et moi, te voir au collége, jeudi, à l'heure de ta récréation de midi.

— Ah ! non, maman, pas jeudi.

— Pourquoi cela ?

— Parce que Charlotte m'a dit aujourd'hui qu'elle viendrait ce jour-là et qu'elle m'apporterait une tarte aux cerises, mais grande ! oh ! mais grande !

— En ce cas, mon enfant,— reprend madame Verneuil, dissimulant sa pénible impression,— en ce cas, nous irons te voir mercredi ; nous y gagnerons, car nous t'embrasserons un jour plus tôt. D'ici là, sois sage, satisfais tes professeurs, travaille assidûment, sois bon, et surtout ne mens jamais. L'homme sincère, laborieux et bon, est aimé, honoré de tout le monde. Encore adieu, cher enfant ! — Et l'embrassant avec effusion, — Tâche d'obtenir, durant cette quinzaine, de bonnes places dans ta classe ; tu nous rendras, ta sœur et moi, bien heureuses, et je te promets un beau livre où tu liras l'histoire des enfans qui, à ton âge, étaient déjà remarquables par leur savoir et surtout par les généreuses qualités de leur cœur.

— Oh ! merci, maman. Y a-t-il des images dans le livre ?

— Oui ; le portrait de ces enfans célèbres.

— Quel bonheur ! Ça fait que dans quinze jours, si j'ai bien travaillé, j'aurai un beau livre et un pâté ! — ajoute étourdiment Louis, oubliant déjà ses menaces de *grandissimes* coups de pieds à l'endroit de Charlotte.— Oui, tu ne sais pas, maman ? Charlotte m'a dit : « Je te ferai cadeau
» d'un gros pâté ; ça fera endêver de jalousie ceux de tes
» camarades dont les parens sont trop pauvres pour les
» régaler de pareilles friandises. Tes camarades te flatte-
» ront, te souffleront tes leçons pour avoir de ton pâté ;
» mais je ne te le donnerai que si, d'ici à quinze jours,
» toutes les fois que j'irai te voir au collége, tu ne me par-
» les pas une seule fois de ta... »

Louis, malgré son étourderie, n'acheva pas ; il crut ne pas avoir laissé deviner ce qu'il voulait cacher par une réticence tardive ; mais Adèle et sa fille suppléèrent dans leur pensée à la phrase interrompue ; le cœur de madame Verneuil se brisa de nouveau et se souleva de dégoût en songeant aux odieux, aux ignobles moyens employés pour pervertir son malheureux enfant, pour comprimer en lui jusqu'à l'expression de son attachement filial.

— Madame,—dit Joséphine en revenant dans le salon, —le portier de monsieur s'impatiente ; il doit être de retour à cinq heures, et il est quatre heures et demie.

— Oh! alors, je m'en vas tout de suite !— s'écrie Louis courant chercher sa casquette. — Je serais tant grondé par Charlotte et par papa si je revenais trop tard ! ils me mettraient pour sûr au pain sec, et ça serait joliment dommage, car Charlotte m'a dit qu'il y avait à dîner un dindon rôti, une tourte aux boulettes et des meringues... des meringues! Adieu, maman!— ajouta l'enfant tendant son front à sa mère ; — adieu, Emma! Vous viendrez me voir mercredi à l'heure de la récréation, n'est-ce pas ?

— Oui, mon enfant,—répond Adèle en embrassant son fils et contenant à peine ses larmes.—Adieu.

— Au revoir, Emma,—reprit Louis en embrassant à son tour sa sœur.—Je me sauve, il est si tard !

— Certainement, va vite, va vite ! — dit amèrement Emma, suivant du regard son frère qui s'encourt empressé,—sauve-toi ! car pour rester près de nous quelques minutes de plus, tu risquerais de perdre ta part du dindon, de la tourte et des meringues !

— Je crois bien! — répond naïvement Louis en sortant précipitamment.— Adieu, maman ; adieu, ma sœur !

VI

Emma, aussitôt après le départ de Louis, se jeta au cou de madame de Verneuil, et s'écria en sanglotant :

— Mon frère ne nous aime plus!

—Calme-toi, chère ange, rassure-toi ; pas d'exagération, —dit la jeune femme en répondant aux caresses de sa fille.—Si le temps ne m'eût pas manqué, j'aurais fait comprendre à ton frère—et il m'aurait comprise, car son cœur est bon,—que son empressement apparent à nous quitter pour le dîner pouvait blesser notre affection ; la raison, le sentiment des convenances viendront plus tard. Ce cher Louis, c'est encore un enfant !

— Faut-il donc être si grand pour aimer sa mère ? Faut-il donc être si raisonnable pour te préférer à une indigne servante ?

— Emma...

— Tiens, vois-tu, maman, afin de ne pas te chagriner, je ne reviens jamais sur ce sujet, mais depuis longtemps je suis certaine que je ne rêvais pas lorsque j'ai entendu mon père dire à cette Charlotte : « Tu es ma vraie femme. Je » voudrais que l'autre fût morte : tu serais la maîtresse » ici. » .

— Je t'en supplie, changeons d'entretien.

— Tu n'es pas morte, c'est vrai, mais tu as failli mourir, pauvre mère chérie !—poursuit Emma indignée, sans tenir compte de la prière de madame Verneuil. — Oui, ce n'est pas leur faute si tu n'es pas morte de chagrin! Est-ce que cette Charlotte n'est pas la maîtresse chez mon père ? Est-ce qu'ils ne détournent pas Louis de son attachement pour nous?Quoi! ils lui disent sans cesse du mal de toi, et il le souffre! Il ne trouve pas révoltant qu'on lui promette une friandise, à la condition de ne pas seulement prononcer ton nom ! Et il est capable de ne pas le prononcer, ton nom, dans l'espoir de satisfaire sa gourmandise! Louis, Louis qui nous aimait tant il y a six mois, vois ce qu'ils ont fait de lui!

— Mais, mon enfant, tu t'abuses.

— Non, non, je ne m'abuse pas! Eh bien ! tant pis pour Louis et pour mon père ! s'ils ne nous aiment plus, moi non plus je ne les aime plus ! Ils te font trop souffrir ! Va, mère chérie, nous saurons bien nous passer d'eux !

Madame Verneuil, en proie à une douleur croissante, va tâcher d'apaiser l'exaltation de sa fille, lorsque Joséphine, accourant l'air joyeux :

— Ah ! madame, ce digne monsieur est là ; il demande à vous voir.

— De qui parlez-vous, Joséphine ?

— De ce brave monsieur Ernest Beaumont qui, le soir où...

— C'est bien... J'attendais en effet monsieur Beaumont; priez-le d'entrer.

— Pauvre jeune homme !—dit Joséphine en s'éloignant; — il sort sans doute de prison, où il était depuis six mois ! C'est égal, il s'est toujours procuré la satisfaction de donner une raclée à ce scélérat d'avocat qui a vilipendé cette pauvre madame, à ce que dit monsieur le docteur Max.

— Emma, — reprit madame Verneuil sans témoigner le moindre embarras, — j'ai à causer longuement avec la personne que Joséphine vient d'annoncer.

— Qui est-ce donc, maman?

— Un de nos parents, monsieur Ernest Beaumont.

— Je ne t'ai jamais entendu parler de lui.

— Il est marin, et voyageait sur mer depuis environ quinze ans.

— Je te laisse, maman; je vais prendre un livre et aller dans notre chambre.

— Ne serais-tu pas mieux là, près des fenêtres du salon, sous les arbres ? Il fait si beau temps !

— Oh ! je préfère de beaucoup rester dans le jardin.

— Pourquoi alors voulais-tu aller dans notre chambre ?

— Je craignais de te déranger, maman, ou d'être indiscrète.

— Ta présence ne me gêne, ne me gênera jamais en rien, chère enfant, — répond madame Verneuil, dont l'âme délicate et pure s'effarouche à la seule pensée que sa fille puisse craindre de troubler le tête à tête qu'elle, Adèle, doit avoir avec Ernest Beaumont.

Emma va prendre un livre dans la bibliothèque, revient près de sa mère en lui tendant son front.

— Tiens, maman, j'ai eu tort de te dire que je ne voulais plus aimer Louis, d'abord parce que cela t'a affligée, et puis parce qu'au fond je sens que cela me serait très difficile de ne plus l'aimer, ce pauvre petit frère. Tu as raison, c'est un enfant.

Après avoir prononcé ces derniers mots avec une emphase naïve, Emma embrasse sa mère et se dirige vers le jardin, dont elle va franchir le seuil. Elle s'arrête à l'aspect d'Ernest Beaumont, lui fait une profonde révérence en le regardant curieusement, et le laisse seul avec madame Verneuil.

VII

Ernest Beaumont est à peu près du même âge qu'Adèle. Rempli de générosité, de courage, de droiture ; marin consommé, artiste éminent, riche de connaissances variées, fruits du loisir de ses longues traversées, il a visité presque tous les rivages du globe, non-seulement en navigateur expérimenté, mais en peintre, en botaniste, en géologue, en historien, en poëte. La vivacité de son imagination devait le rendre profondément sensible à la grande poésie de la mer et aux beautés diverses de tant de contrées lointaines, parcourues durant ses voyages. Son organisation physique offre de nombreux rapprochemens avec celle de madame Verneuil : svelte, élancé, plus nerveux que robuste, d'une figure plus attrayante que régulièrement belle, mais empreinte de franchise, d'énergie, et surtout remarquable, ainsi que le disait Florence Hermann, par ses yeux d'un tendre azur, frangés de longs cils noirs comme ses sourcils, ses cheveux et sa barbe légère. Ses yeux bleus, l'éclatante blancheur de ses dents formaient un contraste bizarre et non sans charme avec la nuance bronzée de son teint hâlé par la brise de mer et par le soleil des tropiques ; en un mot, ainsi que le disait encore Florence Hermann, appréciatrice très experte, la personne du jeune marin était de celles-là qu'il est impossible d'oublier lorsqu'on les a une fois rencontrées.

VIII

Ernest Beaumont est sorti la veille de Sainte-Pélagie, prison où il est resté depuis cette altercation avec maître Fripart, en suite de laquelle il a vertement châtié la calomnieuse audace de l'avocat *engueuleur*, violence regrettable au point de vue de la modération humaine. La figure radieuse du jeune marin exprime une félicité à peine contenue ; mais soudain il s'attriste ; il est frappé de l'altération des traits de madame Verneuil. Elle remarque la pénible impression de son cousin et lui tend cordialement les mains.

— Ernest, vous me trouvez bien changée, n'est-ce pas? Mais parlons de vous, mon ami. La condamnation que vous venez de subir vous a été infligée parce que vous avez pris trop vivement ma défense. Mon Dieu! pendant ces six mois de solitude, quel a dû être votre ennui ! Ernest! Ernest! vous ne me répondez pas?

— Non, je vous regarde... Puis, tenez, en ce moment, je suis malgré moi sous l'obsession d'une méchante pensée.

— Vous, mon ami?

— Oui... cette pensée est à la fois cruelle et présomptueuse.

— Vraiment? Pauvre cœur loyal et généreux !

— Présomptueuse et cruelle est ma pensée, parce que la souffrance empreinte sur vos traits, Adèle, ne me cause pas tout le chagrin qu'elle devrait me causer... Non, car j'ai assez de présomption dans mon amour pour me dire : « A force de soins, de dévouement, de tendresse, je rendrai une heureuse sérénité à ce cher et charmant visage, aujourd'hui si abattu, si navré! »

En prononçant ces derniers mots, la voix d'Ernest se trouble, ses larmes coulent lentement sur sa mâle et brune figure, et après un moment de silence dont l'émotion est partagée par madame Verneuil :

— Ah! ce jour me fait oublier ces quinze ans passés dans l'isolement, dans le chagrin, — ajoute-t-il. — Cependant cet isolement, ce chagrin avaient parfois pour moi

8

un étrange attrait. Oh ! si vous saviez, Adèle ! si vous saviez !...

— Parlez, parlez ! votre voix amie m'est si douce ! — répond madame Verneuil, brisée, énervée par le bonheur,—je n'ai que la force de vous écouter. Parlez, Ernest ; dites-moi tout.

— Oui, pendant quinze ans, j'ai presque toujours vécu sur mer, et pourtant cette solitude immense avait pour moi un étrange attrait. Ah ! que de fois, sur le pont de mon navire, la nuit, les yeux fixés sur ces astres qui rayonnaient aussi sur la France, je me disais en songeant à la France : *Elle* est là ! *elle* est là ! Vous ne pourriez croire, Adèle, combien cette vie contemplative, passée au milieu des océans, développe, exalte le sentiment de l'amour ; sentiment profond, infini comme la mer, et comme la mer, tour à tour calme ou agité. Oui, j'avais dans ma désespérance des momens de calme ; j'aimais alors pour aimer, pour l'unique et divin bonheur d'aimer ! Je vous aimais sans espoir, mais je vous aimais. Tout semblait alors sourire autour de moi. Si venait la tempête, elle me berçait ; l'orage avait son charme, la foudre sa splendeur. Le monde réel disparaissait à mes yeux. L'espace me sépare d'Adèle, me disais-je ; des liens indissolubles l'attachent ailleurs ; jamais sans doute je ne la reverrai ; ma mémoire s'est effacée ou s'effacera peut-être de sa pensée ; mais, malgré l'oubli, malgré l'espace, malgré les liens qui l'enchaînent, j'aime, j'aime ! Aucune puissance humaine ne peut m'empêcher d'aimer, ne peut vous arracher de mon cœur, image adorée ! souvenirs chéris !» Adèle ! vous étiez là, toujours là. Enfin... mais vous allez sourire.

— Oh! parlez, Ernest! En ce moment aussi, j'oublie tout ce que j'ai souffert depuis six mois!

— L'amour, voyez-vous, Adèle, se compose de grandeurs et de puérilités, de foi profonde et de superstitions. J'avais, et je vous le répète, vous allez sourire... j'avais donné à mon vaisseau votre nom. Grâce à cette fiction, vous deveniez la compagne de mes voyages, de ma destinée ; désormais inséparables, nous courions les hasards de la bonne ou de la mauvaise ortune! Cette illusion trompait le vœu le plus ardent de ma vie. Enfin, le croiriez-vous? j'étais heureux, j'étais fier d'entendre mes matelots, bonnes gens, naïfs comme l'enfant, courageux comme l'homme qui chaque jour risque sa vie; j'étais heureux, j'étais fier de les entendre se dire entre eux, avec l'orgueil du marin passionné pour son navire : « Oh! l'*Adèle* est » sans pareille! En vain la mer se déchaîne, l'ouragan rugit: l'*Adèle* se comporte en brave, et bravement *fait son* » *devoir*! » Bonnes gens! s'ils vous eussent connue, dites, Adèle, vous auraient-ils mieux appréciée. vous, la vaillante femme du devoir? Qu'ajouterai-je? Adorables faiblesses et saintes grandeurs de l'amour! regrets déchirans et joies ineffables! pendant quinze ans j'ai tout souffert... tout éprouvé. En vous j'aimais l'idéal de ma vie. Ah! que de fois la vue de votre portrait, peint par moi, de mémoire, m'a causé d'ineffables émotions! C'était vous!... vos yeux charmans, votre regard mélancolique et doux, votre front si noble et si pur, votre rare et fin sourire, si avare du trésor de ses perles, votre cou délicat et blanc, cette taille de sylphide, légère et souple comme un roseau; je vous voyais, Adèle, ainsi que je vous vois à cette heure... belle de cette beauté qui ravit l'âme avant les yeux!... Je vous aimais comme je vous aime à cette heure, mais je désespérais, et aujourd'hui j'espère. Vous êtes libre, Adèle, et ma vie est à vous!...

IX

Madame Verneuil avait d'abord écouté Ernest de Beaumont, plongée dans une délicieuse extase ; elle se sentait aimée, ainsi qu'elle méritait de l'être, ainsi qu'elle aimait elle-même. Pendant quinze ans, l'amour avait couvé, grandi, presque à son insu, au plus profond de son âme, et si parfois rêveuse, se berçant au souvenir de son premier penchant, le nom d'Ernest montait comme un soupir de son cœur à ses lèvres, aussitôt la voix austère et douce de ses devoirs d'épouse et de mère étouffait le lointain écho du passé; mais en revoyant le jeune marin si constant, si noblement, si éperdument épris, et si beau de cette beauté que le rayonnement interne de la passion rend irrésistible; en rencontrant enfin le choc, l'étincelle électrique du regard qu'il attachait sur elle, son amour si longtemps couvé prit feu. Elle ressentit soudain ce qu'elle n'avait jamais éprouvé ; son organisation nerveuse, sensitive, fut bouleversée par une sensation inconnue, enivrante.

Bientôt la rougeur d'Adèle, son silence prolongé, son regard humide et voilé, les palpitations de son cœur, la trahirent, et, ainsi que le disait Ernest Beaumont, l'ange, l'idéal de sa vie, s'incarnait à ses yeux dans la femme aimante.

Mais Adèle Verneuil, arrachée tout à coup à l'inéffable douceur de ses nouveaux ressentimens, devait être rappelée aux désespérantes réalités de sa position.

X.

— Maintenant, vous êtes libre, Adèle; je vous aime, et ma vie est à vous!—avait dit Ernest Beaumont en contemplant madame Verneuil avec idolâtrie; puis, remarquant son silence, son trouble, le coloris de ses joues, il saisit les mains brûlantes de la jeune femme, les couvre de baisers, se jette à ses pieds en murmurant:

— Ah! tu m'aimes aussi passionnément que je t'aime!

Madame Verneuil, sentant sur sa main les lèvres d'Ernest, semble se réveiller en sursaut, se redresse brusquement, et regardant autour d'elle avec effroi:

— Ernest, relevez-vous!... ma fille est dans le jardin... Grand Dieu! si elle vous voyait! si elle vous a vu!

Le jeune marin, frappé de l'angoisse d'Adèle, se relève précipitamment, fait deux pas vers la porte du jardin, y jette un coup d'œil rapide, et revient.

— Rassurez-vous, votre fille est là-bas, lisant sous un berceau il est impossible que de l'endroit où elle se trouve, elle ait pu nous apercevoir.

Madame Verneuil retombe brisée dans un fauteuil, et porte ses deux mains à son visage. Ernest se rapproche vivement.

— De grâce, mon ami, asseyez-vous sur cette chaise, loin de moi.

— Pourquoi si loin?

— Mais Emma est là, dans le jardin, — répond la jeune femme avec une nouvelle anxiété. — Voulez-vous donc que je rougisse devant ma fille?

Ernest Beaumont attristé prend une chaise, la place à quelques pas du fauteuil où est assise sa cousine; elle essuie à plusieurs reprises ses larmes, disant d'une voix inquiète :

— Emma peut entrer d'un moment à l'autre, me voir en pleurs, m'interroger! Mon Dieu! que lui répondre?

— Adèle, calmez vos craintes, ne tremblez pas ainsi, je...

— Ernest, écoutez. Tout à l'heure et presque malgré moi, j'ai cédé à la douceur de vous entendre, au bonheur de sentir que vous m'aimiez, comme je vous aime, de toutes les forces de mon âme. Puissiez-vous ne pas me faire regretter ma sincérité...

— Ah! pouvez-vous douter...

— Non, j'ai foi en vous... vous êtes homme de cœur, homme d'honneur. Nous voici en face l'un de l'autre, avec notre amour au cœur. Voyons, pas d'illusions; quelle sera notre conduite? Envisageons sans faiblesse le présent, l'avenir...

— Adèle! jamais le présent, jamais l'avenir n'ont été plus radieux pour deux cœurs bien épris!

— Allons au fait. Quelle sera notre conduite?

— Voulez-vous connaître un rêve bien des fois caressé par moi?

— Ernest, oublions nos rêves !

— Ce rêve, n'est-il pas devenu réalité ? Cette réalité, la voici : Vous et moi, par convenance, nous quittons Paris; nous allons cacher notre amour au fond de quelque solitude. Mais, qu'ajouterai-je, Adèle? nous accomplissons ainsi le vœu de notre première jeunesse; il est resté celui de ma vie entière.

— Soit; nous quittons Paris, — répond madame Verneuil. Puis, après un instant de silence, et regardant fixement Ernest Beaumont, — Et ma fille ?

— Ah !... elle sera l'une des joies les plus douces, les plus chères de notre solitude. Nous achèverons, vous et moi, l'éducation de cette charmante enfant. Notre vieil ami, le docteur Max, qui est souvent venu me visiter en prison, m'a appris combien Emma méritait votre tendresse; aussi, je n'ajouterai qu'un mot, Adèle : j'aimerai votre fille comme si elle était l'enfant de notre amour.

— Je le crois, mon ami, je le sais, — dit madame Verneuil profondément émue. — Oui, vous seriez pour Emma le plus affectueux des pères, et je n'imaginerais pas au monde de bonheur égal à celui de nous partager, vous et moi, l'éducation de cette enfant. Votre savoir est vaste et varié, l'élévation de votre cœur est au niveau de votre intelligence; jamais ma fille n'aurait été confiée à des mains plus dignes que les vôtres. Mais, Ernest, — ajoute Adèle d'une voix navrée,—aux yeux de ma fille...—elle a treize ans, et n'est plus une enfant; son esprit est précoce,— aux yeux de ma fille, que serez-vous, tôt ou tard, vous qui vivrez sous le même toit que nous ?

— Adèle... je...

— Aux yeux de ma fille, vous serez mon amant !

— Cette crainte...

— Je vous dis, Ernest, que, tôt ou tard, la vérité serait découverte par ma fille, et je mourrais de honte devant elle !

— Mais vous êtes séparée légalement de votre mari... vous êtes libre... et la loi...

— La loi !... La connaissez-vous, la loi ? Oui, vous avez entendu ces calomnies infâmes qui ont révolté votre loyauté, pauvre Ernest! Que disait-il, cet avocat? « Femme Verneuil, vous avez voulu, par des accusations mensongères, exaspérer votre mari contre vous, afin d'amener une séparation et de vous livrer à vos désordres. Mais, prenez garde! la loi protége encore l'honneur du mari, quoiqu'il se soit séparé de sa femme. » De sorte que, notre solitude découverte par la haine vigilante de mon mari, nous pourrions, vous et moi, être, comme Florence Hermann, condamnés à...

— N'achevez pas, Adèle, n'achevez pas ! C'est affreux ! Mais non, non, ces craintes sont vaines ! Abandonnons la France, allons en Amérique ; là nous n'aurons rien à redouter de la haine de votre mari, et...

— Mais ma fille ?

Ernest Beaumont, silencieux et désolé, cache son visage entre ses mains.

XI

Madame Verneuil partageait le muet abattement d'Ernest Beaumont. Ce qu'elle souffrait en ce moment était atroce. Elle renonçait, elle devait renoncer volontairement à un bonheur indicible : partager son existence entre les deux personnes les plus chères à son cœur. Vivre désormais près d'elles, dans une solitude embellie par l'amour ; demander à l'étude, aux arts et jusqu'aux récits instructifs des nombreux voyages d'Ernest Beaumont, le complément de l'éducation d'Emma ; la voir grandir, se développer, se perfectionner sous une double et généreuse influence, et ressentir une affection filiale pour l'homme de bien, pour l'homme de cœur, qu'elle, Adèle Verneuil, adorait, oui, c'eût été réaliser l'idéal de sa vie. Mais à la voix inexorable du devoir s'évanouissait cette vision enchanteresse.

La courageuse femme rompit la première ce douloureux silence, et d'une voix altérée :

— Pauvre Ernest ! vos souffrances, je les ressens... mais à moi, il me reste une consolation suprême, mes enfans !... Je ne vous parlais que d'Emma, parce que j'ai le droit de la toujours garder près de moi ; mais j'ai un fils, et je l'aime autant que sa sœur. Il m'est permis de le recevoir ici, deux fois par mois, et, chaque semaine, je vais le visiter à son collége. Il me faut, il me faudra incessamment lutter contre les pernicieuses tentatives dont ce malheureux enfant est l'objet, et qui peuvent altérer ses qualités natives. On s'efforce, par des moyens dégradans, d'étouffer en lui le sentiment le plus salutaire au cœur de l'homme : l'amour de sa mère. Ernest, mon ami, je vous le demande, pourrais-je, oserais-je, si j'étais votre maîtresse, exiger que mon fils vînt chez moi? Quel exemple y trouverait-il?

— Mon Dieu! c'est trop souffrir! — s'écrie Ernest Beaumont. — Ah! vous ne m'aimez pas autant que je vous aime!

A ce reproche, madame Verneuil, dissimulant sa peine amère, répond avec une douceur angélique :

— Que faudrait-il faire pour vous prouver, Ernest, que je vous aime autant que vous m'aimez?

— Est-il donc si difficile, en s'entourant de secret et de mystère, de déjouer la haineuse vigilance de votre mari et de...

— Et de tromper l'innocente confiance de ma fille?

— Non, — reprend Ernest Beaumont embarrassé, — mais de... de...

— Vous n'achevez pas, bon et noble cœur! Ah! c'est que l'indignité vous révolte! Déjouer la haineuse vigilance de mon mari, avez-vous dit, Ernest? Oubliez-vous que dans cette ignoble lutte de la ruse contre la haine, je m'abaisserais au niveau de cet homme?.. Hé bien! soit! je puiserais dans mon amour le courage d'une pareille dégradation... mais, encore une fois : et Emma! comment échapper à la pénétration de sa tendresse? Vous parlez de secret, de mystère. Tenez, mon ami, voici ma vie depuis que je suis séparée de mon mari. Emma partage ma chambre à coucher. Nous nous levons de bon matin. Je lui donne ses leçons jusqu'à l'heure de notre déjeuner; puis, lorsque le temps le permet, nous allons nous promener au Luxembourg, car elle atteint un âge où l'exercice lui est indispensable, et dans ce jardin elle rencontre ordinairement quelques jeunes compagnes avec qui elle joue. Nous rentrons; je lui donne sa leçon de musique; ensuite, une lecture instructive nous conduit jusqu'à l'heure du dîner. Après quoi, nous allons, en cette saison, faire une nouvelle promenade, nous revenons ici à la nuit, et des travaux d'aiguille nous occupent durant la soirée, heure à laquelle le docteur Max vient presque chaque jour nous voir. Après son départ, nous nous mettons au lit. Telle est notre existence, intime, occupée. Emma est accoutumée à ne pas me quitter d'un instant; je ne sors jamais sans elle. Si quelques emplettes m'appellent au dehors, c'est pour elle un plaisir de m'accompagner. Maintenant, mon ami, je vous le demande, que pourrais-je répondre à son affectueuse curiosité lorsque, me voyant rompre brusquement, ou peu à peu, mes habitudes, et remarquant mes absences fréquentes, ma fille m'interrogerait naïvement sur leur cause? Elle demanderait pourquoi je ne l'emmène plus avec moi? Il me faudrait donc ruser, mentir, affronter la crédulité candide du regard de cette enfant! Ernest, vous me connaissez; croyez-vous qu'il me soit possible de m'avilir à ce point? Non, vous ne le supposez même pas!

— Pourtant, Adèle, votre fille ignorerait tout, si...

— Oh! certes, rien de plus facile à moi que de l'abuser : elle croirait aveuglément à mes mensonges. Pauvre enfant! elle a en moi une foi si sainte! et de cette foi j'abuserais indignement!... Tenez, Ernest, un seul exemple :

De retour d'un rendez-vous que vous m'avez donné, je rentre chez moi; ma fille me saute au cou, et, dans sa tendre familiarité, me dit : — « Mère, d'où viens-tu? » — Qu'est-ce que vous voulez que je lui réponde, moi?

Ces mots, prononcés par madame Verneuil avec une admirable simplicité, portent un coup mortel aux dernières espérances d'Ernest Beaumont ; des larmes coulent de ses yeux, et, dans son profond accablement, il murmure :

— Ah ! malheur à moi !

— Oui, malheur à nous, mon ami ! malheur à notre amour ! mais honneur à nous qui respectons ce qu'il y a de plus sacré au monde : la confiance aveugle d'un enfant envers sa mère !

Ernest Beaumont se recueille, garde de nouveau le silence, et reprend d'une voix altérée :

— Adèle, je serai à la hauteur de votre courage. Je l'avoue, malgré les égoïstes sophismes de l'amour, je ne trouve rien à répondre. Lorsque vous me dites : « Me croyez-vous capable de mentir, de m'avilir aux yeux de ma fille ?... » Non, jamais vous ne vous avilirez à ce point, je n'en saurais douter. Cette inflexible droiture de votre âme cause mon adoration pour vous. De quel droit me plaindrais-je? Je ne peux que vous admirer, que tenter de vous égaler. Croyez-moi donc, Adèle : je vous le jure, jamais je ne prononcerai un mot que votre fille ne puisse entendre; mais du moins qu'en sa présence il me soit permis de vous voir souvent, et même, afin de ménager des scrupules dont j'apprécie la délicatesse, je choisirai, si vous le désirez, pour mes visites, l'heure à laquelle notre ami le docteur Max vient vous voir chaque jour... Oh ! que de charme encore dans ces longues soirées passées près de vous, près d'Emma et de notre vieil ami!... Mais quoi! vous ne répondez pas? vous détournez la vue?... Adèle! Adèle! cette dernière consolation, vous me la refuseriez?... Non! — s'écrie Ernest Beaumont, navré du silence de la jeune femme; — non, vous ne me refuserez pas cela!... Ciel et terre! vous me le diriez, je ne vous croirais pas!

XII

Madame Verneuil, en entendant l'exclamation désespérée d'Ernest Beaumont, semble agitée par une émotion indéfinissable, pâlit, rougit tour à tour, et, faisant sur elle un suprême effort, elle reprend d'une voix brève, fébrile, palpitante :

— Ecoutez-moi, Ernest; je pourrais vous répondre que vos visites, si honorables qu'elles fussent, mais bientôt remarquées, fâcheusement interprétées, sembleraient justifier les calomnies dont monsieur Verneuil a voulu me flétrir.

— N'auriez-vous pas la voix de votre conscience ?

— Oui, ma conscience braverait ces calomnies, et...

— Alors, pourquoi ce dernier refus qui me navre, qui me tue?

— Ecoutez encore, Ernest. Je pourrais vous dire : Une femme séparée de son mari doit, surtout lorsqu'elle a une fille, pousser jusqu'au scrupule l'honorabilité de sa vie. Notre intimité, quoique irréprochable, ferait naître des bruits fâcheux, dont ma fille serait peut-être victime, lorsque je devrai songer à la marier. Mais en ce moment, j'oublie tout cela...

— Mon Dieu! c'est à se désespérer! Quel motif inconnu vous force donc à me refuser la suprême consolation que j'implore de vous?

Madame Verneuil hésite un moment à répondre, penche sur son sein agité son visage, pâle naguère et alors empourpré, puis soudain elle relève le front, jette à Ernest Beaumont un regard qui porte l'ivresse dans son âme, lui tend la main et lui dit :

— Ernest, touchez ma main; elle brûle, n'est-ce pas?

— Adèle! — s'écrie le jeune homme bouleversé par l'étreinte de cette main charmante.

— Ernest, m'avez-vous jamais vue ainsi?

Et les traits de la jeune femme, ses yeux noyés de tendresse, les battemens de son cœur révélaient tant d'amour, qu'Ernest Beaumont s'écria :

— Adèle! tu m'aimes... tu m'aimes!

— Oui, je t'aime follement, entends-tu, Ernest?... je t'aime à douter de moi-même!... Ah! si je te revoyais, j'oublierais ma fille... et je serais perdue!

Ernest Beaumont, délirant, ne songeant plus à la présence d'Emma dans le jardin, va s'élancer aux pieds de madame Verneuil, lorsque soudain il entend la voix grave du docteur Max, répétant avec un accent de commisération profonde ces dernières paroles d'Adèle :

— Si elle vous revoyait, Ernest, elle oublierait sa fille et serait perdue!... Elle dit vrai, pauvre femme! vaillante femme!

XIII

Le docteur Max entrait par la porte du jardin au moment où madame Verneuil adressait à Ernest Beaumont des paroles à la fois si dignes et si passionnées, trouvant dans sa vertu, dans sa résolution d'accomplir un sacrifice héroïque, la force d'oser un tel aveu.

Aveu dégradant, suivi d'une faiblesse; aveu sublime, suivi du renoncement !

Ernest Beaumont et Adèle ont tressailli à la voix du docteur Max. La jeune femme court à lui.

— Mon ami, mon père, vous avez entendu mes paroles ; je n'ai pas à en rougir.

— A en rougir ! non, non ; soyez-en fière, de ces paroles! Et vous aussi, Ernest, soyez-en fier! — ajoute le docteur. — Jamais l'amour d'une honnête femme n'a trouvé de plus nobles accens !

— Après un pareil aveu je renoncerais à elle ! — s'écrie Ernest Beaumont avec une impétuosité effrayante; et, en proie à une sorte de vertige, il saisit les mains d'Adèle, redevenue pâle et tremblante. — Quoi ! je t'ai aimée ! j'ai souffert pendant quinze ans ! j'ai vécu de cet amour à la fois si amer et si doux ! je n'ai eu qu'une pensée consolante... toi... toi... toujours toi !... je te retrouve libre... tu partages ma passion... tu m'en fais l'aveu... ton regard me brûle... et je renoncerais à toi !... Ciel et terre ! non ! tu seras à moi, j'en jure Dieu ! Tu oublieras tes devoirs, ta fille, tu oublieras tout ! et malgré toi tu seras heureuse !

— Ah ! Ernest ! — murmure Adèle presque défaillante,

— j'avais trop présumé de votre cœur, de votre courage

— Mon ami ! — dit le docteur Max, — revenez à vous ; regardez-la donc, vous la désolez, vous la tuez !

Mais le marin n'écoutait pas, n'entendait pas le docteur Max, et continuant de s'adresser à madame Verneuil :

— Ah ! tu redoutes ma présence ! hé bien ! je m'attacherai à tes pas ! Je serai là ! sans cesse là ! Tout moyen me sera bon pour me rapprocher de toi, malgré toi ! Je triompherai dans cette lutte, parce que dans cette lutte ton cœur sera pour moi, quoi que tu penses, quoi que tu dises, quoique tu fasses ! Oui, je saurai, à force d'amour, entends-tu, Adèle ? à force d'amour, te faire oublier les sacrifices que tu m'auras faits... et un jour...

— Monsieur ! ah ! du moins, respectez cette enfant ! — s'écria madame Verneuil effrayée, anéantie, indiquant d'une main tremblante sa fille qui paraissait à la porte du jardin.

Ernest Beaumont, rappelé à lui-même par la présence d'Emma, parvient à dominer son émotion, compose ses traits, et afin d'en dérober l'altération, s'incline profondément devant madame Verneuil, puis, d'un pas chancelant, comme celui d'un homme ivre, se dirige vers la porte et, éperdu, quitte le salon.

XIV

Le docteur Max, désirant distraire l'attention d'Emma, surprise du brusque départ d'Ernest Beaumont, la prend soudain par la main et la conduit à l'écart assez loin de sa mère, afin de donner à celle-ci le temps de dominer sa douloureuse impression ; puis, souriant d'un air mystérieux :

— Petite Emma, voulez-vous me rendre un véritable service ?

— De grand cœur, monsieur Max. De quoi s'agit-il ?

— Vous vous rappelez cette ravissante mélodie de Schubert, la *Cloche*, que vous nous avez jouée avant-hier soir ?

— Sans doute.

— J'ai promis cette mélodie à une jeune fille malade. En cette qualité, elle est fort impatiente. C'est aujourd'hui dimanche, les magasins de musique sont fermés, je ne pourrais donc, à mon grand regret, porter ce soir à la pauvre enfant cette mélodie, qu'elle voulait déchiffrer afin de se distraire un peu de ses souffrances. Vous écrivez parfaitement la musique, petite Emma. Soyez assez gentille pour me copier tout de suite ce morceau de Schubert ?

— Avec plaisir ; mais, j'y songe, pourquoi ne prendriez-vous pas mon cahier de partitions ?

— Je préférerais avoir le morceau manuscrit : il aura ainsi un parfum de nouveauté qui sera très apprécié par ma jeune malade ; car figurez-vous que j'ai poussé la scélératesse jusqu'à lui faire croire que la mélodie dont je lui parlais était inédite !

— Oh ! s'il en est ainsi, je vais m'occuper à l'instant de cette copie.

— Je viendrai ce soir la prendre. Merci mille fois, chère enfant.

— Je ferai cette copie de mon mieux, — répond Emma, et allant vers le casier renfermant les partitions, elle dit gaîment de loin à madame Verneuil :

— Maman, je vais écrire un morceau de musique pour notre bon docteur. Je m'appliquerai tant, que cette copie aura l'air imprimée. Tu verras ! tu verras !

Emma emporte la partition et laisse sa mère seule avec le médecin.

XV

Madame Verneuil tombe dans un fauteuil, accablée de douleur et brisée par l'émotion. Le docteur Max, appitoyé, s'asseoit près d'elle.

— J'ai éloigné votre fille pendant une heure, afin de vous donner le temps de vous calmer avant son retour. Du courage, chère Adèle, du courage ! Il ne vous fera pas défaut, j'en suis certain.

— Je l'espère, mon ami, mais je frissonne encore de l'emportement d'Ernest... Me menacer ! lui ! mon Dieu ! lui !

— Ah ! de toutes les fièvres, la fièvre d'amour est la plus délirante ! Ce malheureux, en vous quittant, délirait ! Il reviendra, croyez-moi, à son généreux naturel ; il comprendra, il appréciera les cruelles nécessités que vous imposent vos devoirs, et regrettera de vous avoir affligée. Je l'ai souvent visité dans sa prison; j'ai trouvé en lui l'homme de bien que promettait l'adolescent. Il m'a parlé de vous avec le respect, avec l'adoration que vous méritez, sans me dire un mot de ses secrètes espérances; mais elles se trahissaient malgré lui. J'avais d'abord songé à détruire ses illusions, à lui faire envisager la triste réalité...

— Hélas! mon ami, vous m'eussiez épargné la nécessité de porter à Ernest un coup cruel.

— Non, — reprend le docteur secouant mélancoliquement la tête,—Ernest n'eût pas ajouté foi à mes paroles. Il eût toujours voulu appeler de ma froide raison à votre cœur. L'entrevue que vous venez d'avoir avec lui était indispensable; l'agitation de son esprit apaisée, il reconnaîtra la saisissante vérité de ces paroles qui résument votre présent, votre avenir : — « Si je vous revoyais, Ernest, » j'oublierais ma fille, et je serais perdue. » Il vous connaît, Adèle; il renoncera aux espérances dont il s'était bercé. Il quittera de nouveau la France.

Et voyant madame Verneuil, à la pensée de cette séparation, fondre en larmes et cacher son visage dans son mouchoir, le docteur Max, les yeux humides, se dit avec amertume :

— O justice humaine! ô Thémis l'aveugle! ton glaive a frappé au hasard ces deux nobles cœurs, après avoir tranché les nœuds qui enchaînaient l'épouse irréprochable à un monstre de scélératesse et d'hypocrisie! Elle mourra peut-être de sa blessure, cette jeune femme, parce qu'elle est honnête, parce qu'elle est pure, parce qu'elle veut rester pure et ne pas rougir devant ses enfans ! Oui, elle mourra peut-être, parce qu'elle sacrifie son amour aux devoirs sacrés de la maternité ! Le DIVORCE, cette loi d'une prévoyance tutélaire, d'une moralité profonde, puisqu'elle enlevait tout prétexte à l'immoralité ; le divorce eût sauvé Adèle de la mort ou d'un chagrin incurable, pire que la mort. Mais non ! la loi de séparation lui dit :

« — Va ! j'ai brisé les liens qui t'unissaient à ton époux.
» Il a levé la main sur toi, il a fait couler ton sang ; la
» vie commune vous serait insupportable, impossible à
» tous deux : soyez à jamais séparés ! Cependant, toi,
» femme, tu resteras cloîtrée au milieu du monde ; je te
» défends d'aimer, je te défends de partager honnêtement
» l'amour d'un honnête homme ! Ton cœur, tes sens,
» doivent dès aujourd'hui rester à jamais glacés ; si tu
» veux aimer, prostitue-toi en cachette ; joins à cet op-
» probre les lâchetés de la dissimulation, les fourberies
» de la ruse, sinon je te traîne sur le banc des criminels,
» et tu seras frappée de la peine des adultères, toi veuve
» d'un vivant dont tu portes le nom ! »

Madame Verneuil pleura longtemps. Le docteur Max la contemplait dans un muet recueillement ; peu à peu les larmes de la jeune femme se tarirent ; elle dit à son vieil ami :

— Ces pleurs m'ont soulagée ; je me sens plus calme, et, ainsi que vous, je suis presque certaine de la résignation d'Ernest à une fatale nécessité.

— Oui, vous voici plus calme. Ma chère Adèle, envisageons votre position résolûment. Je sais quels ravages peut produire le chagrin dans une organisation comme la vôtre; vous m'inspireriez de graves alarmes si vous n'étiez la mère que vous êtes; mais vous vous direz : « Il faut que je vive pour ma fille; » et, j'en réponds, vous vivrez, parce qu'il est de votre devoir de vivre.

— Hélas! oui, car sans moi, que deviendrait Emma?

— Ce qu'elle deviendrait? Le martyr de cette ignoble servante.

— Mon Dieu!

— Songez à cela sans cesse, ma chère Adèle; cette pensée vous donnera la force de vivre.

— Ah! je sortirais, je le crois, de la tombe pour défendre mes enfans! — s'écria madame Verneuil dans sa pieuse exaltation maternelle. — Ne vois-je pas déjà ce que l'on tente afin d'éloigner Louis de moi et de pervertir son heureux naturel? Oh! mon ami, je le sens, il faut que je vive pour ma fille, pour mon fils!

— C'est entendu, vous vivrez, chère Adèle, et je n'y épargnerai pas mes soins.

— Digne ami!

— C'est mon état d'empêcher, autant que possible, les gens de mourir. N'ai-je pas, hélas! il y a trois ans, guéri votre infâme mari de cette maladie de cœur qui a failli l'emporter! De sorte que ce misérable est capable maintenant de vivre cent ans! Il a pour ainsi dire un brevet de longévité, en cela que l'excellent et salubre régime qu'il suit selon mes prescriptions, et qu'il suivra, soigneux qu'il est de sa détestable existence, le préservera, non-seulement du retour de sa première maladie, mais d'une foule d'autres affections!

—Qu'il vive longuement! Le ciel m'en est témoin, jamais je ne songerai à la mort de personne, s'agît-il de mn plus cruel ennemi! Je ne demande à monsieur Verneuil que l'oubli et le repos.

— Enfin, ce qui est fait est fait. Le malheur veut que quant à présent je n'aie, à l'endroit de cet affreux coquin, aucun des moyens d'action que... souvent... — et s'interrompant, le docteur Max ajoute :—Parlons de vous et d Ernest.

— Hélas! combien il va souffrir !

— Oui, il souffrira d'abord énormément puis...

— Pourquoi gardez-vous le silence, mon ami?

— Tenez, ma chère Adèle, si frêle que vous soyez, vous êtes de ces femmes qui peuvent beaucoup supporter dans certains momens de surexcitation; vous vous trouvez dans l'un de ces momens-là; épuisons aujourd'hui la coupe d'amertume jusqu'à la lie.

— Je croyais l'avoir épuisée !

— Pas encore...

— Grand Dieu! qu'avez-vous donc à m'apprendre ?

Le docteur Max se recueillit de nouveau, et reprit :

XVI

— Savez-vous, continua le docteur, en quelle situation morale je désirerais vous voir, chère Adèle, et cela dans l'intérêt de votre santé, de votre repos, de l'avenir de votre fille, et de votre bonheur à toutes deux.

— Parlez, mon ami.

— Je voudrais vous voir d'abord persuadée que votre mari vivra cent ans.

— Vous lui prédisez une longue vie; je vous crois.

— Ce n'est pas tout : les bonnes gens m'appellent le *Diable médecin*. Il n'est point de feu sans fumée, dit le proverbe vulgaire, — ajoute le docteur Max avec son étrange sourire.— Et, sans le moindre commerce avec Satan, j'ai souvent, grâce à mes petites ressources particulières, joué plus d'un tour assez diabolique à de moins odieux scélérats que ce Verneuil ; mais tel est le hasard des circonstances, qu'il se trouve à cette heure hors de la portée de ma griffe.

— Je n'ai jamais mis mon espoir que dans votre affection et dans la sagesse de vos conseils. L'on se plaît, je le sais, à répandre à votre sujet, mon ami, des rumeurs bizarres. J'ai d'autant moins ajouté foi à ces bruits, que j'ai toujours trouvé en vous l'homme loyal, généreux et dévoué par excellence.

— Vous deviez me trouver tel, chère Adèle ; ce n'est point à votre encontre que j'irais coiffer mon chef des cornes traditionnelles et chausser le pied fourchu. Ceci dit, poursuivons. Il est donc convenu que, selon toute probabilité, votre mari vivra très longtemps. Je voudrais maintenant vous voir renoncer à jamais à Ernest, et...

— Ce sacrifice n'est-il pas accompli, mon ami ?

— Il le sera pleinement, irrévocablement, lorsque vous aurez accepté cette pensée que tôt ou tard Ernest aimera une autre femme... Vous tressaillez, pauvre Adèle ? Oh ! je ne m'abuse pas, je blesse en cet instant l'une des fibres les plus sensibles de votre cœur endolori ! mais, je vous ai dit, épuisons aujourd'hui la coupe d'amertume. Demain, votre ange consolateur, votre Emma commencera de vous faire oublier les souffrances de cette journée.

— Mon ami, je ne saurais vous cacher ma pensée, l'inconstance d'Ernest...

— Vous porterait un coup affreux? ou plutôt, vous ne croyez pas cette infidélité possible. Non par orgueil, mais par confiance dans l'amour d'Ernest?

— C'est vrai.

— Dites-moi...vous avez vu madame Hermann, il y a environ six mois?

Adèle, profondément surprise de cette question, qui lui semble complétement en dehors de l'entretien, répond simplement :

— Oui, et lors de mon entrevue avec Florence, je lui ai franchement exposé les raisons qui, à mon vif regret, m'empêchaient de la recevoir désormais. Son repentir sincère, sa confiance en moi, me touchaient beaucoup. Mais à quel propos, mon ami, me parlez-vous de madame Hermann.

— Elle est allée souvent, très souvent, visiter Ernest dans sa prison.

Madame Verneuil, si soudainement instruite par le docteur Max des fréquentes entrevues de Florence Hermann et d'Ernest Beaumont, resta d'abord saisie de stupeur, et, croyant à peine ce qu'elle entendait, elle balbutia :

— Quoi !... madame Hermann...

— Est allée, je vous le répète, chère Adèle, voir souvent,

très souvent, Ernest dans sa prison. Le comte Frantz accompagnait, il est vrai, madame Hermann.

— Ces visites réitérées n'en sont pas moins singulières, — reprend d'une voix altérée madame Verneuil, mordue pour la première fois au cœur par le serpent de la jalousie. Mais, s'efforçant de dissimuler son ressentiment :

— Vous en conviendrez, mon ami, la conduite de madame Hermann est fort étrange.

— Etrange ? Non ! le caractère de madame Hermann accepté comme il doit l'être. Ainsi, elle envoyait chaque jour à Ernest des fleurs, des fruits de la saison, des livres nouveaux, le comblait, en un mot, d'attentions délicates. Enfin, elle lui a proposé de venir habiter, en sortant de prison, un appartement dans l'hôtel garni où elle demeure.

— Et, — demanda madame Verneuil en pâlissant, — Ernest a accepté cette offre ?

— Oui, peu lui importait de loger dans un hôtel ou dans un autre; et d'ailleurs, absorbé par son amour pour vous, Ernest regardait les prévenances de madame Hermann comme un témoignage d'intérêt autorisé par la cordialité de leurs précédentes relations, tandis qu'un sentiment plus tendre...

Le docteur Max s'interrompt, voyant les yeux de madame Verneuil se remplir de larmes et ses lèvres tremblantes contractées par un sourire navrant.

— Pauvre Adèle ! — ajoute le médecin, — vous souffrez cruellement. Oui, quoiqu'il soit ignoré d'Ernest, l'amour de cette femme pour lui vous irrite, vous révolte, vous blesse?

— Eh bien ! je l'avoue, je souffre ! — s'écrie Adèle avec une expression déchirante, — je souffre, et de cette souffrance j'ai honte ! Elle est une injure envers Ernest. Lui, dont le cœur est si haut placé, le croire capable de s'avilir assez pour... Non, non ! S'il doit m'oublier un jour, la cause de cet oubli ne sera pas... une madame Hermann !

— Ne vous abusez pas; elle a rompu, il y a trois jours, sa liaison avec le comte Frantz; elle n'a rien à ménager, rien à perdre, et elle est bien belle !

— Soit ! Elle est belle, admirablement belle ! — reprend madame Verneuil, ressentant déjà les haineuses colères de la jalousie, — mais madame Hermann, aussi pervertie qu'elle est belle, n'inspirera jamais à Ernest que mépris et dégoût !

— Ma chère Adèle, — poursuit le docteur Max avec un accent de triste conviction, — croyez-en mes paroles : je suis vieux, je connais les hommes. Ernest pendant quinze ans, a malgré lui caressé une vague espérance. Qu'espérait-il?.. Il l'ignorait lui-même ! Mais, prochaine ou lointaine, sa première entrevue avec vous devait décider de son sort. Cette entrevue a eu lieu aujourd'hui; elle est décisive; Ernest, plus calme, reconnaîtra la nécessité de renoncer à vous; il partira demain peut-être; madame Hermann profitera de cette rupture. Elle est capable de le suivre, de s'attacher à ses pas ; le dévoûment, l'amour sincère, exalté, touchent souvent les cœurs les plus endurcis, et vous savez combien Ernest est bon et généreux.

— Mon Dieu ! mon Dieu ! — murmure madame Verneuil en sanglotant. — Je croyais pourtant avoir souffert tout ce que l'on peut souffrir !

— Cette souffrance sera la dernière, ma chère Adèle, et bientôt votre raison triomphera de vos chagrins. Envisagez la réalité en face. Pouvez-vous épouser Ernest? Non. Pouvez-vous être sa maîtresse? Non. Pouvez-vous le recevoir journellement chez vous, dans votre intimité ? Non. Résignez-vous donc, habituez-vous donc à la pensée de l'une des conséquences fatales de votre rupture : l'amour d'Ernest pour une autre femme ou l'amour d'une autre femme pour Ernest. Mes paroles sont brutales, cruelles, je le sais. Mais j'ai accompli ce qu'il y a de plus pénible dans le devoir que mon amitié m'impose ; la coupe est enfin tarie! Vous sentez en ce moment l'amertume du breuvage. Demain, vous reconnaîtrez ses effets salutaires.

Joséphine interrompt l'entretien du docteur et de madame Verneuil en remettant à celle-ci une lettre que l'on vient d'apporter pour elle.

XVII

Madame Verneuil, de crainte d'être vue en larmes par sa servante, a détourné la tête en recevant la lettre. Elle y jette les yeux lorsque Joséphine est éloignée, puis, s'adressant vivement au médecin :

— Mon ami, une lettre d'Ernest !

— Je n'en doute pas, il s'excuse de ses folles paroles de tantôt,—dit le docteur Max, voyant la jeune femme lire avidement la lettre et témoigner d'un profond attendrissement.

— Oui, — répond Adèle; — il déplore son égarement passager ; il partira si je l'exige ; il me demande seulement en grâce une dernière entrevue. Si je la lui refuse, si avant la nuit il ne reçoit pas de moi un mot de réponse, il quittera Paris ce soir même, retournera au Havre, s'embarquera de nouveau, et je ne le reverrai jamais!... Son suprême espoir est que du moins je conserverai un bon souvenir de lui.

Madame Verneuil prononce ces mots le regard fixe et d'une voix entrecoupée, puis laissant tomber la lettre à ses pieds, elle cache sa figure entre ses mains.

Le docteur Max observe Adèle en silence, s'éloigne, et sort avec précaution, sans que la jeune femme s'aperçoive de son départ.

—Pauvre affligée! — se disait le médecin; — j'ai dû lui faire entendre des vérités pénibles, mais nécessaires; je l'ai surtout préparée à une entrevue inévitable, je le crois, et qui lui eût porté un coup affreux sans la précaution que j'ai prise.

Le docteur Max quitte le salon à l'insu d'Adèle, toujours absorbée dans ses pénibles pensées.

XVIII

Madame Verneuil, après un long silence, laisse retomber ses mains qui cachaient son visage, et croyant le docteur Max toujours près d'elle :

— Ah! mon ami, je suis navrée; répondre par un refus à la dernière prière d'Ernest, et pourtant, il le faut... il le faut... le sacrifice sera complet.

Mais Adèle remarquant seulement alors l'absence du médecin :

— Cet excellent ami m'a parlé le sévère langage du devoir, de la raison. Il n'aura pas voulu influencer par sa présence la résolution que je dois prendre en ce moment décisif.

Et la jeune femme retombe dans l'abîme de ses réflexions. Hélas! elle éprouvait des ressentimens nouveaux pour elle : ceux de la jalousie. A tant de chagrins déjà soufferts venait se joindre cette torture morale... cette pensée :
« Qu'une autre femme prendrait bientôt peut-être sa
« place dans le cœur d'Ernest. »

Et cette femme était Florence Hermann.

Jadis, *au bon vieux temps de la féodalité* (ainsi que le disent les sacristains), l'on a fort controversé, dans les COURS D'AMOUR!—ces cours plénières de la corruption, ces assises de la plus cynique débauche, ces parlemens effrontés de l'adultère, — l'on a fort controversé la question de savoir :

« S'il était plus pénible pour une femme délaissée par
» son amant de se voir préférer un objet *plus-valant*
» ou *moins-valant* qu'elle-même? »

Cette grave question est restée *pendante*, malgré les innombrables plaids pour et contre, soigneusement enregistrés par le GREFFIER DE LA JOIE DES JOIES, et déposées aux archives de la SÉNÉCHAUSSÉE DES MARJOLAINES.

L'âme droite et pure de madame Verneuil décidait ainsi cette question :

— Il me serait affreux de croire que Florence me succédera dans le cœur d'Ernest; son amour pour une femme mieux aimante, mieux douée que moi, me primant par les qualités de l'âme, serait excusable, justifié à mes yeux ; je serais enfin rassurée sur le bonheur, sur l'avenir d'Ernest. Mais, à l'idée qu'il pourrait se dégrader à ce point d'aimer une femme sans mœurs, je tremble pour lui et je rougis pour moi. La constante affection que je lui ai portée aurait donc été, sinon trompée, du moins mal placée ? Un homme capable d'aimer indifféremment moi ou une madame Hermann n'était pas digne de mon amour, n'est pas digne de mes regrets.

Ainsi *conclut* Adèle Verneuil, selon la logique de son caractère ; mais, malgré cette conclusion, ce que souffrit d'abord la jeune femme fut atroce.

Tantôt, appréciant à sa juste valeur la rare beauté de madame Hermann, elle s'avouait avec son équité naturelle que, malgré ses déplorables égaremens, Florence, intéressante encore par la sincérité de ses accès de repentir, par ses élans vers le bien, très attrayante par la mobile vivacité de son esprit, devenait une rivale d'autant plus dangereuse qu'elle était dégagée de tous liens, de tout scrupule ; et alors Adèle se voyait complétement oubliée pour Florence.

Tantôt, au contraire, pleine d'une foi profonde dans la constance d'Ernest Beaumont, Adèle subissait une autre torture lorsqu'elle songeait à l'abîme de désespoir où était tombé ce malheureux, après avoir connu l'ivresse des plus douces espérances.

Ces alternatives de doute et de foi furent d'abord horribles pour madame Verneuil ; puis, peu à peu, ainsi que le pressentait le docteur Max, la voix austère de la raison commença de dominer le tumulte de ces agitations stériles. Adèle en revint fatalement à répéter ces paroles de son vieil ami, paroles inexorables comme la fatalité :

« — Puis-je épouser Ernest?

» — Non!

» — Puis-je être sa maîtresse ?

» — Non!

» — Puis-je le recevoir comme ami ?

» — Non, non! car je lui ai dit cette vérité : « Si je te revoyais un jour, j'oublierais ma fille, et je serais perdue! »

Après avoir ainsi interrogé sa destinée, quelle décision devait prendre Adèle?

Renoncer pour toujours à Ernest;

Reconnaître la complète inutilité d'agiter douloureusement, vainement, la question de savoir si madame Hermann ou toute autre femme serait un jour aimée ou non d'Ernest Beaumont;

Enfin, ne pas tenter une lutte contre l'impossible, et se vaillamment résigner à son sort.

Cette vaillante résignation, malgré l'excellent bon sens de madame Verneuil, ne pouvait être exempte du retour d'involontaires et cruels déchiremens. Elle le savait, elle le sentait. Pendant longtemps, bien longtemps encore, le souvenir d'Ernest saignerait sans doute dans son cœur; mais elle aurait pour baume consolateur de ses blessures la tendresse de sa fille, la conscience de l'accomplissement d'un grand devoir et l'estime de soi-même.

Déjà, selon l'attente du docteur Max, madame Verneuil éprouvait cette sorte de calme, douloureux encore, mais du moins tolérable, conséquence ordinaire du *parti pris*. Elle était résolue de laisser partir Ernest Beaumont sans le revoir, craignant les dangers d'un pareil entretien. Mais quel fut son saisissement lorsqu'elle entendit Joséphine lui dire en entrant dans le salon :

— Madame Hermann demande à parler tout de suite à madame ; je l'ai priée d'entrer dans le jardin.

— Comment ! — s'écrie Adèle stupéfaite, — vous l'avez introduite sans me prévenir !

— J'ai peut-être eu tort; mais cette pauvre dame était si pâle, si tremblante, elle avait l'air si suppliant en demandant de parler à madame, que je n'ai pas eu le cœur de lui refuser la porte.

— Cette femme ici !... — se demandait Adèle effrayée, atterrée. — Que me veut-elle ?

XIX

Le docteur Max, afin que l'entrevue suivante, qu'il prévoyait et dont il redoutait les conséquences, ne portât pas un coup trop inattendu, trop violent à madame Verneuil, avait cru devoir l'instruire de l'amour de Florence pour Ernest Beaumont.

Les premiers symptômes de cet amour remontaient à l'époque où madame Hermann et le comte Frantz, rencontrant au Havre le jeune marin, se lièrent avec lui d'une étroite intimité. Le charme de son esprit, sa générosité, son courage, sa figure attrayante, et surtout l'affection profonde, délicate et discrète qu'il ressentait pour Adèle Verneuil, produisirent sur madame Hermann une vive impression, résumée par cette pensée :

« Combien l'on doit être heureuse d'être aimée
» ainsi ! »

En effet, malgré sa ravissante beauté, la joyeuse vivacité de son imagination, sa bonté native, sa tendresse et la sincérité de ses attachemens, Florence n'avait pas été jusqu'alors *heureuse en amour.*

— Elle adorait son mari, quoiqu'elle l'eût trompé, — disait-elle, un jour, à madame Verneuil. — Si paradoxale que semble cette assertion, elle était vraie : l'isolement, l'ennui, l'irrésistible besoin d'aimer, les soins, les poursuites d'un homme jeune et séduisant, une déplorable faiblesse de caractère, l'oubli parfois absolu du sentiment du devoir, avaient rendu madame Hermann coupable, et pourtant (selon la mesure de sa moralité) elle adorait son mari, exprimant à merveille ce ressentiment magnétique, subordonné à la présence de l'objet aimé, lorsqu'elle disait à son amie :

« Mon amour pour Charles m'est revenu avec sa présence. »

En cette circonstance, madame Hermann se montra loyale et digne, en avouant franchement, sous la pression du repentir et de ses remords, une faute qu'elle pouvait espérer de cacher à l'aide du mensonge et de la dissimulation. Monsieur Hermann, légitimement blessé sans doute dans son affection, mais incapable de sonder les profondeurs du cœur humain, fut inexorable au lieu de s'élever à la hauteur d'un généreux et intelligent pardon, et de favoriser ainsi la réhabilitation de sa femme. Sa repentance sincère, l'aveu de sa faute, lui parurent le comble de l'audace, du cynisme, et il chassa outrageusement de chez lui l'épouse adultère.

Madame Hermann fut donc cette première fois malheureuse en amour. Ce malheur devait se renouveler; le complice de sa faute, oubliant les plus simples notions de l'honneur, abandonne lâchement, indignement, cette jeune femme désormais sans autre soutien que lui, sans autre refuge que la constance de l'homme qui l'a perdue.

Frantz de Hasfeld, tendre, dévoué, offre ses consolations à la délaissée; celle-ci, peu de temps après son arrivée à Paris, surprend les preuves d'une infidélité passagère, mais blessante. Florence est une troisième fois malheureuse en amour, punition pour ainsi dire fatale du désordre. Ceux-là que l'expérience a quelque peu initiés aux secrets des passions savent que, sauf d'infiniment rares exceptions confirmant la règle, toutes les liaisons formées en dehors des lois sociales actuelles (nous n'avons point lieu de les apprécier ici) engendrent forcément d'incurables afflictions ou d'incurables perversités.

Madame Hermann, en enviant le bonheur de son amie et se disant : « —Combien Adèle est heureuse d'être aimée par un homme tel qu'Ernest Beaumont!»—ne la jalousa pas. Loin de là, cédant à l'étourderie et surtout à la bonté de son caractère, à peine arrivée à Paris elle s'empresse de se rendre chez Adèle et de la convaincre avec une joie sincère que l'absence, au lieu de refroidir l'amour de son cousin l'a rendu plus ardent. Ces révélations sont accueillies avec une dignité sévère par madame Verneuil ; son inébranlable respect pour ses devoirs ainsi manifesté aux yeux de Florence, celle-ci, lors de l'infidélité du comte Frantz, pensa qu'elle pouvait, sans trahir la confiance de son amie et sans risquer de l'affliger, se livrer en toute sécurité à son penchant pour Ernest selon ce raisonnement:

« Adèle ne saurait trouver mauvais que j'aime son cousin, puisqu'elle ne veut pas l'aimer. »

Désormais rassurée à l'endroit du seul scrupule capable d'arrêter l'essor de sa nouvelle passion, madame Hermann s'abandonna sans réserve à un sentiment jusqu'alors inconnu d'elle, car il dominait également ses sens, son esprit et son cœur. En un mot, pour la première fois de sa vie elle aimait complétement.

Cet amour grandit, se développa, s'enracina profondément dans l'âme de Florence. Durant les visites fréquentes qu'elle rendait à la prison du marin, en compagnie du comte Frantz, entrevues dont le docteur Max était souvent témoin, madame Hermann, ainsi que le dit le vieux fabliau « absorbait l'amour par tous les pores. » Ernest Beaumont, plongé dans l'ivresse de ses espérances, ne se doutait guère de la passion croissante qu'il inspirait, attribuant les gracieuses attentions de madame Hermann à un intérêt tout amical.

Le comte Frantz, pareillement abusé, ne concevait aucun soupçon, croyant son infidélité ignorée de sa maîtresse, et instruit par elle des secrets sentimens du marin pour sa cousine. Le docteur Max, seul pénétrant, suivait d'un œil attentif les progrès de la passion de la jeune femme. Il entrevoyait que peut-être cette passion rendrait plus douloureux, mais du moins absolu, irrévocable, le renoncement d'Adèle à Ernest Beaumont. Trois jours avant que celui-ci sortît de prison, le docteur Max se rendit chez madame Hermann. Une sorte d'intimité s'était établie entre eux par suite de leurs fréquentes rencontres à Sainte-Pélagie ; il ne fut donc nullement surpris lorsqu'il apprit de Florence sa rupture avec Frantz de Hasfeld, rupture tardive, brusquement motivée par l'ancienne infidélité du comte, qui, d'ailleurs, en galant homme, s'éloigna sans récriminations.

— Madame, — dit alors le docteur Max à Florence, — vous aimez éperdûment Ernest Beaumont ?

— C'est vrai, — répondit madame Hermann.

Et, selon son habituelle sincérité, elle ouvrit son cœur au docteur Max. Il fut à la fois convaincu et apitoyé. Cette jeune femme aimait de toutes les forces de son âme et comme jamais elle n'avait aimé.

— Madame, — demanda le docteur Max, — qu'espérez-vous de cet amour ?

— Je ne peux vous répondre maintenant, — dit Florence. — Je saurai s'il faut espérer ou désespérer, lorsqu'en sortant de prison, M. Ernest Beaumont aura eu sa première entrevue avec Adèle... D'ailleurs, j'irai la voir.

— Vous irez voir madame Verneuil ?

— Oui, et si elle me refuse sa porte... je lui écrirai.

— Que comptez-vous donc lui dire ou lui écrire ? — reprit le docteur Max très surpris, et de qui la pénétration accoutumée se trouvait en défaut. — Quel peut être le but de cette entrevue ou de cette correspondance avec madame Verneuil ?

— Mon cher docteur, — répondit tristement madame Hermann, — c'est mon secret !

Ce secret, le docteur Max, malgré sa profonde connaissance de l'âme humaine, chercha vainement à le deviner; mais il songea, non sans alarmes, à la cruelle épreuve qu'Adèle aurait sans doute à subir. Dissuader madame Hermann de se présenter chez son amie ou de lui écrire, il n'y fallait pas penser. Enfin le docteur Max, ainsi qu'il l'avait franchement déclaré à madame Verneuil, la voulait voir renoncer absolument à un amour sans espoir. Quel que pût être l'objet de la visite dont on la menaçait, il semblait devoir être favorable aux sages conseils du médecin; il crut donc utile de préparer indirectement Adèle à l'entretien qu'il craignait et désirait à la fois, en la persuadant de l'amour de Florence pour Ernest Beaumont. Celui-ci occupait un appartement dans le même hôtel garni que madame Hermann. Elle avait tout le jour durant épié son retour avec une angoisse inexprimable, sentant qu'elle devait espérer ou désespérer, selon le résultat de la première entrevue d'Adèle et d'Ernest. Aussi, lorsqu'après cette entrevue il revint chez lui, pâle, éperdu, les yeux rougis de larmes, il rencontra au seuil de sa porte madame Hermann, qui, tremblante, lui demanda la cause de son chagrin.

— Je suis le plus malheureux des hommes! — répondit Ernest Beaumont avec un sanglot convulsif. — Adèle me repousse! Plaignez-moi... plaignez-moi!!

Florence monta aussitôt en voiture, se fit conduire chez madame Verneuil, et entrait dans le salon sur les pas de la servante d'Adèle, au moment où celle-ci s'écriait saisie de stupeur et d'effroi :

—Cette femme ici... que me veut-elle ?

XX

Madame Hermann, lorsqu'elle parut aux yeux de son ancienne amie, était sous l'impression de pensées généreuses ; ces nobles ressentimens rendaient sa beauté si touchante, que madame Verneuil, oubliant soudain son renoncement à Ernest Beaumont, ne vit dans Florence qu'une rivale odieuse et redoutable ; aussi s'avançant vers elle, le front courroucé, le sourire insultant :

— Madame, votre présence ici est étrange ! Les convenances, le respect de moi-même me défendent de vous recevoir, vous ne l'ignorez pas!

— C'est vrai, — répond Florence d'une voix humble et douce, — tu m'as dit et j'ai compris que je n'étais plus digne d'être reçue chez toi, mais...

— Madame, épargnez-moi ce tutoiement, il ne peut maintenant exister de familiarité entre nous.

— Ton accueil est dur, Adèle ; que t'ai-je fait ?

— Encore une fois, madame, je vous prie de ne plus me tutoyer.

— Soit, — reprend Florence en soupirant, — je ne croyais pas vous blesser.

— J'ignore le but de votre visite, madame ; quel qu'il soit, je vous rappellerai que nous ne devons avoir désormais aucune relation. Ma fille peut d'ailleurs rentrer d'un moment à l'autre, et je ne voudrais pas l'exposer à rougir en lui apprenant, madame, ce que vous êtes.

— Je suis une femme bien à plaindre, Adèle, — répond tristement Florence en levant ses beaux yeux, dont le regard mélancolique et tendre émeut madame Verneuil, malgré sa haine jalouse.— Ah! — pensait-elle avec un secret désespoir, — si elle regarde ainsi Ernest, si elle lui parle ainsi, comment pourra-t-il lui résister?

— Je suis une femme bien à plaindre, — avait dit Florence, — et je viens, Adèle, vous prier, vous conjurer à mains jointes, vous supplier, dans toute la sincérité de mon âme, d'avoir pitié de quelqu'un, encore plus à plaindre que moi.

— De qui parlez-vous, madame?

— De votre cousin, Ernest Beaumont.

— Quoi! vous osez...

— Adèle! il est si malheureux! Si vous l'aviez vu, tout à l'heure, lorsqu'il est rentré chez lui! quelle douleur navrante! quel morne désespoir! sa pauvre figure pâle, bouleversée! ses yeux rougis par les larmes! Que vous dirai-je, Adèle! C'était à fendre le cœur. Ayez donc pitié de lui. Il vous aime, voyez-vous, comme jamais homme n'a aimé, parce que jamais il ne trouvera une femme digne seulement de vous être comparée. Pourquoi le repousser, le désespérer? N'êtes-vous pas maintenant séparée de votre mari? N'êtes vous pas libre?

— Dieu juste! peut-on pousser plus loin la noire hypocrisie! — s'écrie madame Verneuil avec une explosion d'indignation et de dégoût. — Cette femme vient me supplier d'avoir pitié de monsieur Ernest Beaumont... et elle l'aime!

— Comment savez-vous?..

— Que vous importe !... vous l'aimez, vous dis-je... vous avez cette audace !

— Hé bien ! oui... je l'aime passionnément, et pourtant je viens vous dire : « Adèle, ayez pitié de lui... Qu'il vous doive le bonheur de sa vie... et je tâcherai d'oublier mon amour ! »

Florence Hermann prononça ces mots d'une voix entrecoupée, fondit en larmes et garda le silence.

Madame Verneuil, si elle n'eût été aveuglée par une jalousie croissante, aurait reconnu la sincérité des paroles et des sentimens de Florence, femme singulière, mobile à l'excès, capable par élan des plus nobles dévoûmens ou des plus fâcheux égaremens ; mais Adèle ne vit dans la démarche de madame Hermann qu'impudence et hypocrisie ; l'aversion, le mépris soulevèrent, révoltèrent son cœur, et elle répondit à son ancienne amie avec un dédain écrasant :

— Cette ridicule et odieuse comédie a trop duré, madame ; vous avez le don des larmes et de l'émotion à volonté, mais vous me permettrez de suivre l'exemple de votre mari. Il vous connaissait sans doute, ainsi que maintenant je vous connais. Il n'a pas été dupe de votre feint repentir, et vous a justement chassée de chez lui. Je vous prie donc, madame, de sortir d'ici, car il est, sachez-le, quelque chose de plus méprisable encore que l'oubli de tout devoir, de toute pudeur : c'est l'ignoble parodie des sentimens généreux ; on les souille en les affectant, lorsque l'on est, madame.., ce que vous êtes.

— Pour la seconde fois, Adèle, vous me reprochez ce que je suis ; c'est votre droit. Un abîme, je le sais, nous sépare, et, lorsqu'il y a six mois, vous m'avez accueillie avec indulgence, je ne vous ai rien caché du passé; vous m'avez consolé, reconforté, en m'assurant que j'étais autant à plaindre qu'à blâmer...

— J'étais alors votre jouet; je ne veux plus l'être aujourd'hui.

— Pourquoi tant de dureté, tant de mépris, Adèle? Hélas! quel est mon crime? Ressentir pour un homme, digne d'être adoré à genoux, l'amour que vous ressentiez vous-même.

— Cette comparaison, madame, est simplement le comble de l'insolence !

— Cette comparaison serait de ma part le comble de l'insolence si j'avais un moment songé à comparer mon mérite au vôtre, Adèle...Loin de moi cette pensée ! J'ai de grands défauts.

— Vous êtes modeste.

— J'ai des vices, je l'avoue, mais j'ai une qualité, une seule, la franchise, et, je vous le jure, en venant ici vous dire : « Ayez pitié de votre cousin!... » je suis sincère.

— Vous osez encore...

— Pauvre Adèle !... la jalousie...

— C'en est trop !... moi jalouse de vous ? Je ne pousse pas à ce point l'humilité, madame !

— Jalouse de moi, non... mais de monsieur Ernest.

— Madame!...

— Ecoutez-moi, Adèle. Vous dédaignez, vous repoussez mon amitié qui date de nos premières années; vous la croyez feinte, vous vous méprenez. La sincérité de cette amitié, ma loyauté naturelle, me donnent la force d'ac-

10.

complir le plus grand sacrifice qu'une femme puisse faire à une autre femme... celui de son amour ! Aussi vrai que Dieu me voit et m'entend, c'est du fond du cœur que je vous répète : « Ne repoussez pas celui que j'aime ; soyez heureuse avec lui ; vous êtes dignes l'un de l'autre. »

— J'admire votre générosité, madame; vous renoncez à un cœur qui ne vous appartient pas, qui ne vous appartiendra jamais !

— Oh! je le sais bien : — répond humblement Florence, — et si vous êtes impitoyable envers M. Ernest, je tâcherai, non de me faire aimer de lui, à cela je n'oserais prétendre, mais... je tâcherai qu'il se laisse aimer de moi.

— Cette présomption, madame...

— Vous vous méprenez encore, Adèle; c'est uniquement dans la pitié de M. Ernest Beaumont que je place mes dernières espérances. Il est si bon, si généreux ! N'a-t-il pas risqué ses jours pour sauver la vie d'un pauvre enfant qui se noyait ? Peut-être aura-t-il aussi compassion de ma peine mortelle ! peut-être souffrira-t-il mon amour ! Ah ! son adorable bonté, sa pitié, tel est mon suprême espoir.

— Cet espoir, si vague qu'il doive être en effet, il m'en coûte, madame, de le détruire ; mais l'intérêt mérité que je vous porte, m'oblige à vous charitablement avertir qu'en certaines circonstances la pitié est forcément étouffée par le mépris.

— Peut-être en sera-t-il ainsi, Adèle, — répond madame Hermann, dont la douceur et la sincère humilité ne se démentent pas. — Ma conduite passée mérite le mépris ; cependant, quel est le vœu le plus ardent de mon âme ? Est-ce de porter le nom de M. Ernest Beaumont? d'être sa compagne honorée, honorable ? Ce désir serait insensé. Mon rêve serait d'être... mon Dieu ! ce que votre cousin voudrait que je fusse pour lui : sa maîtresse, sa servante ; il me renverrait quand il voudrait ; a-t-il besoin de m'estimer pour m'accorder cela ?

—Je n'ignore pas, madame, combien vous tenez peu à l'estime des honnêtes gens; ce superbe dédain ne me doit pas surprendre : la cause en est connue; mais cet entretien complétement inutile a déjà trop duré.

— Un mot encore, Adèle, et je me retire ; un mot dans l'intérêt de votre bonheur à venir; peut-être reconnaîtrez-vous alors que cet entretien n'aura pas été vain !

— Vos conseils, madame...

—Pourquoi les dédaigner, s'ils sont sages? Tenez, Adèle, si étrangère que je sois à la vertu, au sentiment du devoir, mon instinct me dit que l'obstacle, l'obstacle insurmontable qui vous sépare de M. Ernest Beaumont, et fera son malheur et le vôtre, c'est votre fille. Vous mourriez plutôt que d'avoir à rougir devant elle. Je sais combien le respect de soi-même est chez vous inébranlable; il est, ce me semble, un moyen honorable de concilier votre amour et vos devoirs; les parens les plus tendrement affectionnés à leurs enfans ne les mettent-ils pas en pension? pourquoi ne pas agir ainsi envers votre fille ? vous pourriez la voir chaque jour et..

— Vos conseils, madame, sont ce qu'ils doivent être ; ils ne m'étonnent donc nullement; il est des sentimens auxquels vous êtes nécessairement étrangère. Je vous prie de me laisser seule.

— Adèle, réfléchissez. Sans me comparer en rien à vous, je sens maintenant ce qu'il doit y avoir d'affreux à renoncer à M. Ernest Beaumont. Votre santé est délicate, pauvre Adèle ! peut-être ne résisterez-vous pas aux suites d'un chagrin incurable ?

— Assez, madame, assez ! Faites-moi grâce de votre charité.

— Vous, si loyale ! vous ne distinguez pourtant pas la loyauté du mensonge, — reprend Florence avec l'expression d'un regret navrant, et les yeux noyés de larmes. — Vous doutez de mon attachement, et il est réel ; rien n'a pu l'altérer, ni la dureté, ni l'injustice de votre accueil, ni vos sanglans mépris. Non, non ! le douloureux intérêt que vous m'inspirez redouble encore ! Je vous le jure une dernière fois, Adèle, ma démarche auprès de vous n'avait qu'un but : vous supplier d'être heureuse, vous supplier de ne pas lutter contre un amour invincible. Mais je vous l'avoue avec la même franchise, si vous persistez à désespérer M. Ernest Beaumont, je n'aurai pas, en tâchant de lui plaire, je n'aurai pas une lâcheté, une trahison à me reprocher envers une ancienne amie, puisque du moins je vous aurai loyalement prévenue que...

— Oh ! certes, madame. De même qu'avec cette franchise, cette candeur inséparable de votre noble caractère, vous aviez ingénûment averti, tendrement prévenu votre mari... que vous traîneriez son nom dans la fange de l'adultère.

— Ah ! vous êtes impitoyable ! — répond Florence douloureusement blessée de ce dernier sarcasme.

Joséphine entre en ce moment et dit à sa maîtresse :

— Mademoiselle Emma m'envoie chercher une feuille de papier de musique, afin de recommencer la copie qu'elle fait pour monsieur le docteur.

— Allez d'abord ouvrir la porte à madame, — répond Adèle à Joséphine. — Vous donnerez ensuite à ma fille le papier qu'elle désire.

Et s'adressant à Florence avec une politesse apparente, et lui faisant une demi-révérence :

— Adieu, madame.

— Adieu, — répond madame Hermann, en jetant sur son ancienne compagne un regard désolé, puis elle sort, suivie de Joséphine. Celle-ci rentre peu de temps après, prend dans un carton une feuille de papier de musique, et laisse sa maîtresse seule.

XXI

Madame Verneuil retrouve peu à peu la justesse, la lucidité ordinaires de son esprit, un moment troublé par les noirs fermens de la jalousie et par l'odieuse présence d'une rivale.

— Florence est sincère ! — s'écrie la jeune femme, — oui, elle est sincère ! elle aime assez Ernest pour avoir le courage de sacrifier son amour au mien ! Ah ! la jalousie ! la jalousie !... c'est affreux ! Je ne me savais pas injuste, méchante ; et tout à l'heure j'accablais cette

malheureuse femme de mépris, de sarcasmes, d'outrages!
Quel était son crime? Elle me suppliait à mains jointes
d'avoir pitié d'Ernest; et si je résistais à ses instances,
qu'espérait-elle? se faire aimer de lui? Non, elle espérait
que peut-être il se laisserait aimer par elle. Ah! il l'aimera! il l'aimera! elle est si belle, et sous l'empire d'une
émotion généreuse, sa beauté, son accent, son regard deviennent irrésistibles! Je le sentais bien tout à l'heure;
aussi j'en enrageais. En vain elle s'humiliait dans la sincérité de son âme, je la frappais sans merci, sans relâche,
Hélas! si malgré moi je l'ai trouvée si belle, si touchante,
que sera-ce d'Ernest! il l'aimera... Hé! qu'importe le passé,
elle ne peut être sa femme; l'on ne demande pas des vertus à sa maîtresse! Et puis elle l'a dit, il est plus que personne sensible à la bonté du cœur : le cœur de Florence
est resté bon, ce sera sa plus puissante séduction. Enfin.
qui sait? cet amour, le seul vrai qu'elle ait éprouvé jusqu'ici, peut la transformer, la réhabiliter aux yeux d'Ernest! Elle n'a rien à perdre, rien à ménager, elle! Sans scrupules, sans liens, sans enfans, elle pourra se vouer à lui!
l'accompagner sur mer, dans ses lointains voyages, le distraire, l'égayer par la vivacité, par l'enjouement de son esprit,
durant les longues heures de la traversée. Enfin... enfin il
a trente ans, et Florence est si belle! Ainsi se nouera entre
eux une liaison que tous deux auront cru d'abord éphémère; l'habitude la rendra durable; peu à peu Ernest se
détachera de moi; mon souvenir restera encore doux à son
cœur, mais vague, mais à demi effacé, comme la mémoire
d'un rêve... Et moi... moi! — ajoute Adèle d'une voix entrecoupée par les sanglots,— moi!... me plongeant de plus

en plus dans le noir abîme de mon désespoir, je...

Puis s'interrompant et essuyant ses pleurs, madame Verneuil reprend d'une voix plus ferme :

— Mais non, non !... moi j'ai ma fille, mon ange de consolation.. Oui, et pourtant, mon Dieu ! je le sens, il y a place dans mon cœur pour ces deux adorations; l'une n'exclut pas l'autre. Depuis six mois, j'ai redoublé de soins, de tendresse pour Emma, mais il me restait des heures solitaires ; la pensée d'Ernest les occupait, pensée souvent amère, désolée... mais c'était lui, c'était lui ! Et puis, quoique mon front rougisse à ce souvenir, lorsque je songe à l'impression des lèvres d'Ernest sur ma main, j'éprouve une sorte de vertige. Je suis jeune encore, j'aime de toutes les forces, de toute la puissance de mon être !... Ah ! je ne mentais pas en lui disant : « Laisse-moi ! si je te revoyais, j'oublierais ma fille et je serais perdue ! »

Madame Verneuil, après un nouveau silence, s'écrie, la joue animée, l'œil humide, le sein palpitant :

— Et pourquoi perdue? Est-ce que je ne suis pas moralement libre? Est-ce que pendant quinze ans je n'ai pas sacrifié à mes devoirs le secret sentiment de mon cœur ? Est-ce que l'infâme conduite de mon mari, est-ce que ma séparation ne me rendent pas maîtresse de mes actions ? Est-ce que la haineuse vigilance de monsieur Verneuil ne peut pas être mise en défaut par le secret dont l'amour qui se respecte sait et doit s'entourer ? Je suis folle, après tout ! A quoi bon cette torture stérile, ce stupide martyre que volontairement je m'impose ? Mes devoirs ? Est-ce que je ne les ai pas accomplis vaillamment ! Je n'en ai plus maintenant à remplir envers mon mari. N'ai-je pas le droit de vivre enfin pour moi, pour mon amour?

Mais soudain Adèle tressaille, se recueille, et reprend avec abattement :

— Oui... si je suis libérée de mes devoirs d'épouse, je ne le suis pas de mes devoirs de mère. Ah! tantôt, je le disais à Ernest... sans mes enfans, je braverais tout. Et cette Florence, qui regrettait de ne pas avoir d'enfans! — ajoute madame Verneuil avec amertume ; puis, frémissant et écrasée de confusion, — Mon Dieu! mais cette pensée qui me vient est affreuse! Suis-je donc en délire? Emma! pauvre ange! toi qui m'as consolée, reconfortée! toi à qui j'ai dû l'oubli de mes chagrins! toi pour qui je vis, par qui je vis! En serais-je déjà, mon Dieu! à regretter ta naissance? Non, non! Oh! je le sais, la violence de mon amour pour Ernest me rend peut-être encore plus idolâtre de toi, car pour toi je souffre, chère et innocente créature ; et je ne souffrirais pas, si tu ne méritais tant d'être aimée...

Madame Verneuil pleure, reste encore pensive, et reprend avec une exaltation fiévreuse :

— Et pourtant, non, non, cela est plus fort que moi, je ne peux pas, je ne pourrai jamais m'habituer à cette pensée qu'Ernest aime une autre femme! Notre vieil ami, malgré son expérience du cœur, se trompe ; certaine de la fidélité d'Ernest, j'aurais peut-être accepté courageusement ce renoncement. Mais me dire à chaque instant : « Florence, parce que je l'ai voulu, Florence est, à cette heure, près de lui! » Non, cela m'est impossible! je ne le peux pas, je ne le veux pas! non, Ernest n'aimera pas cette femme ; je veux que ce soit moi qu'il aime ; sinon, je le sens, je mourrai de désespoir, et je ne veux pas mourir encore. Il me faut vivre pour mes enfans! Je n'aurai pas à rougir devant eux: Louis est au collége, et Emma... eh bien! je mettrai cette chère enfant en pension. Pourquoi pas? Pourquoi dédaigner le conseil de Florence? est-ce que cela diminuera en rien ma tendresse pour ma fille? il y a justement dans cette rue une excellente institution, là, à ma porte. J'irai voir Emma chaque jour plutôt deux fois qu'une, et puis, pauvre enfant, elle vit ici bien isolée! sans compagnes de son âge. Elle est si heureuse, lorsque, dans notre promenade au Luxembourg, elle rencontre de jeunes pensionnaires et partage leurs jeux! Le docteur Max m'a tant recommandé pour elle un exercice fréquent! Enfin, je ne possède pas tout le savoir nécessaire à une institutrice; l'éducation d'Emma, achevée par moi seule, serait incomplète; en désirant toujours la garder près de moi, je cédais à une sorte d'égoïsme, je l'aimais plus pour moi que pour elle. Mon Dieu! je ne m'abuse pas; cette espèce de séparation, — car, à bien dire, cela n'en est pas une, puisque je verrai Emma une ou deux fois chaque jour,—cette séparation lui causera d'abord quelque chagrin; mais, à son âge, les impressions sont si mobiles, qu'elle s'habituera vite à ce changement d'existence. L'affection de ses compagnes?... elles l'aimeront tant, pauvre ange!... leur douce gaîté effacera bientôt jusqu'à la trace de ses regrets. Elle passera tous ses dimanches, tous ses congés ici, avec moi; jamais je ne recevrai ni ne verrai Ernest ces jours-là; Louis viendra chaque quinzaine, selon son habitude. Oui, oui, tout peut se concilier ainsi... Florence avait raison, cent fois raison!... Pauvre femme! que va-telle devenir ? Oh! je la connais : elle trouvera sa consolation dans un autre amour; elle n'est pas de ces femmes qui se désespèrent longtemps!

A mesure que madame Verneuil, cédant à l'entraînement d'une passion invincible, s'affermissait ainsi dans une détermination conciliant à ses yeux ses devoirs maternels et les satisfactions de son amour, ses traits jusqu'alors abattus, désolés, se rassérénaient; ils exprimèrent bientôt les ressentimens d'un bonheur qu'aucun remords ne trouble, car, en suite de nouvelles réflexions, Adèle reprit d'une voix ferme, allégée :

— Je m'interroge avec une inexorable sévérité : la résolution que je prends, loin d'altérer, redouble, s'il est possible, ma tendresse pour mes enfans; je me sens aussi bonne mère que par le passé. Ah! je le disais bien, il y a place en mon âme pour ces deux amours. Ernest, mon Ernest, calme tes regrets, ne désespère plus !... Mon Dieu, va-t-il être heureux! Il devait quitter Paris ce soir même s'il ne recevait pas une lettre de moi !

Adèle Verneuil, le regard radieux, quoique à demi voilé par une larme de joie, s'approche de la table à écrire, et trace ces mots d'une main tremblante de délicieuse émotion :

« Ernest, ne partez pas; soyez demain à midi au jardin
» du Luxembourg, devant la grille de l'Observatoire.

» A demain, à toujours !
» ADÈLE. »

Madame Verneuil plie et cachète ce billet, le porte à ses lèvres, y dépose un baiser passionné en murmurant avec ivresse :

— Va, cher petit papier, messager du bonheur, Ernest te rendra le baiser que je t'ai donné.

Madame Verneuil se dirige vers la cheminée, met la main sur le cordon de la sonnette afin d'appeler Joséphine et de la charger de porter à l'instant sa lettre à Ernest Beaumont.

Soudain Emma entre dans le salon et dit gaiement à sa mère en l'embrassant :

— Vois, maman, la belle copie que je viens d'achever pour le docteur Max, après l'avoir recommencée deux fois; j'espère que notre ami sera content.

Adèle, à la vue de sa fille, a pâli, tressailli, ses genoux tremblent si fort qu'elle est obligée de s'asseoir sur un fauteuil, puis son regard naguère si brillant s'obscurcit... Et les yeux toujours attachés sur Emma qui la contemple avec une surprise inquiète, la jeune femme déchire lentement le billet qu'elle vient d'écrire, laisse tomber à ses pieds les lambeaux de la lettre, et, ne pouvant plus contenir les larmes qui ruissellent sur son pâle visage, elle tend les bras à sa fille.

Emma se jette au cou de sa mère avec effusion, et s'écrie alarmée :

— Mon Dieu ! maman, tu pleures, qu'as-tu donc?

— Rien... Je t'aime ! — répond Adèle Verneuil avec une simplicité sublime.

La présence de sa fille rappelait à cette vaillante femme ses devoirs un moment oubliés dans l'entraînement de la passion. Le sacrifice était consommé !

Ernest Beaumont quittait Paris le soir même sans avoir revu madame Verneuil.

TROISIÈME PARTIE.

I

Madame Verneuil, rappelée à ses devoirs maternels par la présence de sa fille, accomplit héroïquement le sacrifice de son amour; le docteur Max lui apprit qu'ayant en vain attendu jusqu'au soir la réponse qu'il sollicitait d'elle, Ernest Beaumont était le jour même parti en poste avec Florence Hermann.

Ce dernier coup faillit tuer Adèle. Jamais ses prévisions les plus sombres, les plus désolantes n'étaient allées jusqu'à la pensée que son souvenir pût être sacrifié si vite à une femme sans mœurs. Voyant dans cette infidélité d'une promptitude presque brutale une preuve d'un mépris outrageant pour elle, et de la dégradation du caractère d'un homme que jusqu'alors elle avait placé si haut, madame Verneuil fut aussi navrée qu'indignée, mais, hélas! malgré sa conscience du mépris, de la dégradation d'Ernest, la malheureuse femme, et c'était là sa torture incessante, ne pouvait arracher de son cœur ce fatal amour; elle se le reprochait comme une honteuse faiblesse; elle se maudissait. Et cependant, durant la solitude de ses longues heures d'insomnie, l'image d'Ernest et de Florence, souriaus, amoureux, apparaissait invinciblement à son esprit. Cédait-elle par momens à un sommeil pénible, agité : ces odieuses visions la poursuivaient en songe. Ses journées appartenaient à sa fille qu'elle aimait avec un redoublement de tendresse, mais toutes ses nuits appartenaient à son incurable douleur.

Ces souffrances, contenues par fierté, causèrent bientôt de profonds ravages dans la frêle organisation de madame Verneuil. Le docteur Max suivait avec angoisse les progrès de cette maladie de langueur, à laquelle il eût cent fois préféré une maladie aiguë, tranchée, offrant pour ainsi dire un corps contre lequel la science pût lutter avec avantage. Adèle, de qui la santé s'affaiblissait de jour en jour, trouvait dans son amour maternel assez d'énergie pour se livrer assidûment, ainsi que par le passé, à l'éducation d'Emma, et lui cacher ses maux. L'enfant, abusé par le doux sourire de madame Verneuil, par son activité fébrile, ne remarquait pas un dépérissement presque imperceptible à ses yeux, parce qu'elle vivait constamment auprès de sa mère. Le docteur Max, plus clairvoyant, pria, supplia la jeune femme de chercher quelques distractions salutaires dans un voyage, regardant ce *changement d'air* comme indispensable; mais elle opposa une tenacité invincible aux désirs de son vieil ami, et ne voulut pas quitter Paris. Ce salon, où pendant une heure elle avait revu Ernest Beaumont, où pour la première fois elle s'était sentie femme, devint pour madame Verneuil un sanctuaire dont elle n'avait ni la force ni la volonté de s'éloigner; souvent, pendant ses nuits d'insomnie, et alors que sa fille dormait du profond sommeil de son âge, Adèle se levait, venait dans ce salon, s'asseyait là où s'était assis Ernest, et pleurait amèrement l'infidélité, la noire ingratitude de celui qu'elle ne pouvait désaimer... Parfois aussi, ouvrant son piano, et craignant de réveiller sa fille, elle chantait à demi voix, exhalant sa douleur en accens plaintifs et voilés. Mais peu à peu sa voix s'éteignait dans les larmes ; ses mains, d'abord brûlantes, puis glacées, restaient inertes sur les touches d'ivoire, et, le regard fixe, abîmée dans ses souvenirs, rappelée à elle-même par les premières clartés de l'aube, Adèle regagnant alors sa couche solitaire, dans l'espoir d'y trouver le repos, l'oubli, revoyait encore dans ses rêves Ernest et Florence ; Florence plus belle que jamais !..

Enfin, une année environ après le départ du jeune marin, madame Verneuil, minée par le chagrin, et jusqu'à cette époque du moins soutenue par une énergie nerveuse et factice, sentit tout à coup ses forces complétement défaillir ; elle fut obligée de s'aliter. Dès ce moment, en proie aux lugubres pressentimens de sa fin prochaine, elle subit une nouvelle torture en songeant à l'avenir de sa fille.

— Que deviendra ma pauvre enfant après ma mort ? — se disait Adèle. — Hélas ! elle sera l'objet de la répulsion de son père, le martyr de cette infâme servante !

Sous l'obsession de cette crainte, le désespoir de madame Verneuil devenait effrayant ; elle voyait un crime dans cet indigne amour qui la tuait ; elle s'accusait d'être une mauvaise mère, d'être faible, d'être lâche, de n'avoir ni le courage ni la vertu de dominer, d'oublier une passion dégradante, insensée ! atroces déchiremens de l'âme que cette infortunée résumait par cette pensée toujours présente à son esprit depuis qu'elle entrevoyait l'approche d'une lente agonie :

— Mon amour a été *un suicide !* Ainsi, par ma faute, ma fille reste sans soutien, sans défense, à la merci d'une destinée qui m'épouvante!

Madame Verneuil s'efforçait alors de se reprendre à la vie, et, sanglotant, suppliait le docteur Max de la guérir. Elle entreprendrait un voyage, s'il le fallait; elle se résignerait à tout, dans l'espérance de prolonger ses jours et de ne pas laisser sa fille à l'abandon. Il était trop tard! Adèle se trouvait dans un tel état d'anéantissement que les fatigues d'un voyage eussent hâté sa mort.

Le docteur Max, désolé, combattit l'épuisement de madame Verneuil par l'emploi d'excitans, de cordiaux, où elle puisait des forces éphémères, et, quoique alitée, elle s'occupait encore de l'éducation d'Emma, qui recevait ainsi ses leçons accoutumées; souvent, inquiète de la faiblesse croissante de sa mère, elle se rassurait grâce à la feinte tranquillité du docteur Max.

Monsieur Verneuil, selon les prévisions du médecin, continuait de jouir d'une excellente santé, plus que jamais soumis à l'empire de Charlotte, et chérissant cet ignoble empire. Cette fille, employant tour à tour la menace et la flatterie envers Louis; excitant, developpant chez lui de bas et grossiers appétits, largement satisfaits dès qu'il se montrait mauvais fils, était parvenue à lui inspirer un éloignement croissant à l'égard de sa mère et de sa sœur. Ne reculant pas même devant la crainte de corrompre l'innocence de ce malheureux enfant, la servante-maîtresse le persuada que madame Verneuil, justement chassée de la maison conjugale, *avait eu un amant*. A l'appui de ces calomnies infâmes, Charlotte fit lire à Louis le plaidoyer de maître Fripart.

Madame Verneuil subit bientôt la cruelle réaction de ces odieuses menées, vainement combattues par elle. Vint le jour où ce pauvre cœur endolori, martyrisé, reçut un dernier coup... Adèle, sentant la répulsion qu'elle inspirait à son fils, éprouva une sorte de soulagement, lorsque les visites de Louis, de moins en moins fréquentes, eurent tout à fait cessé. Elle avait perdu l'affection de son enfant!

II

Madame Verneuil, depuis plus de deux mois, n'a pas quitté son lit; elle n'est plus que l'ombre d'elle-même; sa vie semble concentrée dans ses yeux brillans; ils paraissent d'une grandeur démesurée, tant ses joues sont creuses, amaigries. Grâces aux soins d'Emma, la *toilette de lit* de sa mère est d'une certaine coquetterie; sa belle chevelure châtain-clair est séparée en bandeaux nets et lisses, à demi cachés par un joli bonnet de dentelles, orné de rubans bleu clair; son peignoir est d'une extrême fraîcheur et garni de rubans de la même nuance que ceux du bonnet. Madame Verneuil, assise sur son séant, est adossée à deux oreillers superposés; l'on aurait pu voir le jour à travers la transparence de l'épiderme de ses petites mains blanches comme celles d'une morte; jamais elle n'a autant souffert que durant la nuit qui vient de s'écouler.

A ses agitations douloureuses succède une sorte d'engourdissement précurseur de l'agonie, et de cette prochaine agonie madame Verneuil a conscience ; mais il lui reste un devoir à remplir : donner à sa fille ses derniers conseils, en lui cachant cependant qu'elle se sent mourir.

Le docteur Max ne soutenait les forces de la malade qu'à l'aide de cordiaux ; aussi voulant se reconforter avant son entretien avec Emma, madame Verneuil prie Joséphine, assise au chevet du lit, de lui donner quelques cuillerées d'une potion placée sur un guéridon. La servante obéit et, replaçant la fiole sur la table, dit à sa maîtresse, avec un accent d'affectueux reproche :

— Ainsi, ma pauvre madame, vous me croyez une paresseuse ?

— Vous êtes la meilleure, la plus courageuse des femmes, ma chère Joséphine, mais je ne veux pas abuser de votre courage et de votre bonté. Voilà deux mois que ma fille et vous passez tour à tour vos nuits à veiller près de moi ; vous finiriez par succomber à la fatigue.

— Mademoiselle Emma, je ne dis pas, madame, mais moi, je n'ai jamais été en meilleure santé. Non, car avant la maladie de madame, je dormais trop, ça m'alourdissait, tandis que maintenant je suis alerte et éveillée comme un pinson ; aussi je jure à madame qu'il est inutile de faire venir ici cette bonne sœur grise, et...

— Encore une fois, ma chère Joséphine, je ne veux pas abuser de votre dévoûment ; ma fille a écrit à la supérieure des sœurs, afin d'obtenir que l'une d'elles vînt partager les soins que vous me donnez. Ces bonnes sœurs ont l'habitude de soigner les malades; le concours de celle que j'attends aujourd'hui allégera votre fatigue.

— Soit! madame, mais pour ce qui est de moi, je vous veillerais encore des semaines et des semaines sans m'en ressentir.

Emma entre en ce moment dans la chambre de sa mère, apportant un gros bouquet de roses qu'elle vient de cueillir dans le jardin. Elle a dépassé sa quatorzième année; sa taille s'est élancée, elle a beaucoup grandi. Emma, de qui l'intelligence a toujours devancé l'âge, n'est plus une enfant, mais une jeune fille; la rude école des chagrins domestiques, ses inquiétudes croissantes sur la santé de sa mère, ont donné à son caractère, à son esprit, une maturité précoce, et à ses traits gracieux et délicats une gravité douce; l'éducation, les conseils, les exemples de madame Verneuil ont porté leurs fruits; sa fille, malgré sa tendre jeunesse, a acquis une grande fermeté d'âme; chez elle, le sentiment du devoir est déjà fortement enraciné.

Joséphine, à la vue de la jeune fille, se lève et lui dit :

— Pendant que vous allez rester près de madame, je vais, mademoiselle Emma, m'occuper du ménage.

La digne femme sort et laisse Adèle Verneuil avec sa fille.

— Ce cordial produit son effet,—se dit madame Verneuil, —je me sens plus forte; puisse cette force ne pas défaillir avant la fin de mon entretien avec Emma! Puissé-je surtout lui cacher que je me sens mourir

III

Emma n'ignorait pas le danger de la maladie de sa mère; mais, abusée par le docteur Max, elle était loin de soupçonner la triste réalité. La jeune fille vient s'asseoir au rebord du lit de madame Verneuil, et étalant sur la courte-pointe les fleurs humides de rosée qu'elle vient d'aller cueillir dans le jardin, elle dit en souriant :

— Mère, j'adopte le charmant usage des Italiennes, qui font hommage de fleurs à leur madone. Tu es ma sainte... voici mon offrande.

— Merci de ton aimable attention, chère enfant; les belles roses! quel doux parfum! et pourtant il est dommage de les avoir coupées. Pauvres fleurs! elles vont mourir!

L'accent de madame Verneuil en prononçant ce mot *mourir*, fit venir une larme aux yeux d'Emma ; mais, déjà douée d'un grand empire sur elle-même, la jeune fille, maîtrisant son émotion afin de ne pas affliger sa mère:

— Maman, avant que la saison des roses soit passée, tu iras respirer leur parfum dans le jardin, sans qu'il soit besoin de les détacher de leur tige.

— Je l'espère, chère ange, car il me semble que je serai bientôt en état de me lever.

— Il serait vrai? Cette dernière nuit, pendant laquelle Joséphine t'a veillée à son tour, a donc été moins mauvaise que les autres?

— Elle a été excellente, mon enfant. J'ai dormi d'un profond sommeil durant quelques heures.

— Quel heureux changement! Mais tu es sauvée! —

s'écrie Emma radieuse; —mais tu es sauvée, mère !— répète la jeune fille en embrassant Adèle avec ivresse.—Notre bon docteur Max me disait encore hier (je t'avouerai cela, maintenant) : « Si votre mère pouvait retrouver le sommeil, elle serait hors de tout danger. » Te voilà donc hors de danger.

— Je le crois comme toi.

—Ah ! ce moment me fait oublier mes inquiétudes, mes angoisses, — dit Emma. Et de nouveau, se livrant aux transports de sa joie, elle couvre de baisers la main de madame Verneuil, et reprend : — A cette heure, je peux te l'avouer, nous avons vraiment parfois été sérieusement alarmées.

— Et moi aussi, mon enfant, j'étais alarmée sans vous le dire ; je ne m'abusais pas sur mon état. Mais sais-tu ce qui me navrait davantage, lorsque je désespérais de revenir à la vie? C'était ma crainte de t'éclairer sur ma triste position, en te donnant les derniers conseils d'une mère tendre et prévoyante ; car je t'aurais laissée bien isolée, mon Emma, au moment de te quitter pour jamais!

—Mère, mère, ne songe plus à cela! Vois, à cette seule pensée, voilà que tu pleures ! Et malgré ma joie, je sens aussi les larmes me venir aux yeux.

—Ah ! mes larmes sont douces, mon enfant : l'espérance, le bonheur, les font couler. Elles me soulagent.

—Va, maman, heureusement elles seront les dernières.

— Oui, les dernières... — repète madame Verneuil avec une expression navrante qui échappe à sa fille, et l'agonisante ajoute en parvenant par un effort surhumain à sourire : — Combien j'étais peureuse, pourtant ! Je me croyais mourante, je reviens à la santé... Mais que veux-tu, mon Emma bien-aimée? je ne pouvais sans frémir me demander ce que tu serais devenue si tu m'avais perdue?

— De grâce, éloignons cette pensée ; elle est trop pénible !

— Non, je te l'assure, cette pensée maintenant m'inspire ce sentiment qu'on éprouve à s'entretenir d'un péril passé. L'on s'y appesantit avec une sorte de satisfaction et de reconnaissance pour la Providence, à qui l'on doit son salut. En insistant sur ce sujet, je cède peut-être à l'un de ces bizarres caprices de malade... que dis-je ?— ajoute madame Verneuil souriant encore, — non pas caprice de malade, mais de convalescente.

— Et après la convalescence... la guérison ! Oh! maman, le beau jour que celui où nous ferons, bras dessus, bras dessous, notre première promenade au Luxembourg !

— La saison sera déjà bien avancée, chère enfant : les feuilles seront tombées.

— Comment? nous sommes au mois de juin, j'espère bien, moi, qu'à la fin d'août, au plus tard, tu seras tout à fait guérie.

— Tu crois

— J'en suis certaine.

— C'est possible, après tout. Je te disais donc, mon Emma que si tu m'avais perdue...

— Maman...

— Je t'en prie, résigne-toi à mon caprice de convalescente.

— Enfin, tu le veux.

— Si tu m'avais perdue ! quelle était, pauvre ange ! ta

position? La voici : Ton père te mettait en pension ; là n'était pas ma crainte; mais vers l'âge de dix-huit ou dix-neuf ans, il te rappelait probablement près de lui, et, en prévision de cette circonstance, je t'aurais donné mes derniers conseils, au... au moment de te quitter pour toujours.

Madame Verneuil, malgré son empire sur elle-même, accentue tellement ces mots : « Te quitter pour toujours ! » qu'Emma frissonne et s'écrie éplorée, les mains jointes :

— Par pitié, ne parle pas ainsi, ma mère !

— Oh ! la vilaine enfant ! oublier ainsi sa grammaire ! une jeune personne de quatorze ans passés, confondre le conditionnel avec le présent !... Et lorsque je dis : Telle *aurait été* ta position, tels *auraient été* mes conseils, voilà, chère oublieuse de grammaire, que tu te troubles et t'affliges, comme si je te parlais au *présent*.

Adèle adresse à sa fille cette remontrance grammaticale avec tant de calme et d'enjouement, que, si Emma eût conservé quelques doutes sur la feinte amélioration de la santé de sa mère, ces doutes se seraient évanouis à l'instant. Aussi, complétement rassurée, la jeune fille, souriant à travers ses larmes :

— C'est vrai, maman; j'ai péché contre la grammaire. Non, non, grâce à Dieu ! le passé n'est pas le présent.

— Très-bien... et, à l'avenir, conjuguez mieux, fille chérie, — répond madame Verneuil, trouvant la force de continuer sa plaisanterie. — Mais parlons sérieusement et revenons à toi, mon enfant. Ce qui m'alarmait donc surtout, c'était cette pensée qu'à dix-huit ans tu sortirais de pension pour venir habiter chez ton père... Et mes alarmes... cette femme... cette femme que tu sais, les causait.

— Cette indigne Charlotte ?

— Oui, et comme chez toi la raison a devancé l'âge, je ne dois pas te cacher plus longtemps que notre ami, le docteur Max et moi, nous avons voulu autrefois t'abuser sur ce que tu avais vu et entendu au sujet de cette fille.

— J'en étais sûre !

— Mais sais-tu quel motif nous engageait à t'abuser ainsi ? Le désir de ne pas affaiblir en toi le respect que tu devais, que tu dois, que tu devras toujours, quoi qu'il arrive, à ton père.

— Le respect, peut-être ; l'affection, jamais !

— Emma !...

— Non ! non ! mon père t'a fait trop souffrir à cause de cette méprisable créature. Et mon frère ? vois ce qu'ils ont fait de lui ! Nous en sommes à ne pas regretter de ne plus le voir, tant son mauvais caractère, sa sécheresse de cœur nous affligeaient, lui autrefois si tendre pour nous !

— Louis est très jeune encore ; un jour, son bon naturel reprendra le dessus, je l'espère ; soyons-lui indulgentes. Ce qui lui a manqué, ce sont des conseils semblables à ceux que je t'aurais donnés au moment de te quitter ; je t'aurais dit : Mon enfant bien-aimée, lorsque tu sortiras de la pension où tu seras sans doute placée, il faudra regagner l'affection de ton père, non pas éteinte, mais refroidie par une longue séparation. Crois-moi, un père, malgré quelques égaremens, aime toujours ses enfans, et si, par suite de circonstances que mon retour à la santé rend improbables... tu avais dû aller habiter près de ton père, tu aurais, en suivant mes avis, bientôt repris et conservé dans sa tendresse la place qui t'appartient; tu te serais montrée d'abord, envers lui, seulement respectueuse et remplie de déférence; le passé pesant sur ton cœur t'imposait cette réserve. Quant à cette servante, ton respect de toi-même, mon Emma, t'eût commandé de paraître complètement ignorer sa position dans la maison paternelle; tu aurais témoigné à l'égard de cette femme une froideur sévère, et, si elle se fût oubliée jusqu'à t'outrager, un silencieux mépris eût été ta vengeance. Tels auraient été, mon enfant, les premiers temps de ton séjour chez ton père. Mais peu à peu, à ta réserve envers lui devaient succéder de ta part de timides prévenances, des attentions délicates, dont il eût été forcément touché. Enfin, le tact parfait et persévérant de ta conduite dans une situation si difficile, le doux attrait de ta présence, ta résignation à la fois noble et douce, eussent insensiblement réveillé l'affection de ton père pour toi; ton âme si aimante eût répondu avec expansion au moindre retour de sa tendresse; chaque pas qu'il eût fait vers toi l'eût éloigné de cette servante, dont l'empire aurait été ainsi miné, détruit par tes vertus charmantes, par ton attachement filial, et ton père revenait complétement à toi, de même que tu revenais à lui. Ne le crois-tu pas, mon Emma? comprends-tu bien? approuves-tu ces conseils?

— Oh! oui, mère, je sens leur dignité, leur sagesse; c'eût été peut-être le seul moyen de regagner l'affection de mon père.

— N'est-ce pas, oh ! n'est-ce pas, tu les aurais suivis, ces conseils ?

— Peux-tu en douter ?

— Grâce à Dieu ! non, je n'en doute pas ! et cette certitude eût été pour moi une consolation suprême ; je t'aurais quittée, presque rassurée sur ton avenir...

— Maman, voici encore que tu pleures ! vois-tu que cela t'attriste de songer à...

— M'attrister ?... parce que j'ai maintenant la certitude que si un malheur fût arrivé.., j'aurais été du moins presque sans crainte sur ton avenir ! tu veux chère enfant, que cela m'attriste ? Ces larmes sont douces au contraire, ange aimée ! laisse-les couler... J'achève. Il s'agissait donc de passer chez ton père les deux ou trois années qui eussent précédé ton mariage. A ce sujet, j'avais encore de vives appréhensions ; mais je ne pouvais que me fier à l'instinct de ton cœur si noble, si droit, si pur, pour guider ton choix, et sur tes excellentes qualités pour mériter l'attachement d'un honnête homme.

— Tiens, mère, cet entretien te fatigue ou t'impressionne trop vivement, — reprit Emma quelque peu inquiète. — Ton front est humide, — ajouta la jeune fille en étanchant avec son mouchoir les gouttes de sueur froide qui en effet, perlaient déjà sur le front de sa mère.

IV

Madame Verneuil, épuisée par tant d'émotions contenues, luttait avec héroïsme contre les approches de l'agonie qui déjà glaçait son front; mais la pauvre martyre des devoirs maternels, craignant d'effrayer Emma, s'efforça de dissimuler ou d'expliquer l'altération de sa voix, et reprit :

— Tu dis vrai, mon enfant, cet entretien m'impressionne...

— Tu vois bien, mère.

— Mais cette impression même, c'est la vie qui me revient, c'est mon sang qui circule plus vif dans mes veines. Rassure-toi, va, mon Emma ! hier, je n'aurais pu te parler, m'impressionner ainsi... D'ailleurs, quelques mots encore et j'aurai achevé la confidence des craintes dont j'étais tourmentée. Je me disais en outre,... car en ces momens-là, vois-tu, chère enfant, une mère cherche à tout prévoir...! je me disais en outre: « Supposons que, par impossible, l'affection de mon mari pour sa fille doive un jour complétement s'éteindre en lui ; qu'il ne soit ni attendri ni même apitoyé par la résignation de cette chère enfant ; qu'il se ligue contre elle avec cette servante, afin de lui rendre la maison paternelle odieuse, insupportable... »

— Oh ! mère, mère !

— Cela était impossible, je le sais; mais, dans mon inquiète sollicitude, je prévoyais jusqu'aux impossibilités mêmes, et je me disais : « En ce cas désespéré, que devra faire ma fille ? »

— Je frissonne en songeant à cette horrible supposition.

— « Que devra faire ma fille ? »—reprend d'une voix brève et affaiblie madame Verneuil, qui, d'abord ranimée par le cordial, sentait ses forces à bout.— « Ma fille est courageuse, elle endurera tout sans se plaindre, jusqu'à l'âge de vingt-cinq ans. Hélas ! c'est bien long, pauvre enfant ! mais enfin c'est un terme. A cet âge, tu pourras légalement quitter la maison paternelle en exigeant ta part de mon héritage. Alors, « et n'oublie pas cela, mon enfant, si un jour ces prévisions se réalisent, n'oublie pas cela, » tu quitteras la maison de ton père sans le prévenir ; tu te retireras chez notre vieil ami, le docteur Max ; il fera valoir tes droits en justice... et... et... »

— Grand Dieu ! — s'écrie Emma effrayée, — qu'as-tu donc ? tes yeux se ferment !... Mère ! mère ! est-ce que tu te trouves mal ?...

Joséphine entre en ce moment, précédant une sœur grise dont les traits sont cachés par son voile.

— Madame, — dit Joséphine, — voici la bonne sœur.

Madame Verneuil, rappelée à elle-même par le cri d'angoisse de sa fille, et craignant de la rendre témoin de sa mort, trouve dans cette crainte un dernier élan d'énergie, se redresse sur son séant, et dit d'une voix assez ferme :

— Emma, laisse-moi avec cette bonne sœur.

— Mais, maman...

— Mon enfant, je le veux, je l'exige, laisse-moi !

La jeune fille n'osant désobéir aux ordres de sa mère, exprimés avec une impatience dont elle est aussi surprise qu'affligée, s'éloigne avec Joséphine. A peine sont-elles sorties, que madame Verneuil, défaillante, se renverse sur son chevet, en disant à la religieuse d'une voix éteinte :

— Ma sœur, ce cordial... Je me sens mourir...

La religieuse s'empresse de verser, dans une cuillère d'argent, quelques gouttes de la potion placée sur un guéridon, s'approche d'Adèle, se penche vers elle; mais celle-ci la fixe avec stupeur et s'écrie :

— Que vois-je ! Florence !

V.

Les émotions violentes, inattendues, sont généralement foudroyantes lorsqu'elles frappent une personne aussi débile, aussi épuisée que l'était alors madame Verneuil; mais parfois la violence même de la commotion ranime pendant un instant la vitalité expirante. Il en fut ainsi de l'impression que ressentit Adèle à la vue de son ancienne amie lui apparaissant inopinément sous le costume d'une sœur grise.

Madame Hermann était toujours charmante; la sévérité du costume religieux donnait même un attrait piquant et nouveau à la rare beauté de la jeune femme. La coupe ample et modeste de sa robe de grosse bure ne dissimulait pas complétement l'élégance et la richesse d'une taille parfaite, qui, loin d'être amaigrie par les austérités du cloître, avait gagné quelque embonpoint; une coiffe d'une blancheur irréprochable encadrait le rose et frais visage de *sœur Florence*, et quoique, selon la règle, ses admirables cheveux noirs fussent complétement cachés sous le bandeau de lin qui ceignait étroitement son joli front, telle était la régularité de ses traits que la nudité de cette coiffure ne nuisait en rien aux grâces de sa figure.

Avons-nous besoin de dire que sans l'impérieuse exigence de la déduction logique des caractères, déduction dont la moralité ressortira, nous l'espérons, de ce récit, nous eussions offert un autre type de ces bonnes sœurs que nous avons vues à l'œuvre, dans les bagnes, dans les prisons, dans les hôpitaux, et de qui nous avons conservé le plus touchant, le plus respectueux souvenir? Malgré certaines réserves à l'endroit des ordres religieux (réserves qu'il nous est impossible d'exposer ici), nous apprécions, nous admirons autant que personne le dévouement évangélique, souvent héroïque, dont tant de bonnes sœurs ont donné l'exemple.

Est-ce à dire que, parmi ces saintes filles, il n'en est point qui, de même que Florence Hermann, prennent le voile après avoir connu les agitations, les déceptions mondaines? Loin de là, nous le savons personnellement, il est des femmes qui, dans l'éclat de la richesse, dans la fleur de la jeunesse et de la beauté, ont volontairement renoncé aux adorations, aux plaisirs d'une société choisie, espérant trouver dans le cloître la consolation de chagrins, souvent, hélas! incurables.

Nous l'avouons, ce sont peut-être ces femmes qui, délaissant les raffinemens d'une vie élégante et somptueuse, pour consoler les malades, pour panser les plaies hideuses des galériens et des voleurs, ce sont peut-être ces femmes-là, disons-nous, qui nous inspirent, sinon le plus de respect, du moins une sympathie plus vive; elles abandonnent toutes les superfluités, toutes les délicatesses du luxe, pour se vouer (relativement) à de dures privations, au lieu de trouver dans la vie religieuse cette existence qui semble (toujours relativement) douce et comfortable à la fille si misérable du prolétaire chargé de famille, et incertain de son pain du lendemain, ou à la pauvre fille des champs, couverte de haillons, ne mangeant pas à sa faim, et hébétée par l'ignorance ou par des travaux écrasans pour son sexe.

Cela dit, poursuivons notre récit.

VI

Madame Verneuil pressentant sa fin prochaine, et espérant épargner le spectacle de son agonie à sa fille, a voulu rester seule avec la bonne sœur, et, dans cette religieuse, elle a reconnu Florence Hermann, à qui elle s'est crue sacrifiée par Ernest Beaumont.

Cette rencontre foudroyante a momentanément surexcité les forces expirantes d'Adèle; son ancienne amie lui a fait prendre quelques cuillerées d'une potion cordiale; la malade reconfortée, mais encore suffoquée par la stupeur, est adossée à ses oreillers, le regard fixe, et n'a pas prononcé une parole. Sœur Florence, épouvantée des symptômes de mort qu'elle lit sur les traits de madame Verneuil, a senti son cœur, toujours généreux et compâtissant, se briser; elle fond en larmes, tombe à genoux au chevet de l'agonisante, saisit l'une de ses mains froides comme le marbre, la couvre de larmes et de baisers, murmurant d'une voix entrecoupée de sanglots :

— Adèle! Adèle! te retrouver ainsi, mon Dieu!

Madame Verneuil fait un faible effort afin de retirer sa main d'entre celles de sœur Florence, et se retournant vers l'alcôve, dit d'une voix douloureuse et irritée :

— Laissez-moi ! votre vue me fait mal.

— Je t'en conjure, Adèle, écoute-moi !

— Je vous dis que votre présence me fait mal; laissez-moi mourir en paix!

— Adèle !

— Ernest vous a aimée... je meurs... que voulez-vous de plus?

— Je veux que tu saches la vérité : Ernest ne m'a jamais aimée.

A ces mots, madame Verneuil tressaille, un éclair de joie brille dans ses yeux; mais bientôt elle reprend avec l'accent d'un doute amer :

— Vous me trompez! vous voulez rendre mes derniers moments moins pénibles.

— Moi, te tromper! moi, mentir en un pareil moment! mentir sous les habits que je porte !

Et sœur Florence, d'agenouillée qu'elle était, se relève, s'asseoit sur le bord du lit de madame Verneuil, et conservant toujours entre les siennes l'une des mains de son amie, elle se penche vers elle :

— Chère Adèle, veux-tu, peux-tu m'écouter ?

— A quoi bon ?

— A connaître la vérité.

— N'êtes-vous pas partie de Paris avec Ernest ?

ADÈLE VERNEUIL. 205

— Oui, je suis partie avec lui dans sa voiture, mais il était tellement abattu, anéanti, que lorsque je lui ai proposé de l'accompagner et qu'il me l'a permis, il n'avait pas conscience de ses paroles.

— Vous voulez que je croie...

— Je veux que tu croies la vérité. Je te le répète, Ernest, éperdu, presque égaré par le désespoir, n'avait pas conscience de lui-même au commencement de notre route ; devenu plus calme, il a paru sortir d'un songe, et si surpris de me voir à ses côtés, que j'ai dû lui rappeler les événemens de la veille ; alors il s'est remis à pleurer de nouveau ; ses larmes l'ont soulagé, il m'a remerciée de l'intérêt que je lui portais, l'attribuant à mon amitié pour vous deux. Ai-je besoin de te dire en quels termes il m'a parlé de toi ?... Tu le devines : pas un mot de reproche n'est sorti de sa bouche ; il comprenait la nécessité du sacrifice que t'imposaient tes devoirs de mère.

— Serait-il vrai ? pauvre Ernest ! Mon Dieu !

— Son amour pour toi, ses regrets déchirans, ont été l'unique sujet de notre entretien jusqu'au Havre, où son navire l'*Adèle* était à l'ancre : « Je partirai ce soir même,
» — m'a-t-il dit ; — adieu, chère madame Hermann, je n'ou-
» blierai pas la preuve d'affection que vous m'avez donnée.
» Si un jour vous revoyez Adèle, assurez-la que mes der-
» nières pensées seront pour elle. Elle a été, elle sera mon
» unique amour. Encore adieu ! » Il m'a serré la main, et depuis... je ne l'ai jamais revu !

Le récit de sœur Florence était de tous points sincère. L'accent irrésistible de la vérité pénètre, persuade madame Verneuil ; elle tourne lentement la tête vers son amie, qui remarque avec bonheur l'ineffable expression de ses traits.

— Il est parti, et tu ne l'as jamais revu ! — reprend Adèle. — Mais ton amour ?

— Mon amour ? — répond sœur Florence les yeux soudain noyés de larmes,—mon amour ?... Hélas ! je n'ai pas osé en faire l'aveu à Ernest.

— Pauvre femme ! Tu l'aimais passionnément pourtant. Je le sentais à la jalousie haineuse que tu m'inspirais alors.

— Oui, je l'aimais passionnément. Aucun scrupule n'aurait dû me retenir ; mais devant la douleur si touchante, si sainte que lui causait votre séparation, mon aveu est resté sur mes lèvres, moins encore peut-être parce que je sentais l'inutilité de cet aveu, que parce qu'il m'eût paru, en ces tristes circonstances, une profanation.

— Florence, ton cœur est resté généreux malgré tes fautes! Combien je me reproche, hélas ! la dureté de mon accueil lors de...

— Oublie cela, comme je l'ai oublié moi-même, Adèle.

— Maintenant je devine le motif de ton entrée dans un ordre religieux.

— Je crus que j'allais mourir de douleur, lorsque des fenêtres de l'auberge où nous étions descendus, Ernest et moi, je vis son vaisseau, qu'il venait de rejoindre, mettre à la voile, s'éloigner, disparaître. C'était au soleil couchant. Je suis restée à ma croisée une partie de la nuit à regarder la mer à travers mes larmes. Puis soudain j'ai éprouvé une sorte de vertige, je me suis évanouie, et le matin, une servante m'a trouvée sur le carreau. Je suis restée durant six semaines entre la vie et la mort dans une chambre de cette auberge. Je ne connaissais personne au Havre, je me trouvais à l'abandon.

— Pauvre Florence!

— Heureusement, à la fin de ma maladie, j'ai été soignée par une bonne vieille sœur grise ; elle m'a comblée de preuves d'attachement ; la confiance s'est établie entre nous. Je ne suis pas, tu le sais, dissimulée ; je lui ai raconté mes chagrins ; sœur Marthe, c'est son nom, a répondu à ma confiance par la sienne. Elle aussi, au temps de sa jeunesse, lorsqu'elle vivait dans le monde (elle était du monde et du meilleur), elle aussi avait éprouvé un grand chagrin de cœur, et trouvé d'abord l'apaisement, puis l'oubli de ses peines dans la religion. Tu connais la vivacité, la mobilité de mes impressions. Cette vie de charité, d'amour mystique, de dévouement, m'a séduite, et, ainsi que sœur Marthe, j'ai demandé au cloître l'oubli de la plus cruelle affliction que j'aie ressentie... J'ai trouvé, sinon encore l'oubli... du moins l'apaisement, depuis six mois que je suis entrée chez les sœurs. J'ai pris le voile après être revenue complétement à la santé. Parfois je m'ennuie bien un peu, parce que...

Sœur Florence s'interrompit, étouffa un soupir qui fit gonfler sa guimpe, et ajouta :

— Enfin, hier, notre supérieure m'a prévenue qu'une dame demandait une sœur pour la veiller, que cette dame s'appelait madame Verneuil, et que j'étais désignée pour me rendre chez elle... Mais, Adèle, je crains d'avoir fatigué ton attention, tu es si affaiblie !

— Non, oh ! non, chère Florence ! Si tu savais au contraire combien tes paroles m'ont fait de bien ! quel poids douloureux elles ont enlevé de mon cœur ! Que te dirai-je ? c'est peut-être une illusion, mais je me sens mieux.

Ce n'était pas une illusion.

L'un des plus affreux chagrins de madame Verneuil avait été de se croire outrageusement oubliée par Ernest Beaumont, le jour même de sa rupture avec lui. Cette cause disparue, ses effets devaient tendre, hélas ! bien tardivement, à s'atténuer, la maladie d'Adèle étant non moins morale que physique; de là ce faible *mieux-être* qu'elle sentait lutter en elle contre les progrès de l'agonie.

A ce moment, la porte de sa chambre à coucher s'ouvre, et Emma, ayant saisi avec empressement un prétexte de rentrer chez sa mère, s'approche de son lit, tenant une lettre.

— Maman, voici une lettre pour toi. Le docteur Max vient d'arriver; il serait déjà ici, mais le portier le consulte.

— Emma, — dit madame Verneuil avec un doux sourire, — notre ami et toi, chère enfant, vous allez être contens, je me sens mieux, véritablement mieux.

— Oh ! mère ! — s'écrie la jeune fille ravie et déjà rassurée, — nos heureuses espérances de ce matin ne seront donc pas trompées ?

— La présence de cette bonne sœur nous a, je crois, porté bonheur, — ajoute Adèle en jetant un regard attendri sur Florence. — Mais cette lettre, d'où vient-elle, mon enfant ?

— Le facteur l'a apportée.

— Lis-la, je te prie.

— Oui, maman, — répond la jeune fille, et décachetant

la missive, elle ajoute : — Tiens, il y a un morceau de journal dans la lettre !

VII

Emma dépose sur un guéridon à sa portée le fragment de journal inclus dans la lettre, et s'apprête à la lire, lorsque sœur Florence, par discrétion, dit à Adèle :

— Je vais, madame, me retirer pendant quelques instans.

— Non, non, ma sœur, restez ; je n'ai de secrets ni pour ma fille ni pour vous. Lis cette lettre, mon enfant.

La jeune fille lit à haute voix ce qui suit :

« Madame,
» Un ami inconnu se fait un plaisir et un devoir de
» vous communiquer ce fragment du journal de Nantes
» où vous trouverez des renseignemens qui vous intéres-
» seront extrêmement. Le navire l'*Adèle*, commandé par
» *feu* votre ancien amant, a péri, corps et biens, à... »

Emma n'achève pas...

Elle avait lu pour ainsi dire machinalement et par propulsion involontaire ces derniers mots :

— « Commandé par *feu* votre ancien amant, a péri corps
» et biens. »

Mais à un cri étouffé de sa mère, cri suprême d'une créature expirante, la lettre tombe des mains de la jeune fille ; elle se précipite sur le lit de madame Verneuil, sans remarquer la pâleur soudaine de sœur Florence qui, bouleversée par la nouvelle de la mort de l'homme qu'en secret elle aime encore, reste d'abord immobile de stupeur; mais, revenant bientôt à elle, Florence s'empresse de secourir madame Verneuil, tombée sur ses oreillers, livide, inanimée. Emma, saisissant les mains glacées de sa mère et voyant ses yeux ternis se clore sous ses paupières, éclate en gémissemens d'épouvante.

La porte s'ouvre. Le docteur Max à l'aspect de sœur Florence et d'Emma penchées sur le lit de madame Verneuil et poussant des sanglots déchirans, devine la triste vérité. Il s'élance, interroge le pouls d'Adèle. Il ne bat plus!

Le docteur Max, aussi pâle que la mourante, s'écrie d'une voix navrée :

— Une glace ! une glace !...

Sœur Florence et Emma, abîmées dans leur désespoir, dont l'explosion couvre la voix du docteur Max, ne l'entendent pas; Joséphine, qui a suivi le médecin, conservant plus de sang-froid, s'encourt, disparaît pendant un instant, et rapporte un petit miroir au médecin ; il l'approche des lèvres bleuies de madame Verneuil... Hélas! de sa bouche entr'ouverte pas un souffle ne s'échappe : la glace reste brillante.

— Rien ! — murmure le docteur Max, et cachant son visage entre ses mains, il laisse tomber le miroir à ses pieds.

— Mon Dieu ! — s'écrie sœur Florence avec un sanglot convulsif, — morte !

— Ce n'est pas vrai ! ma mère n'est pas morte ! — reprend Emma délirant.

Et se jetant sur le corps de madame Verneuil, elle l'enlace de ses bras, couvre son visage de baisers, en s'écriant dans son égarement :

— Mère ! mère ! n'est-ce pas, tu n'es pas morte ?

VIII

Monsieur Verneuil, instruit de l'alarmante gravité de la maladie de sa femme, avait fait écrire par Charlotte la lettre anonyme relative au naufrage d'Ernest Beaumont. A l'aide de cet assassinat épistolaire, le charitable homme comptait devenir veuf, et, résolu de braver les *qu'en dira-t-on*, épouser sa servante. Son immonde et frénétique passion pour cette fille touchait à la démence ; la lente agonie d'Adèle le comblait sans doute d'espoir, mais l'on voit les mourans revenir de si loin ! Il lui fallait donc une certitude : la bière et la fosse ! Sa femme clouée dans sa bière, ensevelie dans sa fosse, il pourrait accomplir le tendre vœu de son cœur et conduire Charlotte à l'autel. Aussi, quelle fut la joie de monsieur Verneuil lorsque le matin, arrivant à son bureau, il trouva dans un journal un extrait de la *Gazette de Nantes* rapportant cette délectable nouvelle :

« Le trois-mâts l'*Adèle*, capitaine Ernest Beaumont, se
» rendant au Havre, a été jeté par une horrible tempête
» sur les récifs de la côte de Bretagne. Le navire, son équi-
» page et le capitaine ont péri, etc., etc. »

La Providence servait à souhait monsieur Verneuil. (Les plus affreux coquins croient à une manière de providence, à eux particulière ; ils la choyent, l'invoquent, la flagornent, la remercient, comme Louis XI croyait en ses reliques, les invoquait, les remerciait, la veille ou le lendemain de quelque nouvelle scélératesse.)

Détacher du journal la précieuse nouvelle, quitter son ministère une heure à peine après y être arrivé, accourir chez lui afin de charger Charlotte d'écrire et d'adresser, le jour même, à madame Verneuil, la lettre anonyme, telle fut la première pensée de monsieur Verneuil.

Mais la providence des honnêtes gens ménageait un tour de sa façon à cet abominable hypocrite. Il monte rapidement à son appartement, sonne, sonne, sonne encore.

Personne ne lui répond.

Cependant, pensait-il, Charlotte ou la cuisinière devait être céans.

Enfin, au bout de cinq minutes, Charlotte vient ouvrir la porte à son maître, et de son retour inattendu paraît stupéfaite. Le Verneuil remarque la physionomie étrange de sa servante, son œil brillant, sa joue enluminée. La rusée commère devine la surprise de son maître, et d'un ton de familiarité maussade et dolente, s'écrie :

— Que le diable vous emporte! vous m'avez réveillée. Je n'ai pas fermé l'œil de la nuit; j'ai un mal de tête fou! Je commençais à m'endormir; votre maudite sonnette m'a éveillée en sursaut. Cette musarde de Victoire aura flâné au marché. Je la croyais dans sa cuisine, je ne me hâtais pas de venir ouvrir la porte.

Ces mensonges, très vraisemblables, le Verneuil les accepta pour vrais, tellement radieux, d'ailleurs, du coup mortel dont il allait frapper sa femme, qu'il ne chicana point les explications de Charlotte, et lui dit joyeusement :

— Ferme la porte et suis-moi, Lolotte. (Il l'appelait dans l'intimité Lolotte.)

Il entra dans son cabinet attenant à l'antichambre et fit écrire par sa servante l'épître que l'on sait. Charlotte, instruite par lui du but et des conséquences probables de cette lâche férocité, bondit de joie et d'espérance.

— Maintenant, Lolotte, — dit le Verneuil, — tu vas aller jeter cette lettre à la poste, le bureau est à deux pas d'ici.

Charlotte, dissimulant un vif embarras, répondit tendrement :

— C'est ça, nous allons sortir ensemble ! Je mettrai la lettre à la poste, et je vous verrai vous en aller jusqu'au bout de la rue. J'aime tant à vous voir marcher ! vous avez un si *beau port* !

Le maître de Lolotte sourit d'un air coquet, lui pinça les joues et dit :

— Va vite porter la lettre ; je l'attends.

— Comment ! vous m'attendez ? où cela ?

— Ici.

— Mais, monsieur...

— Va vite et reviens encore plus vite, mignonne.

Charlotte comprit que résister davantage aux injonctions du Verneuil était impossible ; elle reprit d'un air agaçant :

— Faites-moi un plaisir, monsieur ?

— Lequel ?

— Mettez-vous à la fenêtre pour me voir aller jusqu'à la boîte aux lettres. Vous aimez ma *tournure* autant que j'aime votre *beau port* ?

— Excellente idée ! — répond le Verneuil en ouvrant la

fenêtre de son cabinet. — Va vite, mignonne.

La servante sort précipitamment; son maître, se ravisant au bout d'un instant, la rejoint bientôt, et la surprend la main déjà sur le bouton de la serrure de la salle à manger. contigue à l'antichambre. Mais Charlotte conserve sa présence d'esprit, et haussant les épaules,

— Où diable ai-je donc la tête? Je me trompais de porte.

— Grosse folle ! je venais te recommander de dire au portier de répondre que je n'y suis point, s'il se présentait par hasard quelque visite. Va, dépêche-toi.

IX

Et le Verneuil, accompagnant jusqu'au palier la servante, referme sur elle la porte d'entrée, après quoi il se dirige vers son cabinet afin de se mettre à la fenêtre et d'y jouir de la perspective de la tournure de sa Lolotte; mais en passant devant le seuil de la salle à manger, il entend un éternuement formidable, quoique lointain, et d'autant plus retentissant qu'il a été comprimé davantage.

À ce bruit, le Verneuil pénètre brusquement dans la salle à manger, aperçoit les reliefs d'un succulent déjeuner, et, à travers la porte à demi ouverte de la chambre de Charlotte, il entrevoit quelque chose de rouge et de bleu, pousse cette porte, entre, et se trouve face à face d'un carabinier gigantesque, effroyablement moustachu et momentanément fort enrhumé. Cet hercule, coiffé d'un casque de cuivre à crinière écarlate, bouclait le blanc ceinturon de son grand sabre d'acier sur sa veste bleu-clair dont l'azur tranchait vivement sur le rouge de son large pantalon. Le Verneuil, il faut le dire, peu coloriste et peu sensible surtout en ce moment à l'harmonie des nuances et à la coquetterie militaire de l'uniforme, reste d'abord frappé de stupeur. La stupeur cède à la rage, et, livide, il s'élance sur le carabinier. Celui-ci saisit son adversaire par les poignets, le contient, tout en se dirigeant à reculons vers la porte, en disant d'un ton narquois :

— Allons, bourgeois! soyez gentil! Du calme, sarpejeu! du calme, donc!

Puis, arrivé au seuil de la porte, et ne voyant d'autre moyen de se débarrasser de son rival hurlant et se tordant de fureur, le soldat herculéen saisit le Verneuil à bras le corps, le soulève, le lance à quelques pas de là étendu sur le dos et répète :

— Du calme, bourgeois, sarpejeu! du calme, donc!

En suite de quoi le carabinier ferme la porte à double tour, s'arrête dans la salle à manger devant la table encore servie, soupire, vide traits sur traits son verre et celui de Charlotte, laissés pleins, fait claquer sa langue contre son palais, symptôme d'approbation à l'endroit du vieux vin de Chambertin qu'il vient de déguster, essuie ses épaisses moustaches du revers de sa main, met son sabre sous son bras, quitte l'appartement, et, rencontrant Charlotte qui remontait essoufflée, il lui tient à peu près ce langage :

— Ton bourgeois est déchaîné; il voulait me mordre, je l'ai laissé sur le dos et au *clou*, dans ta chambre, qui lui sert de salle de police. Tu m'écriras à la caserne quand je pourrai revenir. Ce n'est pas tout de suite ! Tu sais que je passe brigadier; faut que je dépose un *cautionnement*, deux cent soixante-dix-neuf francs quarante-trois centimes, chez le quartier-maître. Ça ne se trouve point dans le pas d'un cheval. Nous nous reverrons quand je l'aurai trouvé. Adieu, mes amours!

Et après avoir gravement débité cette bourde prodigieuse, le carabinier retroussa sa moustache, sourit à Charlotte, remit son grand sabre sous son bras, se hancha, et descendit victorieusement l'escalier, faisant résonner les marches sous ses talons éperonnés.

X

Monsieur Verneuil, environ cinq années avant la découverte des légèretés de Charlotte, avait été guéri par le docteur Max d'une maladie de cœur dont les conséquences pouvaient être mortelles ; mais la science du médecin et le régime salubre dont le Verneuil, très soigneux de sa santé, ne se départit point, arrêtèrent les progrès du mal et le neutralisèrent. Nous devons ajouter, pour l'intelligence de ce récit, que les affections morbides du cœur sont de celles là qui se reproduisent avec une violence fulgurante lorsqu'une commotion profonde fait démesurément affluer le sang dans cet organe ; or, la découverte des *légèretés* de Charlotte fouetta le sang du Verneuil jusqu'à la plus dangereuse effervescence ; non-seulement il éprouvait une passion désordonnée pour cette fille, mais, croyant pouvoir mesurer la reconnaissance, l'attachement, la constance qu'elle lui devait, aux sacrifices de toutes sortes qu'il lui faisait, il se persuadait fermement être adoré d'elle, prenant au sérieux ses adulations grossières lorsqu'elle lui disait :

— Tu es très bel homme, et malgré tes quarante ans passés, je raffole de toi, etc., etc.

Puis, les hypocrites, habitués aux respects, aux déférences qu'adroitement ils filoutent, grâce à leur déguisement, sont plus que personne sensibles au mépris, au ridicule ; d'où il suit que le carabinier, qui buvait son vin et courtisait Charlotte, couvrait le Verneuil d'un ridicule affreux. Enfin, son frénétique amour le rendait d'une jalousie féroce, et c'est au moment même où il espérait frapper mortellement sa femme, afin d'épouser sa servante, que cette Messaline, etc., etc.

Le Verneuil, foudroyé par tant de déceptions, sentit le sang affluer à son cœur avec une violence impétueuse, et lorsque, après réflexion, Charlotte, sûre de son empire sur son maître, et décidée à lui mettre, ainsi que l'on dit vulgairement, le marché à la main, entra crânement dans la chambre, elle trouva le misérable assis sur le parquet, le visage livide, et comprimant sous ses deux mains son cœur dont les pulsations précipitées, effrayantes, le suffoquaient. Telle était déjà l'expression de ses traits décomposés que Charlotte se dit :

— Il est capable de crever ! Ah ! le gueux ! il n'a jamais voulu faire de testament !

L'instinct de sa conservation dominant en ce moment

chez lui tout autre ressentiment, le Verneuil, à la vue de la servante, murmure d'une voix haletante :

— Un médecin ! un médecin !

Charlotte, ayant éloigné durant quelques heures la cuisinière, afin de pouvoir paisiblement festiner avec son carabinier, se trouvait seule au logis. Elle descendit chez le portier et lui commanda, sans s'expliquer davantage, de courir chercher un médecin. Le portier n'en connaissait d'autre que le docteur Max, médecin habituel des époux Verneuil avant leur séparation. Il se rendit donc en hâte, non chez le docteur, personne ne pénétrait chez lui, mais à son cabinet de consultation. Là, le premier élève du célèbre praticien assura le messager qu'il rencontrerait le docteur Max chez madame Verneuil, et ajouta :

— Veuillez en même temps remettre cette lettre à monsieur le docteur; elle est très pressée.

Le portier accepte la commission, arrive chez madame Verneuil, et, remettant au docteur Max la lettre dont il est chargé, il le prie de venir à l'instant chez monsieur Verneuil, subitement et très gravement indisposé. La lettre adressée au docteur était ainsi conçue :

« Mon ami, j'arrive à Paris; j'ai seul échappé par mira-
» cle au naufrage de mon bâtiment et de son équipage.
» Attendez-moi tantôt à six heures. Un rêve, un pressen-
» timent sinistre me ramenaient en France. Je vous dirai
» tout.

» A vous de cœur,

» ERNEST BEAUMONT. »

Peu de temps avant l'arrivée du portier de M. Verneuil

chez sa femme avait eu lieu un événement qui semblerait prodigieux, impossible, si la science ne constatait souvent des faits analogues.

Le docteur Max crut Adèle Verneuil trépassée. La douleur qu'il éprouva troubla d'abord son sang-froid accoutumé ; puis, réfléchissant que, parfois, certaine suspension momentanée de la vie offre tous les symptômes apparens de la mort, il ne voulut pas désespérer encore, et, d'une main ferme, pratiqua une profonde incision à la plante de l'un des pieds de la jeune femme ; sa jambe tressaillit presque imperceptiblement, mais du moins accusa le ressentiment de la douleur. A cette preuve de vitalité, une lueur d'espérance renaissant dans l'âme du docteur Max, il employait, aidé de sœur Florence (Emma délirait), les moyens les plus efficaces afin de tenter de rappeler Adèle à l'existence, lorsqu'il reçut la lettre d'Ernest Beaumont, et la nouvelle de la subite et grave indisposition de M. Verneuil.

Le docteur Max, frappé d'une idée subite, sourit cette fois, il faut l'avouer, d'un air infernal... envoya aussitôt chercher son premier élève, et, sachant qu'il pouvait compter sur le zèle, le savoir et l'exactitude de ce jeune homme, lui donna les plus minutieuses instructions au sujet des soins dont la mourante devait être l'objet, et se fit conduire bride abattue au logis de monsieur Verneuil.

XI

Charlotte et la femme du portier ont transporté monsieur Verneuil dans sa chambre et l'ont couché. Ce scélérat, en proie à un suffocation parfaitement analogue à celle d'un homme qui se noie, ne peut que de temps à autre faire entendre ces mots d'une voix entrecoupée :

— Le médecin ! le... médecin ! je... me... meurs.

— Et il n'a pas fait son testament ! — pensait Charlotte debout au chevet du lit de son maître et attachant sur lui un regard de récrimination courroucée.— Et dire qu'il n'a pas voulu faire de testament !

La servante se livrait de nouveau à cette pensée désolante pour son cœur lorsque la porte de la chambre s'ouvrit. Le docteur Max s'approcha rapidement du lit de monsieur Verneuil.

Charlotte, à la vue du médecin qu'elle abhorre, s'écrie insolemment :

— Ce n'est pas vous que l'on a demandé; allez vous-en !

Monsieur Verneuil, en ce moment critique, oublie son aversion pour le docteur dont les soins l'ont déjà une fois presque miraculeusement guéri d'une maladie semblable, et murmure, en agitant faiblement ses mains suppliantes :

— Docteur ! sauvez-moi !... sauvez-moi !

Le docteur Max jette un regard attentif et pénétrant sur le *facies* du malade, tire de sa poche un carnet, enlève l'un de ses feuillets, y écrit quelques mots au crayon, et remettant le papier à la servante :

— Portez à l'instant ce billet à mon cabinet de consultation ; mon second élève vous remettra une boîte ; vous me la rapporterez. Hâtez-vous.

— Le docteur peut sauver mon maître, se dit Charlotte ; j'ai intérêt à ce qu'il vive, puisqu'il n'a pas fait son testament. Verneuil, revenu à la santé, ne pourra pas se passer de moi ; il faudra bien qu'il *avale* mon carabinier.

Ce pensant, Charlotte sort en hâte, et le docteur Max reste seul avec son client.

XII

Aussitôt après le départ de Charlotte, la physionomie du docteur Max, jusqu'alors grave et contenue, se transfigure : ses petits yeux noirs pétillent d'une joie sinistre ; un sourire d'une cruauté sardonique contracte ses lèvres, et, en ce moment redoutable, l'expression des traits du docteur rappelle fort son surnom : *le diable médecin.* Il s'approche du lit de monsieur Verneuil, consulte son pouls, et, se livrant à un ricanement aigu, digne de Méphistophélès,

— Hé ! hé ! monsieur, une large saignée peut vous sauver.

Le docteur Max disait la vérité : une émission de sang, pratiquée à l'instant, sauvait infailliblement le malade.

— Ah ! je suis sauvé ! — s'écrie monsieur Verneuil, poussant un soupir d'allégement et d'ineffable espérance. Puis, malgré sa faiblesse, il sort péniblement l'un de ses bras hors de son lit et s'efforce de relever la manche de sa chemise, en répétant : — je suis sauvé !

Le docteur Max, dont le flegme est effrayant, croise ses mains derrière son dos, et ricanant de nouveau:

— Hé! hé! monsieur, croyez-vous en Dieu ?

Monsieur Verneuil lève les yeux d'un air béat vers le plafond avec un élan jaculatoire, mais il ajoute en montrant son bras :

— La... saignée!... j'é...touffe!...

— Monsieur, — reprend le docteur Max, immobile ainsi qu'une statue, — monsieur, croyez-vous à l'immuabilité de la volonté du Tout-Puissant? Monsieur, croyez-vous que l'homme, dans l'humilité de sa nature, dans son religieux respect pour les décisions de l'Eternel, doive les accepter? s'y soumettre absolument, aveuglément? doive enfin n'essayer jamais de les combattre sous peine de rébellion impie, de révolte sacrilége?

A cette tirade théologique et interrogative, M. Verneuil, suffoquant de plus en plus, répond d'une voix entrecoupée:

— Oui... oui... je crois... tout... cela...; mais... la... saignée... j'ét... ouffe.

— Ainsi, monsieur, vous et moi sommes parfaitement d'accord sur ce point capital : l'homme se doit conformer à la volonté divine ! — répond le docteur Max impassible, les mains toujours croisées derrière son dos. — Donc, Dieu vous frappe aujourd'hui; je ne me mettrai pas entre sa justice et vous, monsieur! Il a ses vues, qu'elles s'accomplissent; s'il veut vous sauver, qu'il vous sauve; ce qu'il veut, il le peut. Moi, je ne vous saignerai point. Hé! hé! non, non, je ne vous saignerai point!

— Miséricorde ! — exclame monsieur Verneuil, et, galvanisé par l'épouvante, il se redresse brusquement, jette sur le docteur Max un regard éperdu, terrifié ; sa respiration, de plus en plus courte et oppressée, commence à lui manquer : il peut à peine, entre des expirations saccadées, sifflantes, articuler ces mots :

— J'étouffe... Vous êtes... donc... le démon !... Ah ! ce médecin... c'est... Satan !

M. Verneuil retombe sur sa couche ; ses traits livides deviennent cadavéreux.

— Monsieur, — reprend le docteur Max, continuant de croiser ses mains derrière son dos, — il y a un an de cela, je regrettais amèrement de vous avoir une fois sauvé la vie, et de ne posséder aucune action contre vous, car vous êtes un monstre d'hypocrisie, un exécrable scélérat ! Monsieur, vous avez abreuvé de fiel et de calomnies atroces une épouse angélique. Vous avez voulu aujourd'hui la tuer : une lettre anonyme était votre arme empoisonnée... Monsieur, Dieu vous châtie... je m'incline... je ne vous saignerai point... hé ! hé ! non, non, je ne vous saignerai point !

— Mou... rir !

Ce mot s'échappe comme un râle des lèvres de M. Verneuil ; il éprouve les derniers étouffemens de l'asphyxie, qui monte, monte, ainsi que le flot qui submerge, et l'agonisant répète d'une voix inarticulée :

— Mou.. .rir !

Le DIABLE MÉDECIN, inexorable, tire sa montre de son gousset, et, les yeux fixés sur le cadran, répond :

— Monsieur, vous avez encore à vivre dix à douze secondes environ... Comptons.

Alors, au milieu du lugubre silence de cette chambre

mortuaire, seulement interrompu par les *ah! ah!* précipités du moribond dont la vie s'éteint, comme s'éteint, faute d'air, la flamme expirante, l'on entend la voix brève, implacable du docteur Max comptant ainsi les derniers instans de la vie de ce misérable.

— Une, deux, trois, quatre, cinq, six, sept, huit, neuf, diz, onze, douze, treize...

Au moment où le docteur Max prononce ce mot *treize*, une suffocation suprême s'exhale de la poitrine de monsieur Verneuil. Il meurt... il est mort.

— Hé, hé! — fit le DIABLE MÉDECIN, remettant sa montre dans son gousset et jetant un regard tranquille sur le cadavre. Ce que j'ai fait, j'ai dû le faire; ma conscience est calme.

— Monsieur, — dit Charlotte accourant hors d'haleine, — voici la boîte.

— C'est trop tard, — répond le docteur Max en se dirigeant rapidement vers la porte, — ton maître est trépassé, infâme coquine !

— Sacredié ! — s'écrie Charlotte, empruntant ce juron au vocabulaire soldatesque de son carabinier, — il est mort sans testament !

— Hé! hé! ce cher homme, il t'a volée, drôlesse ! — reprend le docteur Max avec un éclat de rire de satisfaction sardonique qui fait bondir Charlotte de fureur, tandis que le *diable-médecin*, quittant précipitamment la chambre, se disait : — Si ma faible espérance n'est pas déçue... Adèle vivra !

— Mort sans testament! — répète Charlotte ; puis, grinçant les dents et montrant le poing au cadavre de son maître, — Gredin !

XII

Le docteur Max, en laissant mourir monsieur Verneuil, se disait :

« — Si je parviens à rappeler Adèle à l'existence, à lui
» redonner seulement pendant quelques instans conscience
» d'elle-même, elle est sauvée !... Son veuvage, le retour
» d'Ernest, échappé au naufrage, auront opéré ce prodige
» salutaire. »

Nous admettons ceci ; nous irons plus loin : La mort d'un scélérat hypocrite pouvait seule rendre à la vie une femme angélique, assurer son mariage avec un homme digne d'elle, et cependant le docteur Max, en laissant mourir ce scélérat hypocrite qu'il pouvait sauver, était coupable d'une énormité aux yeux de la morale éternelle.

Ce prétexte, sardoniquement invoqué par le docteur,

« Qu'il ne pouvait s'interposer entre le coupable et le
» châtiment providentiel;

Ce prétexte est une sinistre plaisanterie. Rien de plus horrible que ces sophismes inexorables empruntés au côté féroce du judaïsme; et pourtant, cette doctrine impie : OEIL POUR OEIL, DENT POUR DENT, SANG POUR SANG, sera longtemps encore appliquée.

Oui, tant que dureront l'ignorance, la misère, l'oppression sur la terre, viendra toujours l'heure fatale des représailles, légitimes comme la vengeance, si légitime est la vengeance. Oui viendra toujours l'heure fatale où les opprimés, à leur tour oppresseurs, pratiqueront forcément la terrible loi du talion, cette justice des barbares, justice monstrueuse !

Ah ! rendre le mal pour le mal ? commettre à son tour le forfait que l'on a justement maudit ! de victime devenir bourreau ! cela est exécrable au point de vue du sentiment ! cela est insensé au point de vue de la raison !

La vie de l'homme est sainte, inviolable. Tuer un criminel, si grands que soient ses crimes, c'est lui fermer à jamais la voie du repentir, de l'expiation, peut-être de la réhabilitation future.

— Mais ce criminel endurci ne se serait point repenti.

— Qu'en savez-vous? Et malgré ce doute effrayant, vous tuez... VOUS TUEZ !

Ces réserves posées, terminons notre récit.

XIII

L'espoir du docteur Max ne fut pas déçu. Adèle, pour ainsi dire *ressuscitée* par un double miracle de la science et du bonheur, ne succomba pas sous l'immensité de ce bonheur, en apprenant et son veuvage et le retour d'Ernest Beaumont, échappé au naufrage.

Superstitieux comme le sont parfois les gens passionnément épris, le marin, durant une relâche au Brésil, avait vu en songe Adèle morte, enveloppée de son blanc linceul. Elle l'appelait du fond de sa tombe encore ouverte. Ernest Beaumont, sous l'obsession d'un invincible pressentiment, remit à la voile pour la France; son navire se perdit sur les côtes de Bretagne... L'on sait le reste.

La convalescence de madame Verneuil, épuisée par tant de violentes secousses, dura plusieurs mois; mais sa guérison s'acheva sous la souveraine influence de l'amour heureux et de cette ineffable sérénité de l'âme que donne la conscience du devoir accompli à travers de cruelles épreuves.

L'une des premières pensées d'Adèle fut de rappeler son fils auprès d'elle, et, grâce à la douceur pénétrante de sa tendresse, Louis, excellemment doué par la nature, revint à sa bonté native, et à sa première et profonde affection pour sa mère et pour sa sœur.

Environ une année après la mort de monsieur Verneuil, sa veuve, embellie par le rayonnement de la félicité, épousa Ernest Beaumont. La perte de son navire ayant été couverte par l'assurance maritime, il possédait environ vingt-cinq mille livres de rentes, qui, jointes à la dot de sa femme, leur assuraient une large existence. Ils allèrent, par goût, habiter une charmante maison de campagne située dans la banlieue de Paris, afin de ne pas trop s'éloigner de leur vieil ami, le docteur Max, qu'ils ne soupçonnèrent jamais d'avoir été le meurtrier *passif* de monsieur Verneuil.

Emma et Louis ressentirent pour Ernest Beaumont, lorsqu'ils purent l'apprécier, une vive et confiante affection; ainsi qu'il l'avait promis à Adèle, « ses enfans lui furent » aussi chers que s'ils eussent été les enfans de leur » amour. » Et il se chargea spécialement de l'éducation de Louis, qu'il éleva en homme de bien.

Le docteur Max venait souvent voir les deux époux. Un jour, le trouvant soucieux, ils s'informèrent de la cause de ces soucis; il tira de sa poche un journal, et après avoir écarté Louis et Emma, il lut ceci à Adèle et à Ernest:

« — Un déplorable scandale vient d'avoir lieu dans un des

» hôpitaux de Paris : une jeune religieuse, sœur Florence
» ***,attachée depuis deux mois au service des malades,s'est
» éprise d'un jeune artiste dramatique que sa pauvreté
» avait réduit à entrer dans cet hospice. Sœur Florence ***,
» rompant ses vœux monastiques, a pris la fuite avec ce
» comédien, que l'on dit d'une beauté remarquable et au-
» teur de quelques poésies non sans mérite. Hâtons-nous
« d'ajouter que ce déplorable scandale, dont nous gémis-
» sons, était sans exemple dans les fastes si honorables de
» l'ordre religieux auquel sœur Florence *** avait l'honneur
» d'appartenir, etc., etc. »

— Malheureuse Florence ! — dit Adèle en soupirant, — je connaissais la mobilité de son caractère, je pressentais le peu de durée de sa vocation religieuse !

— Pauvre créature ! — ajouta Ernest, — la voici retombée dans le désordre. Où s'arrêtera-t-elle maintenant ?

— Hélas! peut-être au dernier degré de l'ignominie, — reprit tristement le docteur Max. — N'est-il pas cruel de penser que, par un généreux pardon, son mari pouvait sauver à temps cette jeune femme, et que, plus tard, si le divorce eût existé, elle aurait pu chercher dans une légitime union la satisfaction de penchans irrésistibles pour elle ? Ah ! le divorce, le divorce ! Le retrait de cette loi républicaine si sage, si prévoyante, si tutélaire, aura été, tout me le fait craindre, l'une des causes forcées de la dégradation complète de madame Hermann ; s'enfonçant de plus en plus dans l'abîme du vice, elle perdra ses qualités de cœur, qui, malgré ses fautes, la rendaient intéressante. Que dis-je? si bas qu'elle tombe, avons-nous le droit de la blâmer? N'est-elle pas victime d'une nécessité fatale ?

« — Mais, dira-t-on, elle devait, comme vous, Adèle, se résigner, souffrir et mourir. » — Non! la fin des créatures de Dieu n'est pas la souffrance; non! c'est un crime d'imposer des renoncemens contraires aux lois éternelles de la nature ; en un mot, chère Adèle, vous et Florence, vous personnifiez les deux types principaux des *femmes séparées* de leur mari :

L'une (c'est vous), aimant passionnément un homme digne d'elle, se résigne à mourir avec un courage héroïque, surhumain, plutôt que de forfaire à ses devoirs;

L'autre (c'est Florence), malgré la loyauté, la générosité de son caractère, cède à la fougue de son sang, fougue invincible, *organique* (excusez le mot savant).

Ainsi, parce que le divorce n'existe plus, vous avez, pauvre Adèle, subi d'atroces tortures morales dont vous avez failli mourir; Florence achèvera peut-être ses jours dans la fange d'une crapuleuse débauche.

— Et moi, — ajouta mentalement le docteur Max, — et moi, j'ai dû commettre après tout une manière d'homicide..... en refusant de saigner cet affreux hypocrite ! Je pourrais, il est vrai, répondre :

« — Si la Providence, ainsi qu'on l'affirme, intervient
» manifestement dans les choses d'ici-bas, ce scélérat hy-
» pocrite n'était-il pas légitimement frappé par la main
» de Dieu? De quel droit aurais-je voulu m'opposer à ce
» châtiment céleste? »

Mais ce sont là des sornettes invoquées par moi au vis-à-vis de ce Verneuil pour : — le besoin de ma cause, — ainsi que dirait maître Fripart, — ajoutait le docteur Max. — J'ai parfaitement conscience de la portée de mon acte; j'ai agi sciemment et fort pertinemment ; j'ai mis dans la balance la vie d'un scélérat et celle d'une créature irréprochable, j'ai scrupuleusement pesé le pour et le contre en ma conscience d'honnête homme et avec une parfaite sérénité d'âme ; que dis-je ! avec une satisfaction prononcée, j'ai laissé mourir le scélérat que je pouvais sauver... Enfin, si j'ai péché, à qui la faute ? AU RETRAIT DU DIVORCE !

FIN D'ADÈLE VERNEUIL.

LA LORETTE

I

Monsieur George Ducantal, courtier de commerce, laborieux, économe et probe, probe autant du moins que le permettent les nécessités de ces transactions où celui qui vend le plus cher et sait écouler la plus grande quantité possible de marchandises médiocres ou détériorées est réputé fort habile,—monsieur Ducantal épousa, très jeune encore, une femme d'un caractère angélique, et la meilleure, la plus active des ménagères. Elle eut de ce mariage deux filles, Laure et Sophie; les éleva de son mieux, dans des principes d'ordre et de moralité sévère ; elles répondirent à ses soins, à son exemple, et, au moment où commence ce récit, les filles valaient la mère par le cœur, par l'aménité de leur esprit, par leur modestie, en un mot, par la réunion de ces qualités aimables et solides qui constituent *l'honnête femme*. Laure et Sophie se résignaient sans l'ombre d'un regret à une médiocrité d'existence mêlée d'assez dures privations, d'autant plus facilement acceptées qu'elles les partageaient gaiement avec une mère tendrement aimée.

Monsieur Ducantal gagnait environ, et à force de labeur, dans les années les plus productives, quatre à cinq mille francs par an ; mais, en père sage, en époux prévoyant il économisait annuellement à peu près la moitié de cette somme, qu'il capitalisait par des placemens successifs, afin d'assurer à ses filles une petite dot, et à lui, ainsi qu'à sa femme, le pain et le repos de leur vieillesse. Grâce à l'activité de madame Ducantal et de ses enfans, aux ressources inventives de cette excellente ménagère, la famille vivait, il est vrai, dans l'ignorance absolue du superflu, mais possédait à peu près le nécessaire. Monsieur Ducantal, malgré la brusquerie, la vulgarité de ses manières était bon homme au fond, quelque peu brutal, souvent emporté, habituellement peu expansif; il aimait sincèrement, et comme il pouvait les aimer, sa femme et ses deux filles, résumant ainsi ses devoirs, lorsque, chaque soir, il rentrait harassé de fatigues dans son humble foyer :

« Je passe ici pour un avare, pour un pingre, pour un
» dur-à-cuire; mais je me moque du *qu'en dira-t-on*. Je
» doterai mes filles, et après avoir travaillé comme un nè-
» gre jusqu'à l'âge de soixante ans, je pourrai me retirer
» avec ma femme tranquillement à la campagne, aux en-
» virons de Paris, et j'aurai dans un coin de ma cave
» quelques vieilles bouteilles de vin à offrir à mes gen-
» dres lorsqu'ils viendront passer chaque semaine le di-
» manche avec nous. »

Malheureusement pour ces sages et modestes projets,

l'épidémie régnante, à laquelle le Diable-Médecin faisait allusion lors du récit précédent, la fièvre d'or, atteignit monsieur Ducantal. L'un de ses amis, ainsi que lui courtier de commerce, réalisa d'énormes bénéfices à la bourse. Cet exemple devint funeste à monsieur Ducantal ; une âpre et frénétique convoitise s'empara de lui. Il possédait environ soixante mille francs, fruit de vingt années d'économies ; il joua et empocha six cent mille francs. Sa première pensée fut de bien user de ce coup de fortune inespéré, de doter largement ses filles et d'acheter une belle propriété où il vivrait paisiblement de ses revenus avec sa femme.

Mais, par leur essence même, les biens illicites (et nous n'en savons point de plus illicites que ceux dont le jeu ou l'agio sont la source impure, la loi elle-même ne reconnaissant pas les *dettes de bourse*), les biens illicites, disons-nous, deviennent fatalement corrupteurs; ils développent, ils excitent les appétits honteux en procurant subitement aux *gagnans* la facilité de satisfaire leurs goûts désordonnés. Telle fut la funeste influence des premiers gains de monsieur Ducantal, homme encore dans toute la vigueur de l'âge et d'un tempérament impétueux. Ses passions mauvaises et sensuelles, comprimées jusqu'alors autant par son honnêteté que par l'impossibilité de les assouvir, prirent un essor effrayant. Non content de ses profits considérables, il joua de nouveau avec de nouveaux succès, et cachant son prodigieux enrichissement à sa famille, afin de conserver l'absolue disposition de ses biens, et surtout afin de ne pas habituer sa femme et ses filles à des jouissances, à des splendeurs dont son bon sens naturel reconnaissait la fragilité hasardeuse, monsieur Ducantal se lança effréné dans un monde équivoque composé de *faiseurs*, d'agioteurs heureux à la Bourse et de femmes perdues.

II

Madame Ducantal et ses filles sont ce soir-là réunies, selon leur habitude, dans la chambre à coucher conjugale. Cette pièce, d'une extrême propreté, est meublée avec parcimonie : rideaux de calicot jaune déteints; tentures de papier vert à ramages, dont l'ardeur du soleil a çà et là rongé la couleur ; commode, secrétaire et lit en bois de noyer; petite pendule d'albâtre et deux vases de même matière sur la cheminée, où fument deux tisons à demi enfouis dans un monceau de cendres.

Laure et Sophie travaillent, ainsi que leur mère, à la clarté d'une lampe placée au milieu d'une table ronde. Madame Ducantal, âgée de quarante ans, est frêle et de petite taille; sa figure pâle, un peu maladive, est surtout remarquable par son expression de douceur angélique. Ses deux filles, dont l'une a dix-huit ans, l'autre vingt, sont jolies; leur physionomie est intéressante et candide ; elles s'occupent à *retourner* et à façonner une robe d'étoffe de laine, pourtant déjà très usée; leurs vêtemens sont des plus modestes; leurs mains, petites et d'un galbe élégant, sont rougies et gercées par les travaux du ménage, qu'elles partagent avec la servante du logis.

— Petite sœur, — dit Laure à Sophie, — mets donc une bûche au feu; il fait un froid, un froid !

— Mon enfant, — reprend madame Ducantal, s'adressant à Sophie qui se lève, — rapproche seulement les tisons ; il est tard, ton père peut rentrer ; tu sais qu'il n'aime pas à voir grand feu.

— Mère, à cause d'une bûche de plus ou de moins, papa ne grondera pas !

— Gronder... non, mes enfans ; mais il tient avec raison à une sage économie; il trouverait peut-être qu'il y a trop de feu ici.

— Sois tranquille, frileuse, — dit gaîment Sophie à sa sœur en tisonnant, — je vais si bien arranger la braise que tu ne regretteras pas cette fameuse bûche, et papa ne pourra nous reprocher de vouloir incendier la maison.

— Ah ! quel bon brasier, — reprend Laure en approchant du feu ses mains engourdies, — cela ravive ; il doit neiger dehors, car il fait très froid dans l'appartement. — Puis, se rasseyant, elle ajoute : — Voilà mes doigts réchauffés, reprenons notre ouvrage ; tu le verras, chère Sophie, nos robes retournées auront un petit air neuf, le plus coquet du monde.

Sophie jette à sa sœur un regard d'intelligence, et dit en souriant, les yeux fixés sur madame Ducantal et accentuant lentement ses paroles :

— Nous serions mises comme des merveilleuses si nous pouvions nous lancer... jusqu'à la garniture de boutons de jais pour le corsage !

— Quelle excellente idée, Sophie ! Oh oui ! un pareil corsage rafistolerait, rajeunirait joliment nos pauvres robes, d'un âge si... vénérable

— Allons, mes enfans, — reprend madame Ducantal en souriant et à voix basse, comme si elle craignait d'être entendue, — vous aurez la garniture de boutons de jais.

Les deux jeunes filles frappent dans leurs mains, bondissent de joie sur leur chaise, se lèvent et courent embrasser tendrement leur mère.

— Es-tu bonne, petite maman ! es-tu bonne !

— Nous gâtes-tu ! — ajoute Laure.— Nos robes seront, grâce à toi, vraiment charmantes !

Ce disant, les deux jeunes filles, retournent à leur place, se remettent gaîment et activement au travail, tandis que madame Ducantal, s'adressant à elles,

— Si votre père vous demande d'où vient cette garniture de boutons, nous dirons…—et la bonne mère reprend avec embarras : — Nous dirons…

— Mon Dieu ! nous dirons que nous avons acheté cette garniture avec les économies que nous faisons sur nos trois francs par semaine.

— Nos cinq francs, Sophie, nos cinq francs.

— Oui, en y comprenant les deux francs de maman ; mais papa ne sait rien de cela, nous ne pouvons lui parler que de nos trois francs.

— C'est juste.

— Chères enfans, votre père voudrait vous donner davantage, mais…

— Dame ! maman, il nous donne ce qu'il peut.

— Tu ajoutes à cela encore quelque chose, chère maman ; de quoi nous plaindrions-nous ?

— Vous plaindre, pauvres enfans ! —reprend madame Ducantal avec effusion ; — vous plaindre ! Non, non, vous savez vous contenter de peu ; jamais vous ne prononcez un mot de regret ou d'envie. Vous êtes actives, laborieuses ; vous aidez notre servante, vous travaillez au moins autant qu'elle ; vous taillez, vous cousez vos robes ; vous savonnez, vous repassez vos bas, vos mouchoirs et vos colerettes, pour épargner les frais de blanchissage ; enfin, vous êtes de vraies petites ménagères. Cela n'empêche pas que si l'on pouvait ce qu'on désire, j'aimerais à vous voir, une fois dans ma vie, habillées à ma fantaisie par une bonne couturière... Que voulez-vous ? une mère a son orgueil ; mais enfin...— ajoute madame Ducantal en soupirant, — chacun a son sort.

— Nous sommes très satisfaites du nôtre, bonne petite maman ; seulement, si une mère a son orgueil, les filles ont, je ne dirai pas leur orgueil, mais...

— Achève, mon enfant.

— Eh bien ! nous trouvons qu'il n'est pas raisonnable à toi, faible comme tu l'es, de te lever, trois fois par semaine, à six heures du matin, pour aller à la halle avec Catherine, quelquefois malgré un temps affreux, n'est-ce pas, Laure ?

— Certainement, car en cette saison surtout le pavé est souvent si glissant ! Mon Dieu, un accident n'est que trop vite arrivé !

— L'on achète à la halle les provisions à beaucoup meilleur marché, l'on a plus de choix. Voilà pourquoi votre père...(Mais se reprenant, madame Ducantal ajoute) : Voilà pourquoi je préfère aller à la halle avec notre servante.

— D'accord, petite mère, il y a économie à acheter à la halle ; mais pourquoi Laure et moi n'irions-nous pas à ta place faire emplette des provisions ?

— Nous te l'avons tant de fois proposé, ma mère.

— Je vous l'ai dit, mes enfans, et je vous le répète, il

n'est pas convenable que des jeunes filles de votre âge aillent se mêler à tout ce monde des halles. Si vous saviez quel monde! — Et tâchant de sourire, madame Ducantal reprend : — Ah! c'est que souvent les marchandes ne se gênent pas pour vous dire de grosses vilaines sottises quand on débat le prix de ce qu'elles vendent! Aussi, je vous le demande un peu, chères enfans, quelle figure feriez-vous là?

— Et moi je te demande un peu s'il n'est pas désolant pour nous de penser que toi, notre mère, tu risques d'être injuriée de la sorte?... Aussi,—ajoute résolûment Sophie, — je compte parler de ceci à mon père, pas plus tard que demain ; je lui dirai combien il est imprudent à toi de t'exposer à...

— Bonté divine! — s'écrie madame Ducantal sans pouvoir dissimuler sa frayeur, — ne t'avise pas de cela au moins! ton père s'imaginerait qu'il me répugne d'aller au marché. Sophie, je te défends, entends-tu?... non, je t'en prie, je t'en conjure, chère enfant, pas un mot de ceci à ton père. Mon Dieu! mon Dieu!

— Pauvre petite maman, — dit Laure se levant et se rapprochant de madame Ducantal, — te voilà toute tremblante!

— Mère! — ajoute Sophie se levant aussi, — je ne dirai rien à papa, je te le jure.

Et la jeune fille embrasse tendrement madame Ducantal, qui reprend :

— Vilaine enfant, va! Tu m'as fait une peur.

En ce moment minuit sonne à la pendule d'albâtre de la chambre à coucher.

— Minuit ! — dit Laure, — déjà minuit ! Comme le temps passe vite en travaillant !

— Mon mari ne rentrera pas encore cette nuit, — pensait tristement madame Ducantal ; et s'adressant à ses filles : — Il faut aller vous coucher, mes enfans ; il est tard.

— Tu ne veux pas que nous veillions avec toi en attendant mon père ?

— Depuis quelque temps votre père est accablé d'affaires, — répond madame Ducantal embarrassée. — Il m'a prévenue que s'il n'était pas de retour avant minuit, il passerait sans doute la nuit à travailler avec son associé, ainsi que cela lui est arrivé plusieurs fois déjà.

— Trop souvent ! car, vois-tu, il finira par se rendre malade en passant ainsi les nuits, ce pauvre père !

— Heureusement, — ajoute Laure, — heureusement il est d'une santé robuste.

— Sans doute ; aussi n'ayez aucune inquiétude. Bonsoir, mes enfans ; allez vous reposer, car depuis ce soir six heures, vous vous occupez à coudre à la clarté de la lampe, et cela fatigue cruellement les yeux.

— Bonsoir, petite maman, — disent Laure et Sophie à madame Ducantal en l'embrassant ; — bonne nuit, dors bien.

— Et surtout, mes enfans, je vous le demande en grâce, pas un mot à votre père au sujet de mes courses à la halle.

— Sois tranquille ; je me reproche presque maintenant d'avoir eu cette pensée-là, et pourtant... Enfin, bonsoir, mère.

Les deux jeunes filles sortent de la chambre à coucher. Madame Ducantal, après leur départ, s'asseoit près de la table, fond en larmes et garde longtemps le silence ; puis elle se dit d'une voix navrante :

— C'est fini, mes filles et moi, nous ne sommes plus rien pour mon mari ! Il passe maintenant presque toutes ses journées et ses nuits dehors. Mon Dieu ! depuis que je suis devenue valétudinaire, je m'étais habituée à cette pensée que mon mari avait peut-être une maîtresse ; je ne suis jalouse que de son affection pour moi et mes enfans ; je ne me plaignais jamais ; je me résignais à l'économie sévère qu'il nous imposait ; j'en souffrais parfois, parce que Laure et Sophie sont souvent réduites à certaines privations ; mais au moins mon mari, quoiqu'il soit peu expansif, nous témoignait quelque tendresse ; il semblait se plaire à la maison, tandis que, depuis plusieurs mois, on dirait que nous lui sommes à charge et qu'il a pris sa maison en aversion ! Je fais mon possible pour que mes enfans ne remarquent pas ce changement dans la conduite de leur père. J'étais déjà bien craintive, mais je n'ose plus maintenant parler à mon mari qu'en tremblant... C'est à peine si j'ai le courage de le regarder en face. Hélas ! mon Dieu ! qu'est-ce qui le détourne donc ainsi de nous ?... Une mauvaise femme peut-être.

Et la mère de famille fond en larmes dans la solitude de la chambre conjugale.

III

Emilia Lambert (nom pseudonyme) était l'une des *lorettes* les plus en vogue de Paris. Née de laborieux artisans qui, grâce à leur travail, suffisaient largement aux besoins de leur fille, dont ils payaient l'apprentissage chez une couturière en renom, Emilia Lambert tomba dans le désordre, par suite de sa paresse, de sa vanité, de son goût immodéré des plaisirs, et surtout par l'espoir d'assouvir une âpre cupidité.

L'on éprouve encore une sorte de pitié, de douloureux intérêt pour ces malheureuses créatures, presque fatalement vouées au désordre par l'abandon, par l'ignorance, par la misère, par un chômage forcé ou par un salaire hors de toute proportion avec les plus rigoureuses nécessités de la vie. Celles-là ont presque toujours conscience de leur ignominie, et la cachent au fond de hideux repaires ou dans l'ombre nocturne des rues mal famées. Celles-là vivent dans la fange, dans les haillons, et, jeunes encore, meurent généralement phthisiques ou corrodées par la brûlante âcreté des spiritueux, parce qu'elles demandent à l'ivresse l'éphémère oubli de leur épouvantable existence.

Mais il en est d'autres dont l'infamie n'a pas même l'excuse insuffisante du délaissement, de la misère, de la faim; leur froide corruption est réfléchie, leur déshonneur habile et savant en arithmétique. Souvent moins jeunes, moins belles que leurs sœurs déguenillées, leur attrait le plus puissant est le prix qu'elles coûtent. Celles-là, saturées, rassasiées des folles prodigalités d'un luxe insolent, fêtées, adulées, chantées, poétisées (elles ont leurs panégyristes, elles ont leurs poëtes), étalent leur abjection en plein soleil, en plein théâtre. Les honnêtes femmes les contemplent, la rougeur au front et parfois l'envie au cœur; oui, l'envie au cœur! Cela est triste, mais cela est. Oui, telle est, depuis bien des années déjà, la dégradation des mœurs, que, voyant leurs époux, leurs frères, leurs pères, leurs amis, vouer un culte presque exclusif à ces divinités impudiques, les honnêtes femmes éprouvent parfois un instant, malgré elles, d'amers ressentimens d'envie ou de jalousie contre leurs ignobles rivales!

Ce luxuriant épanouissement du vice, doublement funeste et hideux parce qu'il resplendit de magnificence, a toujours fait se pâmer d'aise les partisans de ce qu'une certaine école a appellé la *prospérité générale.* A leurs yeux, la courtisane éblouissante de pierreries sera toujours l'une de ces fécondes superfluités, l'un de ces *chiffres* irrécusables qui constateront le développement de la richesse publique.

Le raisonnement de ces économistes de lupanar est fort simple (ces femmes-là ont leurs économistes, ainsi qu'elles ont leurs poëtes). Ils ont dit ceci :

« Plus il y aura de lorettes entretenues superbement,
» plus l'on dépensera d'argent.

» Pour dépenser énormément d'argent, il faut en gagner
» énormément.

» Or, l'on ne peut réaliser de ces gains fabuleux que
» grâce à un immense mouvement d'affaires.

» Donc, il y aura un immense mouvement d'affaires...

» Donc, vive l'argent et les lorettes ! »

Cette apothéose de l'immoralité, élevée à la hauteur d'un système économique ; cette glorification du vice, pourvu qu'il soit paré ; ce culte de la convoitise pourvu, qu'elle soit heureuse; ce vivant et fatal exemple de l'inconduite opulente et triomphante ; cet outrageux défi jeté sans cesse en tous lieux aux sentimens honnêtes, n'ont-ils pas toujours été des preuves flagrantes de l'avilissement des esprits, de la corruption des mœurs? Cette *sanie* morale demande un remède héroïque. Le fer et le feu sont seuls efficaces contre la gangrène. Essayons, dans ce récit, de cautériser la plaie, au risque de faire crier le malade, comme dirait le DIABLE-MÉDECIN.

IV

Emilia Lambert, l'une des lorettes les plus à la mode de Paris, occupe un appartement somptueux, dont le boudoir surtout est meublé avec un luxe inouï, une recherche incroyable. Il est environ une heure après midi. La lorette, à demi couchée sur une chaise longue de bois doré recouverte de satin ponceau, porte une toilette du matin d'une extrême élégance. Cette jeune femme, âgée d'environ vingt-six ans, accomplie de formes comme une statue grecque, est d'une éblouissante beauté. Cependant, chose étrange, l'azur de ses yeux, l'éclatante blancheur de sa peau, sa carnation rose et tendre, semblent appartenir à une blonde, et cependant ses cheveux, ses sourcils sont d'un noir de jais ; ses cils seuls ont une nuance cendrée. L'expression de la physionomie d'Emilia Lambert est ennuyée, nonchalante, froide et bête.

La lorette continue un entretien commencé avec une autre jeune femme nommée Juliette.

Juliette est plus que modestement vêtue ; ses traits sont couturés par les profondes cicatrices d'une petite vérole récente.

— Enfin, — continuait Juliette en s'adressant à Emilia Lambert, — tu comprends, cette maudite petite vérole m'avait tellement enlaidie, qu'il m'a quittée. Il ne me reste qu'un maigre mobilier ; aussi je...

— Alors accepte mon offre, — répond Emilia d'un ton protecteur ; — je te prends comme dame de compagnie ; c'est bon genre. Je ne serai plus seule dans ma voiture, quand je vais me promener au bois ou aux Champs-Elysées ; et puis, au spectacle, tu te mettras à côté de moi, sur le devant de ma loge.

— Pour servir de repoussoir. Je suis devenue si laide ! — pensait Juliette avec amertume. — Mais la nécessité... — elle reprend tout haut : — J'accepte ton offre avec reconnaissance, ma bonne petite. Ah ça ! ton monsieur Ducanlal est donc un Crésus ?

— Il gagne des millions à la Bourse.

— Et sa figure, son âge ?

— Environ cinquante ans, plutôt mal que bien, du ventre, le teint très rouge, cheveux d'un blond ardent, amoureux comme un fou, voilà son signalement.

— Et l'ami de cœur ?

— L'ami du cœur ?... — dit Emilia Lambert en haussant les épaules, — ah ! l'amour, quelle bêtise ! J'ai joliment le temps de songer à l'amour !

— A quoi donc passes-tu ton temps ?

— Je le passe à m'amuser, — répond la lorette en bâillant ; — je satisfais toutes mes fantaisies ; je jette l'argent par la fenêtre ; j'éclipse les femmes du monde et surtout nos autres dames, le jour aux Champs-Elysées, par mon attelage ; le soir, au spectacle, par mes toilettes ; et puis les soupers, le lansquenet !... Enfin, je n'ai pas un moment à moi !

— Je ne peux me lasser d'admirer ton appartement ! — dit Juliette regardant autour d'elle. — Quel luxe, mon Dieu ! quel luxe !

— Ah bien oui ! — répond Emilia Lambert avec un accent d'envie amère ; — du luxe ? Je suis logée comme une petite bourgeoise, en comparaison d'Hélène... Elle a un hôtel, ma chère, un magnifique hôtel, qu'elle occupe toute seule ; dix chevaux d'attelage, un piqueur pour surveiller son écurie, un gros cocher anglais à perruque, deux valets de pied poudrés derrière son coupé de gala, et lorsqu'elle sort dans sa calèche, c'est toujours à quatre chevaux à la Daumont. En un mot, elle mène un train de princesse, cette Hélène ! Son monsieur Desmazures a dépensé pour la meubler cinq à six cent mille francs, et c'est tout au plus si monsieur Ducantal a dépensé ici cent mauvais mille francs ! Aussi j'ai pris mon appartement en horreur depuis que j'ai vu l'hôtel d'Hélène.

— Son monsieur Desmazures est donc colossalement riche ?

— Il est heureux à la bourse, voilà tout. Du reste, je ne laisse pas de repos à Ducantal qu'il ne m'ait donné un hôtel... Hélène en a bien un ! — ajoute la lorette en comprimant un léger accès de toux.

— Voilà encore que tu tousses, ma bonne petite !

— Je me serai refroidie cette nuit, en sortant de la *Maison-d'Or*, où nous avons soupé, après l'Opéra. Ducantal a même fait quelque chose de très bien. On a joué après souper ; l'un de ces messieurs laisse tomber sous la table une pièce de quarante francs ; voilà-t-il pas ce pingre marchant à quatre pattes pour chercher sa pièce d'or !

Ducantal prend un billet de cinq cents francs, le tortille, l'allume à une bougie et dit à ce monsieur en se baissant,
— Je vas vous éclairer.

— Peste! quel genre! C'est une trouvaille pour toi qu'un pareil Crésus!

— Il m'aime comme un possédé. A souper, il était aux cent coups en m'entendant tousser. Il a dû aller ce matin consulter pour moi le fameux docteur Max et lui demander de venir me voir dans la journée.

— Il paraît que c'est un homme singulier, presque effrayant!

— Le docteur Max?

—Oui. Le médecin qui m'a soignée de ma petite vérole me disait que le docteur Max connaît tout Paris. Il est le médecin des plus riches comme des plus pauvres; mais on raconte de lui des choses... enfin, juge : on l'a surnommé le DIABLE-MÉDECIN!

— C'est drôle...

— Pas si drôle... Je te répète que c'est un homme presque effrayant.

— En quoi, effrayant?

— On dit qu'il sait une foule de secrets, et que rien ne lui échappe. Tiens, par exemple, personne ne se doute que tu étais blonde avant de te faire teindre les cheveux en noir, et, entre nous, je ne comprends pas ce caprice de ta part; tu avais la plus belle chevelure cendrée que j'aie vue, et...

— Encore une fois je me fais teindre les cheveux, parce que je trouve piquant d'avoir le teint, les yeux d'une blonde et la chevelure d'une brune, — répond la lorette avec impatience et un léger embarras. — Ne parlons plus de cela ; tu m'as promis le secret, j'y compte, et je reconnaîtrai ta discrétion en te gardant comme dame de compagnie.

— Ce n'est pas l'intérêt qui me guide, ma bonne petite ; aussi, maintenant, c'est entre nous à la vie à la mort. Seulement, je crains que ce diable de docteur Max, qui devine tout, s'aperçoive que tu es blonde.

— Bah !

— Et s'il allait deviner aussi que tu as changé de nom, et que...

— Tu es fièrement impatientante, ma chère! tu rabâches toujours la même chose. J'ai changé de nom, je te l'ai dit, parce que j'avais un nom canaille : *Madeleine Froquet*. Est-ce que l'on peut s'appeler Madeleine Froquet?

— C'est juste. Mais, dis donc, ma bonne petite, ce nom de Madeleine Froquet me rappelle quelqu'un...

— Qui cela?

— Théodore, ton premier amour.

— Joli souvenir !

— Est-ce que tu l'as revu depuis ce temps-là, Théodore ?

— Jamais, — répond insoucieusement Emilia Lambert; — je ne sais pas seulement ce qu'il est devenu.

— Il t'aimait tant!

— Lui! un affreux menteur qui m'a filouté mon premier amour ! car enfin, à entendre ce monstre-là, il devait me donner mille francs par mois, me couvrir de bijoux; nous devions jouir de tous les plaisirs de Paris, avoir une voiture; moi, novice, et dans l'innocence de mes dix-sept ans, je crois à ses promesses; jugeant ce

Théodore sur l'apparence, car il était toujours parfaitement mis, je me sauve de chez mes parens, qui, m'a-t-on dit, sont morts de chagrin, et je vais chez Théodore. Ah! ma chère, quelle atroce flouerie! j'étais volée! Il occupait deux mauvaises chambres au quatrième. Ce va-nu-pieds-là était commis dans une maison de nouveautés. Aussi, durant deux mois que j'ai été assez cruche pour passer avec lui, quel luxe! quels régals! quels plaisirs! Les dimanches, un dîner à quarante sous le cachet, au Palais-Royal; ensuite, une place aux secondes galeries d'un petit théâtre, et, pour souper, un morceau de galette acheté chez le pâtissier du Gymnase ; sans compter qu'en cas de mauvais temps, nous avions pour équipage, moi mes socques, et Théodore son parapluie. Merci du souvenir! il est flatteur!

— Et après ta liaison avec Théodore, qu'est-ce donc que tu es devenue?

— J'ai voyagé,—répond brusquement la lorette en rougissant légèrement. — En vérité, ma chère, tu es assommante avec tes questions.

— Allons, ne te fâche pas, ma bonne petite; c'est par intérêt pour toi que je...

— C'est bon, c'est bon, en voilà assez !

Jenny, femme de chambre d'Emilia Lambert, entre en ce moment.

— Madame, c'est une lettre de la part de monsieur Malicorne ; et puis la demoiselle de boutique de la lingère de madame apporte des échantillons.

— Qu'elle attende! — répond avec hauteur Emilia Lambert. — Et elle lit la lettre que sa femme de chambre vient de lui remettre.

V

Juliette, jetant sur la lorette un regard sournois et venimeux, se disait :

— Il faut qu'Emilia me croie plus instruite que je ne le suis de certaines circonstances de sa vie pour m'offrir charitablement de me prendre comme dame de compagnie. Je sais qu'elle est blonde, qu'elle s'appelle Madeleine Froquet, mais il n'y a là-dedans rien de compromettant pour elle. Elle a donc un autre secret... Je tâcherai de le découvrir, et d'en profiter.

— Ce cher Malicorne ! — reprend tout haut la lorette après avoir lu la lettre qu'elle tenait, — il est toujours galant.

— Ma bonne petite, — dit Juliette en souriant, — est-ce que ce monsieur Malicorne serait parent des fameuses *pilules Malicorne*?

— C'est lui-même.

— On le dit très riche ?

— Enormément riche, car sans compter ce que lui rapportent ses pilules, il a un bonheur insolent dans ses spéculations ; on l'appelle Lucullus, ou le Talon rouge, parce qu'il se donne des airs de marquis. Il m'envoie sa loge aux Italiens pour ce soir. Entre nous, il me fait un peu la cour.

— Et ton monsieur Ducantal n'est pas jaloux ?

— D'abord Malicorne est laid comme une chouette, et puis il tourne la chose en plaisanterie et me dit tout haut, en

présence de Ducantal : « Allons, ma charmante, ruinez-moi
» vite ce Ducantal-là; je m'inscris comme son successeur. »

— Madame, — dit Jenny rentrant dans le boudoir, — cette demoiselle de magasin a d'autres commissions à faire, et, si madame le désire, elle reviendra.

— A-t-on vu cette impertinente ! Dites-lui de m'apporter son carton, — répond la lorette. Et, s'adressant à Juliette : — Tu m'accompagneras ce soir aux Italiens. Je te donnerai une des robes que je ne mets plus ; fais-toi coiffer en cheveux et sois ici à six heures ; tu dîneras avec moi ; nous conviendrons plus tard de ce que je te donnerai pour tes appointemens.

— Je n'oublierai jamais tes bontés pour moi. Ainsi, à ce soir.

— Et surtout sois chaussée proprement.

— Sois tranquille, je ne te ferai pas honte.

Juliette sort, l'envie et la haine dans le cœur, en se disant :

— Quelle humiliation ! Ah ! si je pouvais me venger !

VI

Un moment après le départ de Juliette, une demoiselle de magasin, tenant un carton à la main, entre dans le boudoir de la lorette et lui fait, en rougissant, une modeste révérence. Cette jeune fille est fort jolie ; la candeur, la timidité se lisent sur son frais visage.

— Vous étiez donc bien pressée, mademoiselle ? — dit aigrement Emilia Lambert ; — vous ne pouviez peut-être pas attendre? En vérité, c'est incroyable!

— Pardon, madame, —balbutie la jeune fille, devenant pourpre de confusion,—je... je... j'avais d'autres commissions, et...

— Assez! assez! Voyons ces échantillons de bonnets, de mouchoirs et de peignoirs.

— J'espère que madame sera plus satisfaite de ceux-ci que de ceux qu'on lui a déjà envoyés, — répond la jeune fille en déployant son carton ; — c'est tout ce que nous avons de plus riche.

— Monsieur le docteur Max vient pour voir madame,— dit Jenny à la lorette en annonçant et précédant le *Diable Médecin*.

— Voilà donc l'une des idoles de notre temps! mais aussi, quel temps!... — pensait le docteur Max en entrant dans le boudoir. Et, s'adressant à la lorette : — Madame, l'on m'a prié de passer chez vous...

— Mille pardons, monsieur le docteur; permettez-moi de jeter un coup d'œil sur ces échantillons.

— La drôlesse est sans façon ! — se dit le Diable-Médecin. Et il ajoute ensuite à part soi, observant avec attention Emilia Lambert, occupée d'examiner les broderies que lui montre la demoiselle de magasin : — La figure de cette courtisane ne m'est pas inconnue. Où donc l'aurai-je déjà vue?... Sa beauté remarquable me rappelle un souvenir remontant à quelques années... Mais non, non ; certainement, je me trompe, et pourtant... Allons, j'aurai recours à mon *journal* de cette époque pour éclaircir mes doutes.

— Ah çà ! mademoiselle, — s'écrie insolemment la lorette, après avoir jeté un regard dédaigneux sur les broderies,— décidément, vous vous moquez du monde !

— Madame, je..

— Rien de plus mesquin que ce que vous m'apportez-là.

— Cependant, madame, les mouchoirs valent cinq cents francs la pièce. Les bonnets de nuit sont du même prix, et l'on ne peut laisser les peignoirs à moins de huit cents francs chacun.

— Qu'est-ce que cela me fait donc ! Il faut, mademoiselle, que vous ayez, en vérité, la tête bien dure. Je vous répète que cela n'est pas assez riche pour moi.

— Mademoiselle, — dit le docteur Max à la demoiselle de magasin, — permettez-moi une question : Quels sont vos appointemens ?

— Monsieur, — répond la jeune fille rougissant et interdite, — monsieur, je...

— Cinq ou six cents francs par an, n'est-ce pas ?

— Oui, monsieur, cinq cents francs.

— Quel original ! — se dit Emilia Lambert, tandis que le docteur Max, continuant de s'adresser à la demoiselle de magasin,

— Votre vie est laborieuse, honnête, quoique vous soyez jolie, fort jolie, mademoiselle. Je suis physionomiste.

— Monsieur, — reprend la jeune fille de plus en plus embarrassée, — je... je ne sais...

— Mais, monsieur, — dit la lorette au docteur avec impatience, — ces complimens à mademoiselle sont...

— Franchement, mademoiselle, — continue le docteur sans paraître entendre l'observation d'Emilia Lambert, —

vous avez peine à comprendre, n'est-ce pas? comment un mouchoir d'une valeur de cinq cents francs... cinq cents francs, votre salaire d'une année... ne paraît pas à madame assez magnifique pour elle?—Et se tournant vers la lorette: —Il faut être indulgente à cette jeune fille. Que voulez-vous! ces pauvres créatures qui gagnent honorablement, péniblement le pain qu'elles mangent, ont l'inconvénient de ne pas se faire une idée exacte des premières nécessités du luxe. Ces ingénues,—ajoute le docteur haussant les épaules,— ces innocentes s'imaginent que payer six mille francs une douzaine de mouchoirs qui vous servent à ne point vous moucher, est quelque chose d'énorme, car les bénéfices de leur magasin fussent-ils de cent mille francs par an, elles n'en seraient pas moins réduites à la portion congrue de leur maigre appointement.

—Mais encore une fois, — reprend Emilia Lambert avec une impatience croissante, — que m'importe cela, monsieur?

—Allez, mademoiselle, et ne péchez plus!— dit le docteur Max à la demoiselle de magasin.—Sachez qu'il n'y a rien de trop beau, rien de trop riche pour madame, par cette excellente raison qu'elle est... ce que vous n'êtes point, ce que vous ne serez jamais... entendez-vous, mademoiselle? Il y aura toujours des distinctions sociales que Diable!! — Et le docteur dit tout bas à la lorette, en manière de confidence: —Il ne faut point que ces petites filles, lorsqu'elles sont jolies, s'écartent de leur condition... cela pourrait amener des concurrences déplorables.

—Mais il me semble que c'est très insolent pour moi ce qu'il dit là, ce diable de médecin! — pensait Emilia

Lambert, tandis que la demoiselle de magasin, se sentant pour ainsi dire vengée des impertinences de la courtisane par les paroles du docteur Max, souriait doucement en repliant ses échantillons; puis, faisant une révérence à Emilia Lambert, avant de prendre congé d'elle :

— Nous tâcherons de satisfaire madame; je lui apporterai demain tout ce que l'on pourra trouver de plus riche.

— C'est inutile; je me fournirai ailleurs, mademoiselle.

— Pourtant, madame, nous tâcherons de...

— C'est bon... Sortez!

— Pauvre fille! — pensait le docteur Max en suivant du regard la demoiselle de magasin, — si un moment elle a envié le luxe de cette impudente créature, l'envie aura sans doute fait place au mépris.

Le docteur Max achevait cette réflexion lorsque monsieur Ducantal entra bruyamment et alla baiser au front Emilia Lambert.

VII

Monsieur Ducantal ressemble de tous points au portrait tracé par sa maîtresse : blond ardent, trapu, corpulent, vigoureusement charpenté; on lit sur ses traits vulgaires l'impudente assurance du nouvel enrichi qui se croit en droit d'afficher ses vices. Monsieur Ducantal, après avoir embrassé la lorette, devenue fort maussade, s'adresse au docteur Max :

— Comment trouvez-vous notre chère malade? Je vous ai dit que cette nuit et ce matin elle avait beaucoup toussé.

— Oui, par suite d'un léger refroidissement, — répond

le médecin, et tâtant le pouls de la lorette : — point de fièvre, la peau est fraîche et souple ; il faut seulement que madame se vêtisse chaudement et boive un peu d'eau d'orge miellée.

— Tu entends, Minette, ce que prescrit le docteur ? Il faut te bien couvrir, ne pas t'exposer au froid.

— C'est bon, — reprend la lorette avec humeur, — j'ai entendu...

— Eh bien ! monsieur Ducantal, — dit le docteur Max d'un ton sardonique, — comment vont les affaires ?

— C'est à ne pas le croire, docteur ! Jamais cela ne s'est vu ! La spéculation charrie des flots d'or. On n'a qu'à y puiser. La France est une Californie, une Australie, un Pérou ! Quel temps, docteur ! Celui qui de nos jours ne devient pas millionnaire est un sot.

— Evidemment... Aussi, voilà une belle occasion de marier vos filles, et surtout de les doter, monsieur Ducantal.

— Monsieur, — reprend monsieur Ducantal avec embarras et un visible dépit, — je...

— Et cette excellente madame Ducantal, comment se porte-t-elle ? — demande le docteur Max sans se départir de son flegme ironique ; puis, s'adressant à la lorette d'un air confidentiel, — Vous ne sauriez vous imaginer quelle femme c'est que madame Ducantal : l'idéal de la mère de famille ! Ah ! monsieur, vous avez une noble et digne compagne !

— Hé, monsieur ! — s'écrie Ducantal voyant Emilia Lambert devenir pourpre de colère, — vous parlez de ma femme sans la connaître.

— Il est vrai, je n'ai point l'honneur de la connaître personnellement; mais je donne des soins à une dame qui demeure dans votre maison; c'est de cette dame, dont je prise fort le jugement, que je tiens ces détails sur votre excellente femme, sur vos deux filles, Laure et Sophie, trésors de grâce, de candeur et de vertu! —Et s'adressant encore à la Lorette, le docteur Max ajoute : — Quel heureux homme que ce cher monsieur Ducantal! Une épouse exemplaire et des filles adorables. Combien vous devez être touchée, madame, de son bonheur domestique!

— Je m'en moque pas mal!! — dit Emilia Lambert, de qui le courroux va croissant. — Est-ce que l'intérieur de la maison de monsieur Ducantal me regarde, moi?

— Hein! Minette, — reprend monsieur Ducantal s'efforçant de rire, — quel mauvais plaisant que ce diable de docteur! Oh! Malicorne me l'avait bien dit : « le docteur Max est l'un des plus fameux médecins de Paris, mais c'est Méphistophélès en chair et en os; il a une blague infernale; parfois sa raillerie à froid vous surprend et vous démonte. » Quant à moi, l'on ne me démonte pas facilement, et je répondrai à monsieur le docteur : —J'ai une maîtresse charmante, parce que cela me convient, et je trouve singulier que...

—D'honneur!—répond le docteur Max en se tournant vers la lorette, — d'honneur! ce cher monsieur Ducantal s'imagine que je viens ici lui reprocher son bonheur illégitime, lui prêcher la morale conjugale, lui rappeler ses devoirs de père de famille, à lui... qui les accomplit admirablement!

— Morbleu! —s'écrie Ducantal perdant patience,— c'est assez plaisanter!

— Je ne plaisante point, monsieur ; je maintiens ce que j'ai avancé. — Et le docteur Max, s'adressant encore à la lorette, — Figurez-vous, madame, qu'autant ce cher monsieur se montre ici prodigue et magnifique, autant chez lui il se montre économe... peut-être même plus qu'économe. Mais savez-vous pourquoi? C'est afin d'élever ses filles dans des principes d'ordre, d'économie; de faire d'elles, et il a réussi à souhait... de faire d'elles des femmes de bien, modestes dans leurs goûts, laborieuses, pleines de sens, de droiture et de raison, en un mot, d'excellentes ménagères... Hé bien! madame, avais-je tort de louer chez ce cher monsieur Ducantal la sagesse, la prudence du père de famille?

— En vérité, il n'y a pas moyen de se fâcher. D'ailleurs, à quoi bon? — se dit Ducantal. Et il reprend tout haut : — Allons, docteur, l'on n'a pas eu tort de vous baptiser le *Diable-Médecin*, car vous avez une malice diabolique.

Jenny, en ce moment, vient dire à la lorette :

— Monsieur Malicorne demande à parler à madame.

— Qu'il entre, ce cher Malicorne! — répond gaîment Ducantal; qu'il entre... ce rival abhorré!

VIII

« Monsieur Malicorne est laid comme une chouette, » — avait dit Emilia à Juliette.

C'était vrai : rien de plus laid, mais aussi rien de plus impudent que la laideur de monsieur Malicorne. Il se présenta dans le boudoir en « — se donnant des airs de marquis » — (toujours selon le dire d'Emilia Lambert), dont il alla baiser galamment la main.

— Hé! bonjour donc, monsieur Malicorne, — lui dit le docteur Max. — Et vos pilules?

—J'en vends énormément, mais je n'en prends jamais; aussi, j'engraisse et j'enrichis. Ah çà! docteur, j'espère que votre présence n'est pas d'un mauvais augure? Notre charmante Emilia n'est sans doute que légèrement indisposée; sinon, cela contrarierait fort mes projets. Je venais, chère belle, vous inviter à souper ce soir, après les Italiens.

— Docteur, — dit Ducantal, — madame peut-elle accepter sans imprudence cette invitation?

— Il vaudrait mieux que madame s'en abstînt.

— Quels trouble-fêtes que ces médecins! — s'écrie monsieur Malicorne, — Hé! pardieu, docteur, si vous craignez que votre belle malade se livre à quelque écart de régime, venez souper avec nous. Vous la surveillerez, terrible homme que vous êtes!

— Au diable Malicorne! — pensait Ducantal; — ce docteur sardonique m'est insupportable.

— Un souper dérange mes habitudes, — répond le docteur, remarquant le secret dépit de Ducantal, — mais je suis capable de tous les sacrifices lorsqu'il s'agit de veiller sur la précieuse santé de madame.

— Donc, à minuit à la Maison-Dorée, cher docteur, — reprend Malicorne; —nous serons là quelques couples de joyeux viveurs et de joyeuses viveuses; je paie un pari perdu, cent bouteilles de vin de Champagne.

— Vous serez toujours très grand seigneur, mon cher monsieur Malicorne.

— Docteur, je n'ai qu'une prétention : connaître à fond et pratiquer l'art de bien vivre... Jouir est ma morale, le plaisir ma loi, le succès mon dieu ! Je n'admets que deux classes de gens...

— Les honnêtes gens et les coquins ?

— Allons donc ! vous feignez d'être naïf, docteur Méphistophélès,—répond M. Malicorne en ricanant et haussant les épaules.—Honnêtes gens, coquins, vice, vertu, devoir, droit, conscience ! mots sonores parce qu'ils sont vides ! dictionnaire suranné ! vocabulaire gothique ! Qu'est-ce qu'un honnête homme ? qu'est-ce qu'un coquin ? Où est la marque de fabrique... comme dirait monsieur Biétry ? Où finit le coquin ? où commence l'honnête homme ? C'est vague, c'est nébuleux. Moi, je ne me paie pas de phrases; je veux l'évidence, le fait. Je m'incline devant le fait... Donc, je ne connais que des gens heureux ou malheureux, des habiles ou des malhabiles, des gens d'esprit et des sots !

— Donc, — reprend M. Ducantal, — vivent les gens d'esprit et nargue des niais !

— D'où il suit que l'on pourrait dire : heureux comme un coquin ?... Hé ! hé ! cela s'est vu, se voit et se verra,— répond le docteur Max ; et s'adressant à la lorette :— N'oubliez pas, madame, mon ordonnance : vous vêtir chaudement et boire de l'eau d'orge miellée.

— Ah çà ! docteur, c'est entendu,—reprend monsieur Malicorne,—vous êtes des nôtres ce soir à souper, afin de veiller sur notre charmante malade ? Vous trouverez de gais convives.

— Tous gens... d'esprit, n'est-ce pas? — répond le docteur Max avec son sourire caustique, et il sort en disant :
— A ce soir, cher monsieur Malicorne!

La lorette, aussitôt après le départ du médecin, dit aigrement à monsieur Ducantal :

— Je vous déclare que votre docteur Max m'agace horriblement les nerfs. Je ne veux pas qu'il remette les pieds ici !

— C'est l'un des plus fameux médecins de Paris. J'avais cru bien faire de te l'envoyer, Minette, et...

— Laissez-moi tranquille; vous êtes insupportable.

— Une querelle? bravo!— s'écrie joyeusement Malicorne;— mes actions montent! j'ai des chances! Allons, ma charmante, mettez vite à la porte cet affreux Ducantal; ruiner ce gaillard-là durerait trop longtemps au gré de mon impatience amoureuse.

— En attendant ma ruine, — dit M. Ducantal fouillant à sa poche, — voilà un petit paquet de *mille* pour faire des papillotes à Minette.

— Ah !... — répond Emilia Lambert nonchalamment et bâillant.— Combien y a t-il là-dedans?

— Regardes-y, curieuse.

La lorette compte avidement les billets de banque et se dit : — Je les changerai pour des louis, ça me complètera cent mille francs en or pour mon boursicot.

— Je me sauve!—s'écrie gaiement monsieur Malicorne;— je voulais, à la faveur d'une querelle, pousser ma déclaration à la charmante; mais le paquet de *mille* m'enfonce, c'est une tuile d'or qui tombe sur la tête de mon amour ! J'attendrai la baisse.

— Ah! oui... la baisse!—répond Ducantal en se frottant les mains,— comptez-y, mon cher! Aplatis, les baissiers! Hausse... hausse et toujours hausse!... Le ballon est lancé, il ne s'arrêtera plus... entendez-vous cela, mon scélérat de rival?

— Malheureux! ne me poussez pas au désespoir, je suis capable d'avaler... une boîte de mes pilules!— et baisant la main d'Emilia :— N'oubliez pas mon invitation... A ce soir, ma toute belle!

— Non, je vous déteste! Quelle idée vous avez eue d'inviter à souper ce maudit docteur!

— Nous le griserons; nous verrons le diable en goguette! Ce sera drôle! Adieu, Ducantal,— ajoute Malicorne en quittant le boudoir;—adieu, rival abhorré! La baisse couronnera mon amour!

IX

Monsieur Ducantal, resté seul avec Emilia Lambert, s'approche d'elle, prend sa main, et d'une voix caressante :

— Minette est-elle encore fâchée?

—Laissez-moi!—répond brusquement la lorette.—Vous croyez peut-être que c'est agréable d'entendre ce médecin me jeter à la face les vertus de votre femme et de vos filles! Au fond, je m'en moque, de leurs vertus! Mais ce monsieur espérait me vexer... Voilà à quoi vous m'exposez!

—Voyons, Minette,—dit Ducantal, s'asseyant et voulan prendre la main de la lorette, — sois gentille. Est-ce ma faute si...

— Encore une fois, laissez-moi, — répond Emilia Lambert, repoussant Ducantal,—je suis furieuse!

— Comment! à l'instant même, je viens encore de te donner...

— Voilà-t-il pas le Pérou! vingt-cinq mauvais mille francs! Vous allez peut-être me les reprocher?

— Non, certes; mais enfin...

— Après tout, qu'est-ce que cela me fait donc à moi si vous passez pour un pingre ?

— Moi !

— Hélène est venue me voir hier. Savez-vous ce qu'elle m'a dit : — « C'est assez propre chez toi, mais ça empoi-
» sonne la soupe à l'oignon dans ton escalier. »

— C'est la faute de cette maudite portière, — s'écrie Ducantal;— elle a la rage de la soupe à l'oignon!

— Si c'est là votre excuse, elle est baroque. Enfin, Hélène a ajouté: — « Je ne comprends pas comment ton
» monsieur Ducantal te laisse dans un trou pareil... Il
» faut qu'il ait gagné beaucoup moins d'argent qu'on ne
» le prétend. Il paraît que Desmazures a raison de dire :
» — On parle des millions de Ducantal, c'est une plaisan-
» terie. Il a carotté quelques centaines de mille francs à
» la bourse, voilà tout! »

— Cette pimbêche d'Hélène a dit cela ?

— Elle n'est pas la seule à le dire. On croit que vous voulez paraître plus riche que vous ne l'êtes... Après tout je ne sais pas la vérité sur vos affaires, moi !

— Comment, toi aussi, Minette, tu doutes que...

— Je suis comme Malicorne, je ne connais que le fait. Hélène a un hôtel qu'elle occupe toute seule, voilà un fait ; je n'ai qu'un appartement de deux liards, voilà un autre fait ; d'où je conclus que Desmazures est assez riche pour donner un hôtel à Hélène, et que, pour m'en donner un, vous êtes trop pauvre ou trop pingre... Maintenant entre pingre ou pauvre, choisissez, ça vous regarde.

— Ah ! messieurs les envieux ! — s'écrie Ducantal avec amertume ; — ah ! ma fortune se borne à quelques malheureuses centaines de mille francs carottées à la bourse! Ah ! mademoiselle Hélène, vous trouvez que ça empoisonne la soupe à l'oignon dans l'escalier de ma maîtresse ! Ah, Desmazures est plus riche que moi! Minette, connais-tu un hôtel à vendre?

— Il y en a un ravissant aux Champs-Elysées avec un jardin. Je passe chaque jour devant en allant au bois.

— Où est situé cet hôtel ?

— Dans l'avenue ; la troisième maison à droite après le rond-point'

— Très bien, — dit monsieur Ducantal en prenant son chapeau, — je vais de ce pas...

— Il serait vrai, tu vas...

— Acheter cet hôtel, pauvre carotteur que je suis!

— Mon gros Mimi, je t'adore ! — s'écrie la lorette sautant au cou de monsieur Ducantal. — Hélène et son Desmazures vont crever de dépit !

La femme de chambre vient troubler l'expansion de la reconnaissance d'Emilia Lambert en remettant une lettre à monsieur Ducantal et lui disant :

— Monsieur, c'est de la part du télégraphe.

— Ma correspondance par la télégraphie privée, — dit Ducantal.

Il prend vivement la lettre, la décachète, lit et s'écrie radieux :

— Il y a dans cette nouvelle trois francs de hausse ! un million à gagner !... Minette, tu auras un hôtel avec un jardin d'hiver.

— Un jardin d'hiver !... Hélène n'en a pas : elle en pleurera !

— Sommes-nous encore fâchée contre notre infortuné carotteur ?

— Non, gros chéri, — répond Emilia Lambert. Et minaudant elle ajoute : — Quoi, Georges, tu t'en vas déjà ?

— Diable ! il faut que j'arrive à la bourse avant son ouverture, afin d'exploiter ma nouvelle, — répond Ducantal. Et il sort précipitamment en criant : — Trois francs de hausse ! trois francs de hausse !

— Un hôtel ! un jardin d'hiver ! — se disait la lorette avec un orgueilleux ravissement. — Je donnerai un bal pour pendre la crémaillère ; j'inviterai toutes ces dames. Je serai la seule qui ait un jardin d'hiver... Vont-elles enrager !... Il y aura une masse de fleurs, ça embaumera, et je dirai à Hélène : « Est-ce que tu trouves que ça em-
« poisonne encore la soupe à l'oignon ?»

— Madame, — vient dire Jenny à sa maîtresse, — il y a là un jeune homme ; il désire parler à madame ; il s'appelle monsieur Théodore, et...

— Répondez que je suis sortie ! — dit vivement la lorette ; — je ne veux pas recevoir ce monsieur !

— Pardon, mais j'entre malgré la consigne ! — s'écrie monsieur Théodore, qui avait suivi la femme de chambre.

X

Monsieur Théodore est un fort beau garçon de trente ans, vêtu avec élégance, et dont les traits fatigués annoncent le précoce abus des plaisirs. M. Théodore s'approche avec empressement de la lorette, lorsque celle-ci, l'arrêtant d'un geste théâtral, lui dit d'une voix aigre et sèche

— Monsieur, vous voulez me compromettre... Je vous prie de vous en aller tout de suite!

— Comment, Emilia, c'est ainsi que tu m'accueilles?

— D'abord, monsieur, je vous défends de me tutoyer; ensuite je me hâte de vous déclarer que vous êtes pour moi comme si je ne vous avais jamais connu.

— Moi, ton premier amour!

— Osez-vous bien, vous qui m'avez indignement trompée, parler de ce temps-là?

— Emilia, je...

— Tout ce que vous direz ou rien, c'est la même chose; j'aime quelqu'un, et vous allez me faire le plaisir de sortir à l'instant.

— De grâce, écoutez-moi.

— Vous m'impatientez à la fin! Oubliez-moi comme je vous ai oublié. C'est facile.

— Emilia, vous pouvez faire mon bonheur! — s'écrie monsieur Théodore d'une voix suppliante. Et tombant à genoux devant la lorette : — Vous pouvez réaliser le plus ardent de mes rêves; vous pouvez...

— Quel front! Relevez-vous, monsieur! Si quelqu'un

entrait, je serais perdue ! Oser me demander de faire votre bonheur, lorsque je vous ai dit que j'aimais quelqu'un !

— Vous parlez de monsieur Ducantal, — reprend Théodore toujours agenouillé, — de cet homme qui...

— Assez, monsieur ! Oui, j'aime monsieur Ducantal, je l'adore ! Est-ce clair ? Allez-vous vous relever, à la fin ?

— Hé, parbleu ! — répond Théodore en se relevant, — moi aussi je l'adore !

— Est-ce qu'il devient fou ? — se demande la lorette. — Vous adorez monsieur Ducantal ?

— Oui, je l'adore ! je le vénère ! je l'admire ! — s'écrie le jeune homme avec une exaltation croissante ; — je l'admire, ce dieu de la spéculation ! Mon rêve le plus ardent est de marcher de loin... oh ! de bien loin sur ses traces, de ramasser les miettes d'or qu'il laisse sur son chemin, et de vous offrir une bonne part de mon gain si vous consentez à me recommander à M. Ducantal. Emilia, je vous en supplie, un mot de recommandation près de lui, et vous me rendrez le plus heureux des hommes ! vous ferez, je vous le répète, le bonheur de ma vie !

— Quoi ! vous ne veniez pas me parler d'amour ?

— L'amour ! allons donc ! c'est bon pour les niais. Je vise au solide. Aussi, apprenant que vous étiez la reine de ce hardi spéculateur, l'un des princes de la bourse, je me suis dit : « Peut-être Emilia, en souvenance du temps passé, voudra-t-elle m'appuyer auprès de monsieur Ducantal, et je partagerai mes bénéfices avec elle. »

— Puisqu'il ne s'agit pas d'amour, mais de bénéfices à partager, c'est différent. Mais qu'est-ce que monsieur Ducantal peut faire pour vous ?

— J'ai une misérable place de premier commis. Mon patron a, il est vrai, porté mes appointemens à quatre mille cinq cents francs ; mais je vous le demande, à vous Emilia qui connaissez maintenant les adorables enivremens de Paris, est-ce que l'on peut vivre en ce temps-ci avec quatre mille cinq cents francs par an? Non, l'on végète, l'on endure mille privations. De plus sots que moi ont été élevés à la fortune en un tour de roue! Je suis actif, entreprenant, adroit, peu scrupuleux, bon à tout, prêt à tout, et si monsieur Ducantal daignait, grâce à vous, me lancer dans les affaires, pourquoi ne deviendrais-je pas riche comme tant d'autres? Oh! Emilia! si vous saviez quelle soif inextinguible de luxe, de jouissances, éveille, excite, irrite en nous, pauvres diables, la vue de ces hardis aventuriers ; audacieux spéculateurs, hier encore traînant la savate et aujourd'hui nageant en pleine opulence! Pourquoi pas nous aussi bien que ceux-là? Que nous manque-t-il? Est-ce l'audace? est-ce la résolution de parvenir à tout prix? Non, non! Nous faisons litière des sots préjugés! Nous hurlons avec les loups! Ce qui nous manque, ce qui me manque, c'est l'occasion! et, grâce à vous, je peux la saisir au vol, cette fantasque déité! Emilia! Emilia! vous pouvez d'un mot m'ouvrir les portes d'or de la fortune! Vous êtes assez heureuse pour n'avoir plus rien à désirer. Soyez généreuse, tendez la main à un ancien ami ; il ne sera pas ingrat, il partagera son gain avec vous!

— La voiture de madame l'attend, — vient dire Jenny à sa maîtresse.

— Donnez-moi un mantelet bien chaud, — répond la lorette; puis s'adressant à monsieur Théodore, — Je parlerai de vous à monsieur Ducantal, mais à la condition expresse que vous ne remettrez jamais les pieds chez moi; vous pourriez me compromettre.

— Je n'en aurai garde! Ce serait aussi compromettre l'appui que vous m'accordez auprès de monsieur Ducantal. Merci, merci, ma chère Emilia ; comptez sur ma reconnaissance éternelle. Je vous le jure, vous ne me reverrez jamais!

— Mais nous partagerons les bénéfices, si Ducantal s'intéresse à vous?

— Emilia, me croyez-vous ingrat?

— C'est des mots... Si je vous recommande à Ducantal, vous me ferez des billets pour une certaine somme.

— J'y consens : voici mon adresse, — ajoute M. Théodore en donnant sa carte à la lorette. — Ecrivez-moi dès que vous aurez quelque chose de positif à m'apprendre. Adieu, chère Emilia.

— Adieu.

XI

Ce même jour, vers les six heures du soir, Sophie, l'aînée des filles de monsieur Ducantal, effilant un morceau de vieux linge, confectionnait de la charpie. De temps à autre, elle prêtait l'oreille avec inquiétude du côté de l'une des portes latérales du modeste salon, et disait d'une voix émue :

— Pauvre bonne mère! quel horrible accident! Elle

pouvait être tuée! — Puis, portant son mouchoir à ses yeux, Sophie ajoutait : — Mon Dieu! quand je pense qu'elle était sortie pour nous acheter cette maudite garniture de boutons de jais!

A ce moment, Laure, refermant avec précaution une porte voisine, vient rejoindre sa sœur. Celle-ci demande avec anxiété :

— Comment se trouve maman ?

— Mieux... elle sommeille... — Et se jetant au cou de Sophie en fondant en larmes, Laure ajoute : — Je n'osais pas pleurer devant notre mère.

— Tu m'effrayes! Elle est donc plus souffrante que tu me le dis?

— Non, non, je te le jure; elle repose...

— Alors, d'où vient que tes larmes redoublent?

— Ah! Sophie, si tu savais!...

— Que veux-tu dire?

— Pourvu que maman n'ait rien entendu!

— Rien entendu! Quand cela?

— Lorsqu'elle a été transportée dans la boutique où on lui a donné les premiers secours.

— Hélas! au milieu de toutes nos inquiétudes, je n'ai pas encore songé à te demander des détails sur ce cruel événement. Parle, je t'en conjure, ma chère Laure!

— Nous étions donc sorties, maman et moi, pour aller acheter cette garniture de boutons qu'elle voulait nous donner. Il a neigé cette nuit, le pavé était humide et glissant...

— Et de crainte d'être grondée par papa, ma mère n'avait pas osé prendre un fiacre?

— Oui,—répond Laure avec amertume,— il lui refuse un fiacre, et pourtant... — Elle n'achève pas, et porte son mouchoir à ses yeux.

— Laure,—reprend Sophie,— bonne petite sœur, qu'as-tu encore à pleurer?

— Tu vas le savoir,—répond Laure, essuyant ses larmes. —Le pavé était, dis-je, très glissant; notre pauvre mère n'est, tu le sais, ni très forte ni très alerte; je la soutenais de mon mieux, en m'appuyant de mon autre main sur mon parapluie. Nous arrivons en face de la rue de la Paix, beaucoup de voitures se croisaient sur la chaussée. Maman me dit : — « Mon enfant, nous ne pourrons pas traverser le boulevard en nous donnant le bras; marche la première, je te suivrai. » — Moi, ne voyant pas de voitures trop proches de nous, je tente le passage, et au bout de quelques pas je me retourne afin de regarder si maman venait. A ce moment même s'avançait rapidement une très belle voiture. Maman l'aperçoit, hésite d'abord, puis se décide à traverser le boulevard, mais hélas! trop tard... elle veut courir, le timon de cet équipage la heurte... la renverse...

— Ah! — s'écrie Sophie en frémissant, — ah! c'est affreux!

Les deux jeunes filles restent pendant un moment muettes d'émotion ; puis Laure reprend d'une voix altérée·

— Je vois notre mère rouler sous les pieds des chevaux... je m'élance sans réflexion...

— Courageuse sœur! —dit Sophie en embrassant Laure, — chère sœur!

— Que s'est-il passé en cet instant? Je l'ignore ; je n'avais plus la tête à moi ; j'ai seulement senti que je tombais, et j'ai entendu maman s'écrier : « Mon Dieu ! ayez pitié de mon enfant !

— Elle s'oubliait pour ne penser qu'à toi ! Par miracle tu n'as pas été blessée... Pauvre Laure ! Bien vrai, tu ne te ressens pas de cette chute ?

— Non, je suis un peu courbaturée, voilà tout ; mais, dans le premier moment, la frayeur m'avait fait perdre connaissance... Enfin, lorsque je suis revenue à moi, j'étais avec maman dans un magasin de lingerie où l'on nous avait transportées ; la maîtresse du magasin et ses demoiselles de comptoir nous donnaient tous les soins possibles, et l'une d'elles...

— Achève...

— Pourvu, mon Dieu ! que maman ne l'ait pas entendue comme moi !... L'une d'elles dit à demi-voix à ses compagnes avec indignation : « N'est-il pas honteux de voir les » chevaux des lorettes écraser de pauvres femmes ? Ce bel » équipage appartient à la maîtresse de monsieur Ducan- » tal, qui a gagné des millions à la Bourse ! »

Sophie tressaille de surprise. Les deux jeunes filles, atterrées, gardent le silence, et, après quelques instans de réflexion, Sophie dit à sa sœur :

— Mais, chérie, ce n'est pas de notre père qu'il s'agit ; c'est impossible !

— Je voudrais le croire.

— Il est incapable de tromper ainsi maman. Et puis, s'il avait gagné tant d'argent, serait il si sévère pour les dépenses de la maison ?

— C'est ce que je me suis dit, et pourtant je crains qu'il

s'agisse de lui, et surtout que maman ait entendu les paroles de la demoiselle de magasin.

— Qui peut te le faire supposer ?

— Lorsque je suis montée avec notre mère dans le fiacre que l'on avait été chercher, elle s'est mise à fondre en larmes, et m'a embrassée en me disant : — « Mes enfans, » mes pauvres enfans ! — Tu souffres donc beaucoup de » ta blessure au front ? lui ai-je demandé.—Ah ! si ce n'é- » tait que cela !..—m'a-telle répondu presque involontaire- » ment. » Puis, regrettant sans doute les paroles qui venaient de lui échapper, elle a ajouté, peut-être pour me donner le change, que sa blessure n'était rien auprès des inquiétudes qu'elle nous causerait.

Laure s'interrompt, et prêtant l'oreille au dehors, dit tout bas à sa sœur d'un ton craintif :

— C'est la voix de papa ; il cause avec Catherine ; elle lui raconte sans doute ce qui est arrivé.

— Ah ! Laure,— reprend Sophie en frémissant,—maintenant la présence de mon père me fait peur.

Monsieur Ducantal entre brusquement et paraît fort contrarié. A sa vue, ses filles échangent un regard inquiet, alarmé.

— Il est donc arrivé un accident à votre mère ? — dit monsiur Ducantal à ses filles ;—elle s'est donc laissée tomber ?

— Oui, papa.

— Heureusement cet accident n'aura pas de suites,— reprend monsieur Ducantal avec une sorte d'insouciance ; — Catherine vient de m'apprendre que le médecin semblait parfaitement rassuré.

— Mon père, monsieur le docteur Max a dit que...

— Comment ! — s'écrie monsieur Ducantal aussi surpris qu'irrité; —comment ! le docteur Max ? Pourquoi n'a-t-on pas été chercher monsieur Dubreuil, notre médecin ?

— La portière nous a dit que monsieur le docteur Max était chez une dame qui demeure dans la maison, et nous avons...

— Cela suffit. Comment se trouve votre mère, maintenant ?

— Elle repose.

Monsieur Ducantal, dont la méchante humeur, très visible, va croissant, se dirige vers la porte de la chambre à coucher. Les deux jeunes filles échangent un regard de crainte. Sophie, plus résolue, fait un pas vers monsieur Ducantal.

— Mon père, c'est que... ma mère...

— Quoi ? — répond impatiemment monsieur Ducantal. — Achevez donc !

— Maman sommeillait tout à l'heure, et nous croyions que...

Monsieur Ducantal n'attend pas la fin de la phrase, hausse les épaules et entre dans la chambre de sa femme.

XII

La mère de famille, adossée à son oreiller, sommeillait, le front ceint d'un bandeau teint de sang ; son pâle et doux visage portait les traces de larmes récentes ; ses traits, malgré son assoupissement momentané, révélaient une profonde affliction. Au bruit des pas de son mari, madame Ducantal s'éveille en sursaut, tressaille de crainte, détourne les yeux et étouffe un soupir douloureux. Monsieur Ducantal s'assied près du lit de sa femme et lui dit d'un ton assez affectueux :

— Ma pauvre Geneviève, tu t'es donc laissée choir?

— Oui, mon ami.

— Tu auras voulu imprudemment traverser le boulevard...

— Je ne suis pas très ingambe ; une voiture venait très vite, j'ai cru avoir le temps de l'éviter... Malheureusement mon pied a glissé.

— Comment aussi, à ton âge, t'avises-tu de vouloir courir ?

— Je ne courais pas, mon ami, je...

— Dieu merci! tu en seras quitte pour la peur. Comment te sens-tu ?

— J'ai la tête pesante et douloureuse.

— C'est tout simple... après une chute pareille!

— Ma seule crainte est que Laure, qui, en voulant, chère enfant !... me secourir, est tombée aussi, ne ressente plus tard le contre-coup de sa chute.

Ce disant, madame Ducantal ne peut retenir ses larmes. Son mari hausse légèrement les épaules et répond :

— En vérité, Geneviève, tu n'es pas raisonnable de t'inquiéter ainsi. Je viens de voir Laure dans le salon, elle ne paraît nullement souffrante.

— Mon Dieu ! — reprend madame Ducantal en sanglotant et n'osant exprimer sa pensée secrète, — ce n'est pas seulement à cause de Laure que je pleure!

—A cause de quoi pleures-tu, alors?.. qu'est-ce que tu as?

— Hélas! mon Dieu! — murmura madame Ducantal, comprimant un sanglot, — je... je...

Elle n'achève pas, et retourne la tête du côté de l'alcôve. M. Ducantal, commençant à fort s'impatienter, se contient cependant, et reprend avec une nuance d'ironie :

— Ah! si tu commences à te poser en martyre!...

— Je ne me pose pas en martyre... mais...

— Ensuite?

Madame Ducantal garde pendant un moment le silence. Puis, n'osant pourtant braver le regard de son mari, elle répond, le visage toujours tourné vers le fond de l'alcôve :

— Je ne veux pas te faire de reproches ; mais enfin, si, au lieu de sortir à pied, par le mauvais temps, nous étions sorties en fiacre, ta fille et moi, nous n'aurions pas risqué d'être écrasées par cette... par cette voiture.

— Voilà du nouveau!—dit monsieur Ducantal d'un ton bourru. — Il te faudra désormais un équipage? Tu crois être duchesse, probablement?

— Je ne demande pas d'équipage ; seulement, je te fais observer, mon ami, que je suis d'une faible santé. Je vais, hiver et été, au marché avec notre bonne, afin d'épargner la dépense... et...

— Est-ce que toutes les femmes de votre condition n'en font pas autant? Peste! vous devenez bien délicate, ma chère!

— Dieu m'e t témoin que ce n'est pas pour ménager ma peine que je dis cela ; mais, quand je pense que tantôt j'aurais pu être tuée par cette... par cette voiture, et que mes pauvres filles restaient... orphelines...

— Comment... orphelines !... et moi, je ne compte donc pour rien ?

Madame Ducantal, à cette réponse d'une naïveté cruelle, sanglote de nouveau. Son mari se lève avec impatience, frappe du pied, crispe ses poings ; puis, s'efforçant de se contenir, il revient auprès du lit.

— Ah çà ! que diable avez-vous aujourd'hui ? qu'est-ce qui vous prend ? Articulez donc nettement ce que vous voulez dire !

Madame Ducantal tourne seulement alors la tête vers son mari, se dresse sur son séant, et, puisant dans l'amour maternel le courage d'affronter le courroux de son mari, elle reprend avec une navrante amertume :

— Hé bien ! puisqu'il faut parler net... au risque de ce qui peut m'arriver... il m'est odieux de voir mes filles endurer mille privations, travailler comme des servantes... tandis que... tandis que...

— Achevez donc ! — reprend monsieur Ducantal très surpris. — Voyons, tandis que...?

— Tandis qu'une autre... — ajoute résolûment madame Ducantal, — une mauvaise femme...

— Hein ? — s'écrie Ducantal, stupéfait et lançant à sa femme un regard foudroyant, — hein ?... vous dites...

— Tuez-moi sur la place, si vous voulez, — reprend intrépidement la mère de famille, — mais, du moins, vous saurez que tantôt, votre fille et moi, nous avons manqué d'être écrasées par la voiture d'une femme que vous entretenez !

— Geneviève ! — s'écrie Ducantal effrayant et secouant

le débile poignet de sa femme, — Geneviève!... tu me paieras cela !

Madame Ducantal, défaillante, éperdue de frayeur, se renverse sur son oreiller. Soudain Sophie ouvre la porte de la chambre à coucher en disant :

— Maman, c'est le docteur Max.

— Maudit médecin ! — pensait à part soi monsieur Ducantal. — Comment ma femme sait-elle que j'entretiens Emilia ?

XIII

Le docteur Max s'est approché du lit de madame Ducantal ; il observe attentivement ses traits en lui tâtant le pouls. Sophie et Laure, entrées dans la chambre sur les pas du médecin, tâchent de lire sur sa physionomie ce qu'il pense de la santé de leur mère ; elles remarquent avec inquiétude son visage baigné de larmes récentes et le tremblement convulsif dont elle est agitée.

— Le pouls est très vif, — dit le docteur Max tenant toujours dans sa main celle de la mère de famille ; et, se tournant vers monsieur Ducantal, — Madame a donc éprouvé tout à l'heure une émotion violente ?

— Je... je... ne sais, — répond Ducantal embarrassé ; — je suis arrivé ici depuis un instant.

— Il n'importe, monsieur, — dit le docteur Max, attachant son regard pénétrant sur Ducantal, — vous vous serez sans doute alarmé outre mesure des suites de l'accident dont madame a failli être victime ; vous l'aurez vivement impressionnée par l'expression de vos craintes

Cela n'est point du tout raisonnable. Vous me direz que la tendresse effrayée ne raisonne guère ; je vous répondrai, mon cher monsieur, qu'il faut, en certains cas, savoir modérer même les témoignages de la plus touchante affection... Du reste, rassurez-vous, madame ne court aucun danger sérieux, surtout si on lui épargne les fortes émotions. — Et, s'adressant à Sophie : — Veuillez, mademoiselle, me donner ce qu'il faut pour écrire quelques prescriptions que vous voudrez bien exécuter.

Sophie apporte au docteur une plume, de l'encre et du papier, puis elle se rapproche, ainsi que Laure, du lit de madame Ducantal. Celle-ci, tremblante de frayeur et n'osant lever les yeux sur son mari, prend dans ses mains celles de ses filles, et leur dit tout bas :

— Restez-là, pour l'amour de Dieu! restez-là! ne me laissez pas seule avec votre père !

—Le sang-froid sardonique de ce diable de médecin me met hors de moi, — pensait Ducantal ; — tout à l'heure je lui dirai son fait.

— Mademoiselle, — reprend le docteur Max, s'adressant à Sophie en lui donnant l'ordonnance qu'il vient d'écrire, — que ces prescriptions soient ponctuellement exécutées. Madame votre mère passera, je l'espère, une bonne nuit. Adieu, madame Ducantal, bon courage! J'aurai l'honneur de vous revoir demain.

Monsieur Ducantal prend brusquement son chapeau et suit le docteur Max. Au moment où ils sortent de la chambre, Laure et Sophie se jettent au cou de leur mère, qui, assise sur son séant, les serre toutes deux dans ses bras, en murmurant au milieu de ses sanglots.

— Qu'allons-nous devenir, mes pauvres enfans ? votre père est furieux contre moi ! qu'allons-nous devenir?

XIV

Monsieur Ducantal a accompagné le docteur Max dans le salon voisin. Au moment où le médecin se dispose à sortir, M. Ducantal, pâle de colère, lui dit :

— Monsieur, j'ai mon médecin habituel ; il est inutile que vous reveniez ici. Combien vous dois-je pour vos visites ?

— Lesquelles?... celles que j'ai faites à votre maîtresse ou celles que j'ai faites à votre femme?

— Monsieur ! — s'écrie Ducantal furieux, — cette plaisanterie...

— Plus bas, madame Ducantal pourrait vous entendre, — répond le docteur Max impassible. — Quant à nos comptes de visites, nous les règlerons ce soir, à la Maison-Dorée. On vous y verra, n'est-ce pas?... Le souper sera fort gai. Au revoir, mon cher monsieur.

XV

La scène suivante se passe dans l'un des salons du restaurant de la *Maison-Dorée*. La table est magnifiquement servie. Les convives du souper sont *Emilia Lambert*, *Hélène* et quatre autres lorettes de renom. accompagnées de leurs *tenans*, viveurs enrichis à la Bourse, ainsi que messieurs Ducantal, Malicorne et Desmazures ; le docteur Max a seul conservé son sang-froid observateur au milieu de ce repas qui dégénère en orgie ; les fumées du vin, la bonne chère, l'animation du festin, les propos joyeux ou obscènes ont exalté toutes les têtes ; monsieur Ducantal a noyé dans son verre l'irritation que lui a d'abord causée la vue du docteur Max ; les plus modérés des convives sont à moitié ivres; les femmes sont en resplendissantes toilettes; la nappe est jonchée des fleurs de leurs énormes bouquets; le souper touche à sa fin, et cependant l'on voit rangées sur une table voisine un nombre considérable de bouteilles de vin de Champagne encore pleines.

UN VIVEUR, *se levant, le verre à la main.*

Je bois à Lucullus Malicorne, notre amphitryon !

PLUSIEURS VOIX.

Oui, oui, à Lucullus Malicorne !

DESMAZURES.

Je bois à Malicorne, mais point à Lucullus. Je proteste contre Lucullus!

DUCANTAL.

Expliquez-vous, mon cher.

DESMAZURES.

Je m'explique : Malicorne nous a conviés à boire cent bouteilles de Champagne, vieux Sillery de 1834, à quinze francs la bouteille. C'est, d'honneur, se poser à bon marché en Lucullus !

MALICORNE, *vexé.*

Où est Ganymède ? Je demande Ganymède! Holà ! hé ! sommelier de l'Olympe ! versez à nos divinités de l'ambroisie première, du nectar... année de la comète!

HÉLÈNE.

Vous blaguez, Lucullus, mais Desmazures a raison. Oui, faute de mieux, on avale du champagne comme on avale vos pilules, mais c'est un vin canaille : c'est le vin des courtauds de boutique et des grisettes!

ÉMILIA LAMBERT.

Le vin des femmes honnêtes en partie fine!

UNE LORETTE.

Le vin des petits jeunes gens à leur première lettre de change!

PLUSIEURS VOIX.

Ah! ah! ah! Enfoncé Lucullus! dégommé Lucullus!

DESMAZURES.

Respect à l'amphitryon malheureux! Laissons en paix ses cendres! Moi, Desmazures, je vous invite à souper demain ici. On boira cent bouteilles de vin de Constance, à quarante francs la bouteille!

VOIX NOMBREUSES.

Bravo, Desmazures! Gloire à Desmazures! Vive Desmazures!

ÉMILIA LAMBERT, *bas à Ducantal, avec dépit.*

Regardez cette sotte d'Hélène, comme elle se rengorge en entendant son Desmazures! Ce n'est pas vous qui auriez eu cette idée de souper au vin de Constance!

DUCANTAL, *se frappant le front, dit tout bas à Emilia.*

Desmazures ne sera qu'un grigou auprès de moi; tu vas

voir. (*Haut.*) Je donne à souper jeudi prochain, dans l'hôtel que j'ai acheté aujourd'hui pour Emilia.

ÉMILIA LAMBERT.

Dis donc, Hélène, il y aura un jardin d'hiver dans mon hôtel; oui, ma chère, un jardin d'hiver.

HÉLÈNE, *avec dépit.*

Vraiment? Eh bien! ma chère, ça ne sera toujours qu'une cloche à melon... en comparaison du jardin d'hiver des Champs-Elysées.

ÉMILIA, *à part.*

L'insolente!

DUCANTAL.

Donc, je vous invite tous à souper chez Emilia. Voilà le menu : soupe aux choux, gibelotte de lapin, miroton, veau rôti, salade, fromage de Marolle, et vin à quinze!

PLUSIEURS VOIX.

Ah! ah! ah! — C'est très drôle! — Farceur de Ducantal! — Hardi, Lucullus III!

DUCANTAL.

Mais.... mais ce vin à quinze sera décanté dans des carafes de verre de Venise, à cent francs pièce; ce friand repas vous sera offert dans un service de vieux Sèvres de vingt mille francs, et après souper, on cassera la vaisselle. (*Regardant Emilia d'un air triomphant.*) J'ai dit!

PLUSIEURS VOIX.

Oui! oui! nous casserons tout! — Mort au vieux Sèvres! — Desmazures a enfoncé Malicorne! Ducantal enfonce Desmazures! — Vive Ducantal!

ÉMILIA LAMBERT, *embrassant Ducantal.*

Vive mon gros ! je l'adore ! (*A Hélène.*) Tu ne manqueras pas au miroton, ma chère ? Ça sentira l'oignon.... comme dans mon ancien appartement ; mais tu seras indulgente, ma petite.

LE DOCTEUR MAX.

Il est déplorable d'avoir à constater que personne ici n'a la plus légère idée de la magnificence !

DUCANTAL, *aigrement.*

Ecoutons la leçon de haute magnificence que va nous donner le docteur Méphistophélès !

LE DOCTEUR MAX.

Si j'étais, comme vous, millionnaire, je vous inviterais tout bonnement à déjeuner dans un chalet où je vous offrirais du pain bis, des œufs frais, du beurre et du lait, servis dans des écuelles de bois. Cette collation rustique me coûterait une trentaine de millions ; mais, peuh !! l'on ne ménage point la dépense, lorsqu'il s'agit de fêter de vrais amis.

MALICORNE.

C'est une charade. J'exige le mot.

TOUS LES CONVIVES.

Le mot, docteur ! le mot de la charade !

LE DOCTEUR MAX.

Le chalet serait situé à Paris, boulevard des Italiens..?

UNE LORETTE.

Un chalet sur le boulevard des Italiens ?

LE DOCTEUR MAX.

Rien de plus simple. J'achèterais à tout prix environ deux arpens de superficie dans ce riche quartier.

MALICORNE.

Mais, diable de docteur, (le bien nommé! deux arpens de terrain et leurs bâtisses dans le quartier des Italiens, mais cela coûterait des millions et des millions !

LE DOCTEUR MAX.

Naturellement. Or, je ferais abattre toutes les maisons de la cave au grenier ; fouiller, labourer, fumer la terre ; je construirais un humble chalet au milieu de ces deux arpens. Une partie serait ensemencée de seigle : voilà pour le pain bis du déjeuner ; une autre produirait du foin : voilà pour la nourriture de la vache qui donnerait le lait et le beurre. Donc, ce déjeuner rustique, offert sous un toit de chaume, dans des écuelles de bois, coûterait une trentaine de millions.

(Explosion de cris et d'applaudissemens. — Bravo, docteur !—Vive le docteur !—Hourra pour le Diable-Médecin ! — Il était seul capable d'imaginer cette infernale dépense !)

LE DOCTEUR MAX.

Pratiquez de cette manière utile et surtout féconde la magnificence, alors vous serez vraiment à la hauteur de l'auguste fonction sociale que la richesse vous impose, et vous mériterez les bénédictions de l'humanité.

HÉLÈNE.

Amen !

MALICORNE.

Le docteur Méphistophélès ouï et entendu, je déclare que, dans ma conviction intime, j'ai rempli un sacerdoce en vous invitant à boire cent bouteilles de vin de Champagne. (*A Hélène d'un ton piqué*) : Vin canaille, mais vieux !

HÉLÈNE.

Disons une vieille canaille de vin, et n'en parlons plus ! surtout n'en buvons plus ! car vous êtes fièrement *pilulant*, Malicorne, avec votre champagne !

DESMAZURES.

Le docteur est dans le vrai : nous remplissons un sacerdoce ! nous sommes les grands prêtres du luxe !

ÉMILIA LAMBERT.

Et nous les prêtresses.

UNE LORETTE.

Le Ranelagh et Mabille sont nos temples!

HÉLÈNE.

Le Ranelagh, je ne dis pas ; mais Mabille ! fi ! ma chère, fi donc ! c'est fadasse ! Qui est-ce qui ose aller à Mabille ? Les Frisettes, les Rigolettes, les Rose-Pompon et autres turlurettes ornées de leurs Brididis ! Tout ça cancane devant une galerie de femmes honnêtes qui viennent voir danser ces saltimbanques, et qui dansent en dedans.... ne pouvant polker officiellement en ces lieux.

DESMAZURES.

Le fait est que c'est étonnant combien il est de femmes honnêtes qui, moralement et physiquement, tournent à la Lorette!

HÉLÈNE.

C'est vrai. Elles copient nos modes en enrageant. Parole d'honneur ! de respectables mères de famille se donnent des airs décolletés, mettent leur chapeau en arrière, pincent un petit chahut et fument crânement le cigare dans l'espoir de retenir leurs maris. Vains efforts ! Elles n'auront jamais, comme nous, le *vice* et le *chic !*

ÉMILIA LAMBERT.

D'ailleurs, c'est nous qui faisons aller le commerce. Qu'est-ce qu'elles font donc gagner aux marchands, ces bégueules qui écument vertueusement leur pot-au-feu ?

LE DOCTEUR MAX.

Parbleu ! lorsque madame Ducantal et ses filles portent des robes retournées, vont à pied par les rues (*A Emilia Lambert*),—vos chevaux ont tantôt failli écraser ces dames, je vous demande en quoi leurs touchantes vertus, l'excellence de leur cœur, la délicatesse de leurs sentimens concourent au développement de la richesse publique

DUCANTAL, *irrité*.

Depuis longtemps, monsieur le docteur, vos plaisanteries me déplaisent, et...

LE DOCTEUR MAX.

Messieurs, notre honorable convive est véhémentement soupçonné d'éprouver des remords conjugaux ! Le père de famille perce sous la peau du viveur !

HÉLÈNE.

Je demande que Ducantal soit immédiatement déclaré vertueux, et, comme tel, condamné à voir lever l'aurore à perpétuité !

PLUSIEURS VOIX.

Ah! ah! ah! — bravo, Hélène! — Enterré Ducantal!

MALICORNE.

J'ouvre une souscription destinée au monument de défunt Ducantal. On lira sur sa pierre : « Ci-gît qui fut bon père et bon époux. Passans, buvez pour lui! »

ÉMILIA LAMBERT, *bas à Ducantal, avec colère.*

Vous avez l'air d'un serin! Voyez Hélène : elle rit de vous à se pâmer... Répondez donc quelque chose, au moins!

DUCANTAL.

Je demande à faire ma profession de foi et à répondre au docteur, qui jamais ne s'est montré plus Méphistophélès qu'en cette occasion.

PLUSIEURS VOIX.

Répondez! — Ecoutons!

DUCANTAL.

On doit à son ménage le nécessaire, et à sa maîtresse le superflu. Voilà mon caractère!

PLUSIEURS VOIX.

Ducantal est ressuscité! — vive Ducantal! — Il est digne de ne pas assister au lever de l'aurore!

LE DOCTEUR MAX.

Je m'estime heureux d'avoir provoqué la loyale réponse de notre convive, et je porte un toste au superflu. Au superflu, ce nécessaire des nations civilisées!

TOUS.

Oui, oui, buvons au superflu!

LE DOCTEUR MAX.

Arrière ces pleutres, ces gredins, ces barbares, ces sauvages, ces mohicans, qui professent cette énormité : « Personne n'a droit au superflu tant que chacun n'a pas le nécessaire ! »

TOUS.

A bas les barbares ! A bas les sauvages !

MALICORNE.

Je bois d'autant plus volontiers au superflu, que voilà une cinquantaine de bouteilles de vin de Champagne encore coiffées.

ÉMILIA LAMBERT.

Mais nous en avons assez, de votre vin de Champagne ! nous en avons trop ! Laissez-nous donc tranquille ! Et demandez autre chose.

DESMAZURES.

Je m'oppose à ce que Malicorne demande du vin de Constance. Je me le réserve pour le souper de demain.

HÉLÈNE.

Malicorne, demandez de ce vieux madère qui a, dit-on, fait deux fois le voyage des Indes ; et avec ça des cigares !

TOUS.

Oui ! oui ! du madère et des cigares !

ÉMILIA LAMBERT.

Et puis nous taillerons un lansquenet ou un chemin de fer. (*A Ducantal.*) Tu as de l'argent ?

DUCANTAL.

Parbleu !

MALICORNE.

Je déclare qu'avant de demander du vin de Madère, il faut que les cent bouteilles de vin de Champagne soient consommées !

HÉLÈNE.

Fichtre ! qu'il est embêtant avec son vin de Champagne, celui-là !

ÉMILIA LAMBERT.

Une idée ! Faisons le thé de madame Gibou avec ce champagne.

TOUS.

Ah ! ah ! parfait ! — oui, le thé de madame Gibou !

MALICORNE *sonne*.

Bravo, charmante ! l'idée est adorable !

UN GARÇON *entre*.

Monsieur a sonné ?

MALICORNE.

Garçon, un chaudron... tout ce que vous aurez de plus vaste !

LE GARÇON.

Je vais en chercher un aux cuisines. (*Il s'apprête à sortir.*)

MALICORNE.

Attendez donc, garçon ; il nous faut en outre quelques ingrédiens pour parfaire ce thé mirobolant. Apportez avec le chaudron trois faisans truffés.

HÉLÈNE.

De plus, cinq beaux ananas et un joli paquet de chandelles.

UNE LORETTE.

Douze douzaines d'huîtres vertes, avec les coquilles !

UNE LORETTE.

Je demande qu'on ajoute à la chose, pour la rendre nourrissante, trente côtelettes de mouton, mais panées, c'est essentiel.

ÉMILIA LAMBERT.

Et puis six paniers de fraises et autant de litres de petits pois.

LE GARÇON.

Madame, les fraises et les petits pois, dans cette saison, sont des primeurs très chères. On vous en a déjà servi, et...

MALICORNE.

Garçon, mon ami, vous n'êtes qu'un animal ! C'est moi qui paie. Je suis connu ici, j'imagine ?

LE GARÇON.

Oh ! oui, monsieur, et je vais apporter ce que ces dames demandent.

HÉLÈNE.

Attendez. Il manque au ragoût une douzaine de bottes d'oignons. *(A Emilia Lambert.)* Hein ! comme je suis gentille, ma chère ?... Ça te rappellera l'odeur de l'escalier de ton appartement.

UNE LORETTE

Un moment ! La chose sera fade si on n'y mêle pas une douzaine de pots de moutarde.

HÉLÈNE.

Le bonnet de coton du chef de cuisine par là-dessus, et ce sera délicieux !

MALICORNE, *gravement.*

Vous entendez, garçon? on demande le bonnet de coton du chef; on le portera sur la carte. Allez, dépêchez-vous, et revenez vite!

Le garçon sort au milieu des rires inextinguibles, des cris, des trépignemens, des acclamations des convives en l'honneur du thé de madame Gibou.

MALICORNE.

A l'aide, pour déboucher les bouteilles !

Tous se lèvent, sauf le docteur Max, impassible malgré son secret dégoût. Les bouchons volent ; leur explosion se mêle aux éclats de rire des convives. Plusieurs garçons rentrent apportant une immense bassine de cuivre et les objets demandés, y compris le bonnet de coton du chef de cuisine. Malicorne, avec un sérieux inaltérable, qui redouble l'hilarité des assistans, jette dans le bassin les divers ingrédiens apportés par les garçons.

MALICORNE.

Et maintenant, attention au commandement ! Que chacun prenne une bouteille.

TOUS.

Voilà ! nous sommes prêts !

MALICORNE.

Versez!

Le contenu des bouteilles est versé dans la bassine; elle est bientôt remplie jusqu'aux bords; les viandes, les faisans truffés, les huîtres dans leurs écailles restent submergées ; mais l'on voit flotter à la surface du liquide les petits pois, les chandelles, les fraises, les ananas, les oignons et le bonnet de coton du chef de cuisine. L'hilarité est à son comble et devient convulsive.

HÉLÈNE.

Une idée! (*Elle parle bas à Desmazures en pouffant de rire.*)

DESMAZURES, *vivement.*

Du tout! je m'y oppose.

MALICORNE.

Garçon! que le chef mette la bassine sur le feu, qu'il fasse mijoter la chose, et... Ah! malheureux que je suis! j'oubliais le sel, le poivre et un jus de citron!

TOUS, *riant.*

Ah! ah! ah!

MALICORNE.

Voilà!... Maintenant, emportez ça, garçon; dites au chef de faire mijoter la chose pendant un quart d'heure, et servez chaud!

EMILIA LAMBERT.

Avec tout ça, il reste encore une vingtaine de bouteilles; il faut pourtant en finir!

HÉLÈNE, *à l'un des garçons qui va sortir.*

Garçon, deux arrosoirs!

LE GARÇON, *interloqué.*

Madame, il n'y en a pas ici.

HÉLÈNE.

Quel pitoyable cabaret! On ne trouve pas seulement un arrosoir dans cette gargote!

LE GARÇON.

Ah! pardon, madame... j'y pense! Nous avons les arrosoirs dont l'on se sert pour arroser le trottoir pendant l'été.

HÉLÈNE.

Apportez-les. *(A Desmazures.)* Cela fera le pendant du thé de madame Gibou.

LE DOCTEUR MAX.

A propos de ce thé, je demande à hasarder quelques mots d'économie politique. *(Explosion de cris, de huées.)*

HÉLÈNE.

Apprenez, docteur, que nous abhorrons la politique et que nous exécrons l'économie !

TOUS.

Oui, oui ! — A bas l'économie ! — A bas la politique ! — A bas le docteur !

LE DOCTEUR MAX.

Pardon, je voulais vous exprimer l'admiration que vous m'inspirez, mais...

PLUSIEURS VOIX.

C'est différent ! — Parlez ! parlez ! — Ecoutons le Diable-Médecin !

LE DOCTEUR MAX.

Le croiriez-vous ? des bélîtres classent ainsi les dépenses : les unes, selon eux, *productives*, fécondes, morales, utiles à tous ; les autres, *improductives*, stériles, égoïstes, ruineuses, signes certains de l'avilissement et de la corruption des mœurs publiques.

PLUSIEURS VOIX.

C'est un sermon ! — Assez ! assez ! — A bas le sermon ! Le docteur vieillit ! — Le diable se fait ermite !

LE DOCTEUR MAX.

Un instant! distinguons : ce n'est point moi qui parle ainsi, ce sont les susdits bélîtres, et je leur réponds : Ah! gredins ! ah! marauds ! ah! pieds plats !...

PLUSIEURS VOIX

A la bonne heure ! — Hardi ! éreintez-les, docteur ! Ereintez-les !

LE DOCTEUR MAX.

..... Et je leur réponds : Gredins ! pieds plats ! croquans! ah! vous prétendez que la frénésie de la spéculation et du besoin de luxe insensé qu'elle engendre est la honte, la ruine des nations, parce qu'elle détruit en elles le sens moral! parce que l'appât trompeur d'un gain facile et énorme éveille d'insatiables convoitises ; parce que ces appétits désordonnés poussant l'homme dans la voie suspecte des spéculations, détruisent en lui les vertus domestiques, l'arrachent à des habitudes laborieuses, patientes, honnêtes, le détournent de travaux productifs d'où il tire un revenu modeste, mais assuré! Ah ! vous prétendez que cette rage de s'enrichir, déjà prêchée par monsieur Guizot, prononçant ces mots fameux, lors du banquet de Lisieux : *Enrichissez-vous!* anéantit dans les consciences les plus simples notions du bien et du mal, du juste et de l'injuste, du tien et du mien, du droit et du devoir ! Ah ! vous prétendez que chacun alors subit l'infernale obsession de cette hideuse et dévorante pensée : jouir à tout prix! *per fas et nefas!* A cela, triples butors ! je répondrai : On gagne de l'argent comme on peut, on le dépense comme on veut.

PLUSIEURS VOIX.

Bravo ! docteur ! —Vous êtes dans le vrai !

LE DOCTEUR MAX.

Tenez, butors, ajouterai-je, prenons pour exemple ce thé de madame Gibou, si spirituellement confectionné ici, ce soir. Ce thé baroque et le souper auront coûté peut-être deux cents louis ; or, deux cents louis employés productivement, m'objecterez-vous, auraient assuré le salaire et le pain de vingt familles pendant un mois...

HÉLÈNE.

Concluez, docteur; vous devenez énormément embêtant. Vous n'êtes plus drôle!

TOUS.

Oui ! oui ! — Assez ! — Concluez, docteur ! c'est assommant !

LE DOCTEUR MAX.

Je conclus en répondant aux susdits bélîtres : Oui ou non, a-t-on ici, ce soir, acheté, consommé pour deux cents louis? C'est évident! Donc, en cela, comme en mille autres dépenses de luxe, ces dames auront poussé à la consommation, donc à la production, donc à la prospérité du commerce; donc, ô prêtresses du luxe ! continuez de remplir religieusement votre sacerdoce. Dépensez, prodiguez ; que l'or, comme la neige au soleil, fonde, ruisselle entre vos mains charmantes, et la postérité dira de vous...

LE GARÇON, *rentrant.*

Voilà les arrosoirs !

(Eclats de rire universels, provoqués par l'espèce de coq-à-l'âne que produisent les paroles du garçon.)

LE DOCTEUR MAX.

Parbleu, messieurs, ce gaillard-là, arrivant avec ses arrosoirs, destinés à arroser... quoi ? le bitume ! quel symbole !... vient à point pour ma péroraison. Oui, la postérité dira de vous, ô prêtresses du luxe : Elles ont été les arrosoirs d'où s'est écoulée à flots d'or la richesse publique !

HÉLÈNE, *prenant l'un des arrosoirs.*

— Diable de docteur, va ! (*Aux convives.*) Attention au commandement ! Prenez les bouteilles ?

TOUS.

Voilà. — Nous sommes prêts.

HÉLÈNE.

Remplissez les arrosoirs.

(Les arrosoirs sont remplis de vin de Champagne, au milieu de la folle hilarité des convives. Hélène prend l'un des arrosoirs, Desmazures prend l'autre et ouvre l'une des fenêtres du salon. Au-dehors la nuit est glaciale et noire ; il neige. Hélène verse dans la rue le contenu de l'arrosoir et chante :

> Il pleut, il pleut, bergère,
> Du champagn' de Sill'ry !

TOUS LES CONVIVES *en chœur.*

> Il pleut, il pleut, bergère,
> Du champagn' de Sill'ry !

UNE VOIX D'ENFANT *tremblotante et grêle s'élevant de la rue.*

Prenez donc garde, là-haut ! il fait déjà bien assez froid !

DESMAZURES, *versant le contenu de son arrosoir.*

Ouvre le bec, imbécile, et avale ! Tu n'as jamais été à pareille fête !

TOUS, *en chœur.*

Il pleut, il pleut, bergère,
Du champagn' de Sill'ry !

ÉMILIA LAMBERT.

Et maintenant, du madère, des cigares, des cartes, et en avant le lansquenet ! Roule le chemin de fer jusqu'au jour !

TOUS.

En avant le lansquenet ! — Roule, roule le chemin de fer jusqu'au jour !

DUCANTAL.

Voilà, j'espère, un vrai festin de Balthazar !

LE DOCTEUR MAX, *sortant, et jetant un regard effrayant sur les convives.*

A quand Manè-Tecel-Pharès !

XVI

Le *Manè-Tecel-Pharès* ne se fit pas attendre pour Ducantal à la suite du souper, proclamé *festin de Balthazar*, qu'avait donné Malicorne, à quelques membres de ce monde, heureusement exceptionnel, qui se tient en dehors de toutes les lois de la morale, et qui se compose de *Mercadets* et de lorettes.

Trois jours se sont écoulés.

Il est dix heures du soir ; M. Ducantal entre dans son salon, dont il ferme les portes à double tour ; ses traits livides, sinistres, expriment un morne désespoir ; il s'assied à demi sur le rebord d'une table, et, debout, immobile, les bras croisés, le front baissé, il fixe longtemps le parquet d'un œil ardent et sombre. Enfin il dit d'une voix sourde :

— Ruiné !... La baisse m'a surpris, égorgé !... J'ai voulu, hier, tenter un dernier coup, dans l'espoir d'une reprise. Mon agent de change a exigé une couverture... J'ai vendu tout ce qui me restait... tout ! jusqu'aux couverts d'argent de mon ménage, jusqu'à la montre de ma femme ! Encore la baisse ! Je suis en perte de deux cent mille francs... Il ne me reste pas un sou...

Il tire de sa poche une paire de pistolets et les dépose sur son bureau.

— Et voilà l'emploi de mes derniers dix francs !

Monsieur Ducantal reste longtemps abîmé dans ses réflexions. Puis, serrant convulsivement les poings, il s'écrie avec rage :

— J'ai donné à cette abominable Emilia ou dépensé pour elle plus de six cent mille francs ! Je sais qu'elle a chez elle plusieurs milliers de louis. Elle aime tant l'or !... L'infâme m'a refusé mille francs !... Je suis lâche ! un de ces pistolets devrait être pour elle, l'autre pour moi !... Bah ! elle a fait son métier !

— Ruiné ! rasé ! exécuté ! décapité ! — reprend monsieur Ducantal après une longue pause, et éclatant d'un rire sardonique. — Onze cent mille francs de découvert, voilà mon bilan ! Ah ! ah ! ah ! il est joli, mon bilan ! Te voilà propre, Ducantal, toi, l'heureux spéculateur ! Quel triomphe pour mes rivaux, pour mes envieux, pour cette canaille de Desmazures surtout! Va-t-il être heureux! Je l'entends d'ici : « — Je vous le disais bien, ce Ducantal » n'était qu'un carotteur... » Sang et massacre! si je le tenais là, ce Desmazures, je le tuerais comme un chien, avant de sauter le pas, puisqu'il faut que je le saute...

Monsieur Ducantal retombe dans l'abîme de ses pensées, et après un nouveau silence :

—Que faire? que faire? Ne pas payer mes différences? Si ce n'était que ça, c'est le pont aux ânes! mais après? Il faudra travailler comme un nègre? reprendre mon métier de courtier de commerce? Et encore, le reprendre, où cela ? pas à Paris: maintenant, c'est impossible! il me faudra donc aller en province! Et puis, d'ailleurs, je ne peux plus travailler, j'en ai perdu l'habitude! Allons donc! m'éreinter du matin au soir à courir la pratique, à faire l'article! essuyer les dédains, les rebuffades. Quel métier! Se carnager pour accrocher à grand'peine quatre à cinq milliers de francs par an, moi qui ai goûté de la vie de millionnaire! moi qui jetais l'argent par la fenêtre! moi qui ai entretenu une femme comme Emilia!

A ce souvenir, monsieur Ducantal tressaille et s'écrie :

— Atroce créature! était-elle belle! si fraîche! si rose! la carnation d'un enfant! un modèle! Je la vois encore dans ce boudoir doré, embaumé du parfum des fleurs!

Soudain M. Ducantal tressaille; il a entendu frapper timidement au dehors, à la porte; il prête l'oreille et crie brusquement :

— Qui est là?

— Papa, c'est nous, — répond la voix de Laure, — c'est moi et Sophie.

— Allez vous coucher ! — crie à ses filles M. Ducantal avec émotion ; — ne restez pas là, allez-vous-en!

— Nous venions savoir si tu n'avais besoin de rien, — répond la voix au dehors ; — ma sœur et moi nous sommes inquiètes de...

— Me laisserez-vous en repos ! — s'écrie monsieur Ducantal en frappant du pied. — Je vous dis d'aller vous coucher !

Un assez long silence succède à ces paroles; les traits de M. Ducantal, jusqu'alors contractés par la rage, se détendent; il soupire et murmure :

— Qu'est-ce que vont devenir mes filles, à présent?... elles et leur mère?... Oh! quant à Geneviève, je suis tranquille! je la connais! Ma femme languira un mois ou deux, et puis ce sera fini. Mais elles, mes filles?... Leur oncle, le seul parent qui leur restera, est pauvre, chargé de famille, et tendre comme une barre de fer; il laissera mes filles sur le pavé. Que feront-elles?... Ah! si, comme d'autres...

M. Ducantal n'achève pas, frissonne, et, dans l'horreur que lui cause cette dernière conséquence, même impossible, de sa propre inconduite, ajoute :

— Ce que je redoute là est affreux !... Je n'y avais pas songé jusqu'à présent... J'étais donc dépravé, pourri jusqu'à la moelle des os?

Il tombe sur une chaise, appuie ses coudes sur la table, cache sa figure entre ses mains, reste longtemps absorbé. Puis il reprend avec un croissant attendrissement,

— Mon Dieu ! et il a été un temps où je les aimais, ces enfans ! Oui, rude, sévère pour elles, les tenant serré, mais au fond les aimant. J'épargnais, je vivais de peu.

Nous nous privions afin de leur amasser une petite dot. Les marier, nous retirer, leur mère et moi, à la campagne, avec une modeste aisance, c'était alors mon ambition; elle me donnait du cœur au travail.... Quand je rentrais le soir à la maison, harassé de fatigue, à peine avais-je sonné, j'entendais leurs voix : — C'est papa ! c'est papa ! — Et toutes deux de s'encourir à qui la première m'ouvrirait la porte, me sauterait au cou !... Pauvres enfans !... Cependant je ne les gâtais pas ; si elles m'aimaient, c'était de bon cœur, oh ! oui, de bien bon cœur !

Monsieur Ducantal pleure à chaudes larmes ; puis soudain, se redressant, il éclate de rire. Ce rire, convulsif et sardonique, est horrible.

— Ah ! ah ! ah ! pleure, pleure, imbécile ! il est temps ! Dis donc, Emilia, ton gros qui pleure sur le sort de sa *fâââmille !* Cette vipère d'Hélène va me déclarer vertueux ! me condamner, comme l'autre soir, à voir lever l'aurore à perpétuité ! Ohé, les autres ! — ajoute le misérable avec égarement, — ohé ! les autres ! n'oubliez pas l'épitaphe : « Ci-gît Ducantal, bon époux et bon père. Passans, buvez » pour lui ! » Ah ! ah ! ah ! — Et sa figure, devenant effrayante, il balbutie : — Oh ! je souffre !

A ce moment on frappe de nouveau et du dehors à la porte, mais cette fois l'on frappe à coups précipités ; l'on entend la voix palpitante de madame Ducantal, qui s'écrie :

— Georges, au nom du ciel ! ouvre nous !

— Allez-vous-en ! — répond Ducantal hors de lui, — allez-vous-en ! Laissez-moi donc la paix, à la fin !

— Georges, — reprend la voix de madame Ducantal,

étranglée par l'épouvante, — la servante vient de nous dire avoir vu la crosse d'un pistolet sortir de ta poche...

— Papa! — ajoutent les voix éplorées de Laure et de Sophie, — papa! nous sommes là, à genoux derrière la porte... ouvre-nous!...

— Si tu ne nous écoutes pas, — reprend la voix de madame Ducantal, — j'envoie chercher un serrurier!... Nous entrerons malgré toi!... Georges, mon pauvre ami, ne te désole pas!.., Nous aurons tous du courage... nous travaillerons tous... Compte sur nous... Nous braverons la mauvaise fortune... la misère, la plus affreuse misère... Mais, au nom du Dieu vivant, par pitié, ouvre nous!...

Les voix déchirantes de Sophie et de Laure répètent avec angoisse et terreur :

— Ouvre-nous, au nom du ciel, mon père, mon bon père!

Ducantal, entendant sa femme le menacer d'envoyer chercher un serrurier, s'est élancé vers ses pistolets. Il en prend un d'une main, tandis que de l'autre il écarte son gilet et sa chemise, met sa poitrine à nu, appuie le canon de l'arme au-dessous du cœur, et dit d'une voix haletante :

— Il faut en finir!

Puis, frémissant,

— Je suis plein de vie... et dans un instant... la mort!...
— Bah!... — ajoute-t-il avec une effroyable résolution, en en employant l'odieuse formule de ces sybarites qui mettent le plaisir au-dessus du devoir, — BAH! J'AI JOUI!!!

Le coup part. Ducantal tombe à la renverse, se débat et se redresse un instant, livide et sanglant sur son séant, il râle sourdement en étendant les bras, comme s'il voulait embrasser le vide ; puis il retombe, et se roidit convulsivement.

Il expire...

Les cris désespérés de la mère de famille et de ses filles ont suivi l'explosion du coup de pistolet et s'entendent au dehors.

XVIII

Le lendemain du suicide de monsieur Ducantal, plus belle encore en déshabillé que splendidement parée, assise dans son boudoir, à demi enveloppée d'un peignoir de mousseline brodée, Emilia Lambert écrivait cette missive :

« Mon chair Malicorne, vous savé laqsidan arivé ier
» soire à ce pôvre Ducantal. Vou atandié la bêsse, elle est
» venus. A bon antandeure salû.
» A vous d'amitié, en atendan mieu. Ji conte bien.

» ÉMILIA LAMBERT. »

Cela écrit, la lorette sonne, plie sa lettre et la cachète.
— Madame a sonné ? — demande Jenny en entrant.
— Faites porter tout de suite cette lettre chez monsieur Malicorne, — répond Emilia Lambert, — et préparez mon bain.

La lorette achevait ces mots, lorsque soudain, croisant vivement son peignoir sur son sein, elle s'écrie avec autant de surprise que de colère :

— Comment ce diable d'homme est-il entré ici ?

Cette exclamation s'adressait au docteur Max, pénétrant

dans le boudoir sur les pas de la femme de chambre.

— Renvoyez votre servante,—dit d'une voix impérieuse et dure le docteur Max à Emilia Lambert;— il faut que je vous parle.

— Jenny, ne bougez pas! — s'écrie la lorette; — et vous, — ajouta-t-elle en toisant effrontément le médecin, — sortez d'ici à l'instant!

— Ah! vraiment? — dit le docteur Max. —Hé bien! fille *Madeleine Froquet*, écoutez ceci...

La lorette, à ces mots, tremble, pâlit, frappée de stupeur, contemple le médecin avec une angoisse croissante, et balbutie :

— Jenny, laissez-nous!

La femme de chambre s'éloigne, jetant un regard surpris et curieux sur sa maîtresse, qui reste seule avec le docteur Max. Il reprend d'une voix brève, tranchante :

— Fille Madeleine Froquet, vous êtes une voleuse!

— Insolent! Vous osez...

— Fille Madeleine Froquet, vous êtes condamnée à cinq ans de réclusion.

— Ça n'est pas vrai!

— Fille Madeleine Froquet, vous n'avez subi votre peine que pendant deux années ; vous vous êtes ensuite évadée de la prison centrale de Montpellier.

— C'est donc le démon que ce médecin? Comment est-il instruit de ma condamnation ? — pensait la lorette, dont les traits devenaient livides de frayeur. Cependant, espérant encore imposer au docteur en redoublant d'audace :

—Vous êtes assez lâche pour venir insulter par vos ignobles menteries une femme sans défense ! Je vous méprise !

— Fille Madeleine Froquet, vous avez volé le riche portefeuille d'un Anglais ; vous voyagiez avec lui en diligence de Bordeaux à Montpellier. Condamnée pour ce vol, vous vous êtes évadée de prison. Vous étiez blonde alors, vous avez teint vos cheveux, vos sourcils, vous avez pris le nom d'Emilia Lambert et ainsi dérouté les recherches de la police.

— C'est faux, archi-faux ! vous me prenez pour une autre ! et vous êtes un manant !

— Fille Madeleine Froquet, ne vous emportez point et écoutez ceci : J'étais appelé en consultation à Montpellier par plusieurs de mes collègues ; l'un d'eux, médecin en chef de l'hospice de la maison centrale, m'a proposé d'assister à une très grave opération qu'il devait pratiquer sur une détenue. Vous aviez feint d'être malade, afin d'être conduite à l'hôpital ; cet endroit, moins surveillé, vous semblait favorable à une évasion. Elle a eu lieu. Je l'ai su par les journaux ; mais vous étiez encore à l'hospice lorsque j'y suis allé. Votre lit avoisinait celui de la détenue que l'on devait opérer ; votre remarquable beauté m'a frappé. J'ai demandé et appris la cause de votre condamnation. Il y a quatre jours, en vous revoyant ici, j'ai eu quelques soupçons de votre identité ; j'ai voulu les éclaircir, de retour chez moi, en consultant mon journal relatif à mon voyage de Montpellier. Ce journal, je ne l'ai pas retrouvé tout d'abord ; plus heureux hier soir, j'ai extrait de ce memento le passage suivant. Écoutez.

Le docteur Max tire de sa poche un carnet, tandis que la lorette, anéantie par la terreur, tressaille convulsivement, incapable d'articuler une parole. Le médecin ouvre son carnet et lit :

« 17 juin 1849. — Hôpital de la maison centrale de
» Montpellier, — opération, etc., etc. — *Nota*. A côté du
» lit du *sujet*, une très jeune femme blonde, l'une des
» beautés les plus remarquables que j'aie rencontrées. —
» Nom : *Madeleine Froquet.* — Age : 20 ans. — Condam-
» née pour vol, etc., etc., etc. — Observation physiogno-
» monique : Front déprimé, fissure des lèvres abaissée,
» et autres symptômes de bas et mauvais instincts, etc. »

Le docteur Max, impassible, remet son carnet dans sa poche, croise ses mains derrière son dos, attache un regard inexorable sur Emilia Lambert, et reprend avec son ricanement sardonique :

— Hé ! hé ! vous avez entendu, fille Madeleine Froquet ?

La lorette, blême de terreur, tombe aux genoux du médecin en murmurant d'une voix suppliante :

— Grâce ! ne me dénoncez pas !...

— J'y consens, à une condition.

— Laquelle ? Oh ! parlez, parlez !

— Vous avez ici, ou ailleurs, de l'argent ?...

Un éclair de joie brille dans les regards de la lorette ; elle croit le docteur Max capable de vendre son silence, se relève et dit avec une cynique assurance :

— Alors nous pourrons nous entendre. Combien voulez-vous ?

— Cent mille francs!

— Hein !... vous dites ?...

— Je dis cent mille francs... et sur l'heure.

— Cent mille francs ! — répète la lorette en reculant d'un pas. — Est-ce que vous êtes fou ?... Je...

— Fille Madeleine Froquet, vous aimez beaucoup l'or ; vous devez avoir ici une somme considérable. Comptez-moi cent mille francs sur-le-champ, sinon je vais de ce pas vous dénoncer au parquet.

— Scélérat !... — s'écrie la lorette avec rage, et, ne pouvant se résigner à l'abandon d'une pareille somme, elle ajoute : — Non, jamais !... Dénoncez-moi si vous voulez...

— Hé bien ! j'y vais...

— Un moment... — murmure Emilia Lambert éperdue d'effroi. — Voulez-vous vingt mille francs ?

— Cent !...

— Voyons, je me saigne... Cinquante mille francs en or... je les ai là dans mon secrétaire...

— Cent !...

— Allez au diable ! médecin de Lucifer ! Il s'agirait de ma tête que je ne vous donnerais pas un liard de plus !

— Fille Madeleine Froquet, vous retournerez à Montpellier achever vos cinq ans de réclusion... Qui de cinq ôte deux, reste trois... Hé ! hé ! vous passerez ces trois ans dans la maison centrale en souquenille grise, en sabots, les cheveux rasés, et soumise au rude régime de la prison... Hé ! hé !...

Ce disant, le docteur Max se dirige vers la porte. La lorette s'élance sur ses pas et s'écrie :

— Soixante mille francs ?

— Cent ! — répond le docteur Max, continuant de s'éloigner sans retourner la tête vers la lorette.

Emilia Lambert hésite encore, mais, vaincue par la nécessité, elle rappelle le docteur ; puis va ouvrir la serrure de sûreté d'une cassette de fer placée dans l'intérieur d'un meuble de bois de rose, et tire de cette cassette une boîte d'écaille contenant cent rouleaux de cinquante louis chacun, les contemple avec un regret déchirant, et au moment de remettre la boîte,

— Qui me répondra que vous ne me trahirez pas quand vous aurez mon argent ? Donnez-moi votre parole que...

— Fille Madeine Froquet, je ne donne pas ma parole à une voleuse.

— Mais...

— Est-ce oui, est-ce non ?

— Tenez donc, vieux satan ! — s'écrie la lorette, écumant de fureur ; et elle jette sur un guéridon la boîte d'écaille.

Le docteur Max prend au hasard deux des rouleaux de pièces d'or, les développe, s'assure de leur contenu avec un sang-froid imperturbable, se lève, et, emportant la somme, dit à la lorette en s'éloignant :

— Hé ! hé !... ces cent mille francs mettront pour toujours à l'abri du besoin madame veuve Ducantal et ses deux filles.

FIN D'ÉMILIA LAMBERT.

COLLECTION MICHEL LÉVY. — Gr. in-18, 1 fr. le volume.

A. Achard. Parisiennes et Provinciales. Brunes et Blondes. Femmes honnêtes. Dernières Marquises.
A. Adam. Souv. d'un Musicien. Dern. Souvenirs d'un Musicien.
G. d'Alaux. L'Empereur Soulouque et son Empire.
Achim d'Arnim. (Trad. Th. Gautier fils). Contes bizarres.
A. Assolant. Hist. fantast. de Pierrot.
E. Aubryet. Femme de vingt-cinq ans.
E. Augier. Poésies complètes.
J. Autran. Milianah.
Th. de Banville. Odes funambulesques.
Ch. Barbara. Hist. émouvantes.
Roger de Beauvoir. Chevalier de Saint-Georges. Aventurier et Courtisanes. Hist. cavalières. Mlle de Choisy. Chev. de Charny. Cabaret des Morts.
A. de Bernard. Portr. de la Marquise.
Ch. de Bernard. Nœud gordien. Homme sérieux. Gerfaut. Ailes d'Icare. Gentilh. compagnard, 2 v. Beau-père, 2 v. Paravent. Peau du Lion. L'Écueil. Théâtre et Poésies.
Mme C. Berton. Bonheur impossible. Rosette.
L. Bouilhet. Melænis.
E. Bravard. Petite Ville. L'honneur des Femmes.
A. de Bréhat. Scènes de la vie contemporaine. Bras d'acier.
Max Buchon. En Province.
H. Blaze. Musiciens contemporains.
E. Carlen (Trad. de M. Souvestre). Deux jeunes Femmes.
L. de Carné. Drame sous la Terreur.
Émile Carrey. Huit jours sous l'Équateur. Métis de la Savane. Révoltés du Para. Récits de Kabylie. Scènes de la vie en Algérie. Hist. et mœurs Kabyles.
C. de Chatrillan. Voleurs d'or. Sapho.
Champfleury. Excentriques. Avent. de Mlle Mariette. Réalisme. Souffr. du Prof. Delteil. Premiers Beaux-Jours. Usurier Blaizot. Souv. des Funambules. Bourgeois de Molinchart. Sensations de Josquin. Chien-Caillou.
***. Souvenirs d'un officier du 2e de Zouaves.
H. Conscience (Trad. Wocquier). Scènes de la Vie flamande, 2 v. Fléau du Village. Démon de l'Argent. Veillées Flamandes. Mère Job. Guerre des Paysans. Heures du Soir. L'Orpheline. Batavia. Aurélien, 2 v. Souvenirs de Jeunesse. Lion de Flandre, 2 v.
Cuy-Floury. Voyages et Voyageurs.
G. Dautrogues. Histoires d'amour et d'argent.
Com. Dash. Bals masqués. Jeu de la Reine. Chaîne d'Or. Fruit défendu. Chât. en Afrique. Poudre et la neige. Marquise de Parabère.
Général Daumas. Grand Désert. Chevaux du Sahara.
P. Deltuf. Aventures parisiennes. L'une et l'autre.
Ch. Dickens (Trad. A. Pichot). Nev. de ma Tante, 2 v. Contes de Noël.
Oct. Didier. Mad. Georges. Fille de Roi.
Alex. Dumas. Vie au Désert, 2 v. Maison de glace, 2 v. Charles le Téméraire, 2 v.
Alex. Dumas fils. Avent. de quatre Femmes. Vie à vingt ans. Antonine. Dame aux Camélias. Boîte d'Argent.
X. Eyma. Peaux noires. Femmes du Nouveau monde.
Paul Féval. Tueur de Tigres. Dernières Fées.
G. Flaubert. Madame Bovary, 2 v.
V. de Forville. Marg. de Pazaval. Conscrit de l'an VIII. Deux Belles-Sœurs.
Marc-Fournier. Monde et Comédie.
Th. Gautier. Beaux-Arts en Europe, 2 v. Constantinople. L'Art moderne. Grotesques.
Mme Émile de Girardin. Marguerite. Nouvelles. Marquise de Pontanges. Contes d'une vieille Fille à ses Neveux. Poésies. Vicomte de Launay, 4 v.
L. Gozlan. Châteaux de France, 2 v. Notre-Dame de Chantilly. Émot. de Polydore Marasquin. Nuits du Père-Lachaise. Famille Lambert. Hist. de Cent trente Femmes. Médecin du Pecq. Dernière Sœur grise. Dragon rouge. Comédies et Comédiens. Marquise de Belveranu. Balzac et Vidocq.
Hildebrand (Trad. Wocquier). Scènes de la Vie hollandaise. Chambre obscure.
Hoffmann (Trad. Champfleury). Contes posthumes.
A. Houssaye. Femmes comme elles sont. L'Amour comme il est. Pécheresse.
Ch. Hugo. Chaise de paille. Bohème dorée, 2 v. Cochon de saint Antoine.
F. V. Hugo (Trad.). Sonnets de Shakspeare. Faust anglais de Marlowe.
F. Hugonnet. Souv. d'un Chef de bureau arabe.
É. Janin. Chem. de traverse. Contes littér. Contes fantastiq. L'Âne mort. Confession. Cœur pour deux Amours.
Ch. Jobey. Amour d'un Nègre.
A. Karr. Les Femmes. Agathe et Cécile. Promen. hors de mon Jardin. Sous les Tilleuls. Poignée de Vérités. Voy. autour de mon Jardin. Soirées de Sainte-Adresse. Pénélope normande. Encore les Femmes. Trois Cents Pages. Guêpes, 6 v. Menus Propos. Sous les orangers. Les Fleurs. Raoul. Roses noires et Roses bleues.
L. Kompert Trad. D. Stauben). Scènes du Ghetto. Juifs de la Bohème.
A. de Lamartine. Les Confidences. Nouv. Confidences. Tours. L'ouverture.
V. de Laprade. Psyché.
Th. Lavallée. Hist. de Paris, 2 v.
F. Lecomte. Poignard de Cristal.
J. de la Madelène. Âmes en peine.
F. Méllefille. Capitaine Lä Rose. Marcel. Mém. de Don Juan, 2 v. Monsieur Corbeau.
X. Marmier. Au Bord de la Newa. Drames intimes. Grande Dame russe.
F. Maynard. De Delhi à Cawnpore. Drame dans les mers boréales.
Méry. Hist. de Famille. Salons et Souterrains de Paris. André Chénier. Nuits anglaises. Nuits italiennes. Nuits espagnoles. Nuits d'Orient. Château vert. Chasse au Chastre.
P. Meurice. Scènes du Foyer. Tyrans de Village.
P. de Molènes. Mém. d'un Gentilh. du siècle dernier. Caract. et récits du temps. Chron. contemp. Hist. intimes. Hist. sentim. et milit. Avent. du temps passé.
F. Mornand. Vie arabe. Bernerette.
H. Murger. Dernier Rendez-vous. Pays latin. Scèn. de Campagne. Buveurs d'eau. Vacances de Camille. Roman de toutes les Femmes. Scèn. de la Vie de Bohème. Propos de ville et propos de théâtre. Scèn. de la vie de jeunesse. Sabot rouge. Madame Olympe. Amoureuses.
P. de Musset. Bavolette. Puylaurens.
A. de Musset, de Balzac, G. Sand. Tiroir du Diable. Paris et Parisiens. Parisiennes à Paris.
Nadar. Quand j'étais Étudiant. Miroir aux Alouettes.
Gérard de Nerval. Bohème galante. Marquis de Fayolles. Filles du Feu. Souvenirs d'Allemagne.
Charles Nodier (Trad.). Vicaire de Wakefield.
P. Perret. Bourgeois de campagne. Avocats et meuniers.
Amédée Pichot. Poètes amoureux.
E. Plouvier. Dernières Amours.
Edgard Poe (Trad. Baudelaire). Hist. extraordinaires. Nouv. hist. extraordinaires. Aventures d'A. Gordon-Pym.
F. Ponsard. Études antiques.
A. de Pontmartin. Cont. et Nouv. Mém. d'un Notaire. Fin du Procès. Contes d'un Plant. de choux. Pourq. je reste à la Campagne. Or et Clinquant.
M. Radiguet. Souvenirs de l'Amérique espagnole.
P. Réveil (Traducteur). Harems Nouv. Monde. Docteur américain.
A. Reynaud. Dernier des Comm. Voyag. Coq du Clocher. Inust. en Europe. Jérôme Paturot. Position sociale. Jérôme Paturot, République. Ce qu'on peut voir dans une Rue. Comtesse de Manicon. Vie rebours. Vie de Corsaire. Vie de l'Employé.
A. Rolland. Martyrs de Paris.
Ch. de la Rounat. Comédie de l'Amour.
J. de Saint-Félix. Scènes de la Vie de Gentilhomme.
J. Sandeau. Sacs et Parchemins. Nouvelles. Catherine.
G. Sand. Histoire de ma Vie, 10 v. Mlle Piat. Valentine. Indiana. Jeanne. Mare au Diable. Petite Fadette. François le Champi. Teverino. Consuelo, 3 v. Comt. de Rudolstadt, 2 v. André. Horace. Jacques. Lelia, 2 v. Lucrezia Floriani. Péché de M. Antoine, 2 v. Lettres d'un Voyageur. Meunier d'Angibault. Piccinino, 2 v. Simon. Dernière Aldini. Secrétaire intime.
E. Scribe. Théâtre, 20 v. Nouvelle. Historiet. et Prov. Piquillo Alliaga, 3 v.
Alb. Second. A quoi tient l'Amour.
Fr. Soulié. Mém. du Diable, 2 v. Deux Cadavres. Quatre Sœurs. Confession générale, 2 v. Au Jour le Jour. Marguerite. Maître d'école. Bananier. Eulalie Pontois. Si Jenn. savait... si Vieill. pouvait, 2 v. Huit jours au Château. Conseiller d'État. Malheur complet. Magnétiseur. Lionne. Port de Créteil. Comt. de Monrion. Rogerons. Été à Meudon. Drames inconnus. Maison n° 3 de la r. de Provence. Avent. Cadet de Famille. Amours de Bonsenir. Olivier Duhamel. Chât. des Pyrénées. Rêve d'Amour. Diane et Louise. Préf. dus. Cont. pour les enfants. Quatre Sœurs. Sathaniel. Comte de Toulouse. Vicomte de Béziers. Saturnin Fichet, 2 v.
E. Souvestre. Philos. sous les toits. Confess. d'un Ouvrier. Coin du Feu. Scèn. de la Vie intime. Chron. de la Mer. Clairières. Scèn. de Chouannerie. Dans la Prairie. Dern. Paysans. En Quarantaine. Scèn. et Récits des Alpes. Goutte d'Eau. Soirées de Meudon. Échelle des Femmes. Souv. d'un Vieillard. Sous les Filets. Contes et Nouv. Foyer breton, 2 v. Dern. Bretons, 2 v. Anges du Foyer. Sur la Pelouse. Riche et Pauvre. Péchés de Jeunesse. Réprouvés et Élus, 2 vol. Famille. Pierre et Jean. Deux Misères. Pendant la Moisson. Bord du Lac. Drames parisiens. Sous les ombrages. Mai cocagne. Mémorial de Famille. Souv. du Bas-Breton, 2 v. L'Homme et l'Argent. Monde tel qu'il sera. Histoires d'autrefois. Sous la tonnelle. Théâtre de la Jeunesse.
Marie Souvestre, Paul Ferroll. (Traduit de l'anglais).
D. Stauben. Scènes de la Vie juive en Alsace.
De Stendhal. L'Amour. Rouge Noir. Chartreuse de Parme. Promenades Rome, 2 v. Chroniq. italiennes. Mém. d'un touriste, 2 v. Vie de Rossini.
Mme E. Stowe (Trad. Forcade). Souvenirs heureux, 3 v.
E. Sué. Sept Péchés capitaux, l'Orgueil, 2 v. L'Envie. Colère, 2 v. Luxure. Paresse, 2 v. Avarice. Gourmandise. Gilbert et Gilberte, 3 v. Adèle Verneuil. Grand Dame. Clémence Hervé.
H. Texier. Amour et Finance.
L. Ulbach. Secrets du Diable.
O. de Vallée. Menteurs d'argent.
A. Vacquerie. Profils et Grimaces.
M. Valrey. Marthe de Montbran. Fille sans Dot.
F. Wey. Anglais chez eux. Londres à cent ans.
*** Mme la duchesse d'Orléans.
*** Zouaves et Chasseurs à pied.

PARIS. — IMPRIMERIE DE ÉDOUARD BLOT, RUE SAINT-LOUIS, 46.

www.ingramcontent.com/pod-product-compliance
Lightning Source LLC
Chambersburg PA
CBHW071300160426
43196CB00009B/1366